Dr. László Orbán
Schach-Taktik

Dr. László Orbán

Schach-Taktik

Geistreiche Züge und unerwartete Opfer

Mehr als 150 beispielhafte Kurzpartien

Verständlich erklärt

4. Auflage

humboldt

Bibliografische Information der Deutschen Nationalbibliothek
Die Deutsche Nationalbibliothek verzeichnet diese Publikation in der Deutschen Nationalbibliografie; detaillierte bibliografische Daten sind im Internet über http://ddb.de abrufbar.

ISBN 978-3-86910-167-5 (Print)
ISBN 978-3-86910-288-7 (PDF)

Dr. László Orbán, geb. 1908, zählt zu den erfolgreichsten deutschsprachigen Schachbuch-Autoren: Mehr als 5 Millionen verkaufte Schach-Lehrbücher belegen, dass er als Schach-Pädagoge vielen jungen Spielern einen erfolgreichen Zugang zur „Königin der Spiele" geben konnte.

Bei humboldt sind vier weitere Bücher von Dr. László Orbán erschienen:
Schach für Anfänger, ISBN 978-3-86910-176-7
Der Bauer im Schachspiel, ISBN 978-3-86910-154-5
Schach-Eröffnungen, ISBN 978-3-86910-152-1
Schach Endspiele, ISBN 978-3-86910-159-0

4. Auflage

Die Ratgebermarke der Schlütersche Fachmedien GmbH
Hans-Böckler-Allee 7, 30173 Hannover
www.humboldt.de
buchvertrieb@schluetersche.de
www.schluetersche.de

Aus Gründen der besseren Lesbarkeit wurde in diesem Buch die männliche Form gewählt, nichtsdestoweniger beziehen sich Personenbezeichnungen gleichermaßen auf Angehörige des männlichen und weiblichen Geschlechts sowie auf Menschen, die sich keinem Geschlecht zugehörig fühlen.

Gedruckt mit mineralölfrei hergestellten Druckfarben und Strom aus erneuerbaren Energien. Die eingesetzten Klebe- und Bindestoffe entsprechen den derzeitigen Umweltstandards, die vom RAL-Institut für Gütesicherung und Kennzeichnung geprüft wurden.

Lektorat:	Eckhard Schwettmann
Covergestaltung:	DSP Zeitgeist GmbH, Ettlingen
Innengestaltung:	akuSatz Andrea Kunkel, Stuttgart
Titelfoto:	Shutterstock
Fotos im Innenteil:	CCvision
Satz:	PER MEDIEN & MARKETING GmbH, Braunschweig
Druck und Bindung:	Salzland Druck GmbH & Co. KG, Staßfurt

Inhalt

Vorwort

Der Anfänger verfolgt im Schach den einfachsten Gewinnplan.* Durch verschiedene Kniffe und Tricks oder nach einem Versehen des Gegners erbeutet er einen oder mehrere feindliche Steine. Dann wird alles abgetauscht und der einsame König matt gesetzt. Dies soll auch der Schachunterricht berücksichtigen. Man muss also dem Lernenden vor allem die Kunstgriffe und Tricks beibringen, mit denen der Spieler einen materiellen Vorteil erreicht, vergrößert und ausnutzt.

Man hat bisher die Kombinationen anhand verwickelter Mittelspiel-Stellungen gelehrt. Dies hat aber den doppelten Nachteil, dass der Aufbau von Stellungen viel Zeit und Ärger kostet, außerdem ist das Beispiel wegen der für die vielen Kombination nicht notwendigen Steine unübersichtlich. Ich wähle daher einen anderen Weg und erläutere die grundlegenden Kombinationen durch Endspiele mit nur wenigen Steinen. So wird das Gesagte für jedermann klar und leicht verständlich. Der Lernende sieht an den denkbar einfachsten Beispielen, mit nur 4 bis 6 Steinen, die angewendeten Kniffe in ihrer Reinheit – ohne „Feuerwehr", das heißt ohne überflüssige Steine, die an dem Geschehen nicht teilnehmen.

Die Figuren sind bestrebt, den feindlichen König matt zu setzen, während der Wunschtraum der Bauern die Umwandlung ist. Daher brauchen Figuren und Bauern eine völ-

* Für den wirklichen Anfänger, der noch keine Grundkenntnisse im Schachspiel besitzt, empfehlen wir unseren Band „Schach für Anfänger" von Dr. Lásló Orbán (ISBN 978-3-86910-176-7).

lig andere Behandlung. Die schwierigsten Endspiele sind jene, die Figuren und Bauern umfassen.
Falls jedoch die Parteien entweder nur Figuren oder nur Bauern besitzen, wird die Behandlung ungemein erleichtert. Deshalb verwende ich ausschließlich Endspiele, in denen Figuren gegen Figuren ohne die Beteiligung von Bauern kämpfen. Diese Beschränkung hat überdies den Vorteil, dass dadurch das Büchlein systematischer wird.
Man könnte einwenden, dass die reinen Figurenendspiele in der Praxis selten vorkommen. Das ist aber belanglos. Ein Schachbuch ist kein Kochbuch mit Rezepten für billige Siege; es sollte vor allem die Grundlagen und Elemente des königlichen Spiels erforschen. Dabei ist das Wichtigste, die verborgenen Eigenschaften der Figuren zu erforschen und zu entschleiern. Damit erlernt der Leser auch für sein praktisches Spiel viel mehr als durch das Studium unwesentlicher Einzelheiten.
Das Buch enthält außerdem Kurzpartien, die die aufgeschlüsselten Kombinationen enthalten. Das macht das Büchlein besonders lehrreich.

László Orbán

Abkürzungen

–	zieht, geht nach
×	schlägt, nimmt
:	schlägt, nimmt
e. p.	en passant (Schlagen im Vorübergehen)
!!	ausgezeichneter Zug
+	Schach
(+)	aufgedecktes Schach
++	Doppelschach
#	Matt
(#)	aufgedecktes Matt
##	Doppelmatt
=	Remis, Gleichstand
0–0	kurze Rochade
0–0–0	lange Rochade
!	starker Zug
?	schwacher Zug
??	grober Fehler
!?	zweischneidiger Zug
?!	zweifelhafter Zug
~	beliebiger Zug
…	fehlender Zug

Der „e-Weg“ ist mit dem französischen bzw. ungarischen Buchstaben „é“ statt des üblichen „e“ gezeichnet, damit beim Nachspielen der Partien „c“ und „e“ nicht verwechselt werden.

Einführung

„Sehen, Versehen, Berechnen,
zu rechter Zeit wagen,
hier verlieren,
um dort mit mehrerem Gewinn
weiter zu kommen,
das ist die Sache.“
Friedrich Maximilian Klinger

Will jemand seine Spielstärke heben, dann muss er sich vor allem das Schmieden von zweckmäßigen Plänen aneignen. – Wie erlernt man das? – Am besten ist es, wenn man die Entstehung ganz einfacher Pläne beobachtet. Die treffendsten Beispiele liefert uns der Kampf der Figuren im Endspiel. Von sämtlichem störenden und nebensächlichen Beiwerk bereinigt, sieht der Lernende alles, was auch im Mittelspiel und in der Eröffnung vorkommt. Je weniger Steine auf dem Brett sind, umso übersichtlicher und leichter verständlich ist das Beispiel.

Um unsere Aufgabe zu vereinfachen, begrenzen wir den Lehrstoff und das Anschauungsmaterial auf das reine Figurenendspiel ohne Bauern. Man muss ja wissen, wie die Figuren auf dem Schachbrett wirken und zusammenspielen. Es gibt nichts Wichtigeres, als die Leistungsfähigkeit und die verborgenen Eigenschaften der Figuren zu ergründen.

Es reicht freilich nicht, einen guten Plan auszuklügeln. Ebenso wichtig ist die erfolgreiche Durchführung. – Wie können wir einen Plan verwirklichen? Indem wir den Vorsatz in die Tat umsetzen? – Es kommt vor allem darauf an, dass wir nicht in den eigenen Gedanken verliebt sind, blindlings spielen, sondern wacker die Züge des Gegners prüfen und seine Bestrebungen vereiteln. Es ist ratsam, sich nach jedem Zuge des Partners drei Fragen zu stellen:

1) Ist etwas angegriffen oder bedroht?
2) Was will der Gegner mit diesem Zug?
3) Hat er einen Fehler gemacht?

In diesem letzten Falle nützen wir die Blöße des gegnerischen Zuges erbarmungslos aus. Es kommt dann zu sogenannten Überfällen, zu unerwarteten Wendungen und überraschenden Opfern, die den Kampf meistens mit einem Hieb entscheiden.

1. Das Arsenal des Schachspiels – Kombinationen

Man schmiedet Waffen, und sie werden im Arsenal aufbewahrt. Das königliche Spiel verfügt auch über eine Unmenge von Waffen: das sind die Vielfalt der geistreichen Züge, unerwartete Opfer, vernichtende Doppelangriffe und geschickte Kniffe, womit man gewinnen und den Gegner auf die Knie zwingen kann. Diese überraschenden und gewaltigen Wendungen sind die Kombinationen.
Die Kombination ist das Ergreifen einer Gelegenheit mittels Zwangsmaßnahmen. Alle Kombinationen sind entweder auf Schlagen (Tausch und Opfer) oder auf Drohung aufgebaut. Das Ergebnis der Kombination ist immer ein Vorteil (z. B. Matt, Remis in verzweifelter Lage, Figurengewinn, bessere Stellung usw.). Die Kombination ist *der Sieg des Geistes über die Materie.*

Die Kombination ist das Schönste, was es im Schachspiel gibt. Hier öffnet sich dem Lernenden die geheimnisvolle Schatzkammer der menschlichen Erfindungsgabe; eine wahre Magie, die den Staunenden in ihren Bann zieht. Und wie einfach sind diese Zauberkünste, wenn man sie zerlegt! Ein Kind kann sie auch erlernen.

2. Matt-, Remis- und Raubkombinationen

Zum normalen Werdegang jedes Schachspielers gehört, dass er nach der „Schäfermatt-Periode" materielle Vorteile anstrebt. „Materie" ist ein anderer Ausdruck für Steine. Ebenso meinen wir unter „Zeit" die Züge, und oft werden Felder als „Raum" bezeichnet.

In Raubkombinationen geht es um die Erbeutung feindlicher Steine; sie werden auch Eroberungs-Kombinationen genannt. Schwieriger sind die Kombinationen, deren Zweck Zeitgewinn (Tempogewinn) oder Raumgewinn (Eroberung eines wichtigen Feldes oder einer Linie) ist. „Es gibt im Grunde genommen zwei Typen der Raubkombinationen. Der Spieler versucht:

1) entweder zwei Steine auf einmal anzugreifen, in der Hoffnung einen davon zu erbeuten,
2) oder einen Stein öfter anzugreifen, als er verteidigt werden kann.

Der zweite Typ der Kombination hat nur dann einen Sinn, wenn der Angriff gegen einen Stein gerichtet ist, der an seinem Platz gebunden ist – entweder weil er einen anderen Stein bewachen muss oder weil er gefesselt ist, sodass sein Wegzug eine wertvollere Figur preisgeben würde" (Dr. Eduard Lasker).

3. Harmlose und zwingende Züge

Mit gemütlichen Entwicklungszügen, die gar nichts bedrohen, können wir dem Gegner keine Schwierigkeiten bereiten. Ebenso führt die passive Verteidigung im besten Falle zum Remis. Bemühen wir uns also, mit jedem Zug einen Angriff zu verbinden, ein Übel für den Feind vorzubereiten und ihn mit einem Unheil zu drohen.

Demnach unterscheiden wir zwischen harmlosen und zwingenden Zügen. Harmlos sind jene Züge, die den Partner überhaupt nicht stören und ihm Freiheit in der Wahl der Erwiderungen gestatten. Unser Gegner wird jedoch nicht so gutmütig sein. Er wird gewiss etwas Unangenehmes ausklügeln, und bald stecken wir in großen Schwierigkeiten. Es ist immer besser, den Gegner ständig zu belästigen, als sich selbst von ihm peinigen zu lassen.

Das Schach ist ein Kampfspiel. Wer friedlich, mit Zartgefühl kämpft, der muss unterliegen. Man soll daher zwingende Züge ausführen, die dem Feind nur wenig Spielraum überlassen. Er ist dann zu Zwangszügen genötigt, die häufig ungünstig sind. Das Ideal sind solche Züge, die dem Gegner nur eine Antwort gestatten. Es reicht auch schon, dass ihm nur wenige Erwiderungen zur Wahl übrig bleiben.

Es gibt vier Arten von zwingenden Zügen:

1. das Schlagen eines Steines,
2. den Angriff (darunter das Schachgebot),
3. die Drohung (am gewaltigsten ist die Mattdrohung) und
4. die Bauernumwandlung.

4. Das Schlagen als Nötigung

Durch Schlagen wird das feindliche Heer geschwächt. Das Schlagen ist ein Vorteil. Oft bringt der Gewinn eines einzigen Bauern den Sieg. Der Verlust einer Figur führt fast immer zur Niederlage. Folglich kann man nicht untätig zuschauen, wie der Feind einen Stein ohne Gegenwert erbeutet.
Im Schach gibt es keine Regel ohne Ausnahme. Der Anfänger nimmt kritiklos alles, was geschlagen werden kann. Doch ist es ratsam, vorher genau anzuschauen, ob man statt des Schlagens einen besseren Zug findet. Es kommt nämlich oft vor, dass das Schlagen ungünstig ist.

5. Der Angriffszug

Der Angriff ist ein Zug, mit dem man einen feindlichen Stein zu schlagen droht. Weiß hat in Diagr. 1 seinen Turm in die achte Reihe gezogen und greift den schwarzen Springer an. Der Springer kann im nächsten Zug geschlagen werden, wenn Schwarz nicht etwas dagegen unternimmt. Das ist ein Angriff durch einen *einfachen Zug.*

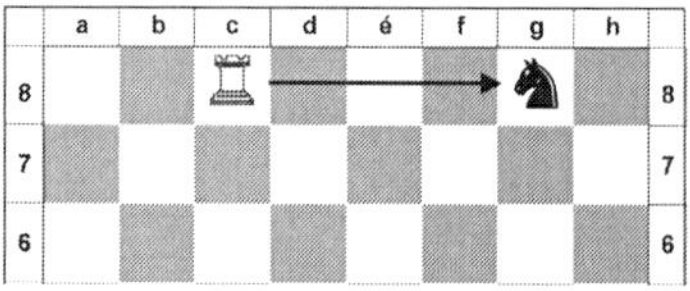

1
Angriff durch einen einfachen Zug

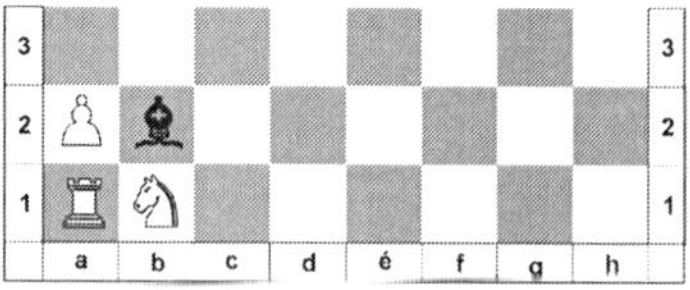

2
Angriff durch Schlagen

Auch das Schlagen kann mit einem weiteren Angriff verbunden sein. In Diagr. 2 hat der schwarze Läufer einen Bauern geschlagen und greift überdies gleichzeitig auch noch den weißen Turm an.
Der Angriff kann sowohl mit einem einfachen Zug wie auch durch Schlagen erfolgen (z. B. nach einem Abtausch). Der Angriff ist das Vorspiel zum Schlagen. Da keiner die Schwächung seiner Armee zulassen darf, muss der Angegriffene einen Gegenzug machen – ob es ihm passt oder nicht. Er ist also genötigt, etwas zu tun, was er vielleicht ohne den Angriff nicht tun würde. Der Angriff löst eine Gegenmaßnahme aus, die erzwungen ist.
Der Angriff ist eine wirksame Waffe. Er ist umso zwingender, je wertvoller die angegriffene Figur ist. Durchaus zwingend ist ein Schachgebot. Der König ist der Höchste im Spiel. Das Schach muss den Spielregeln zufolge im unmittelbar darauf folgenden Zug abgewehrt werden. Man kann sich oft aus einer peinlichen Lage durch den Angriff gegen den feindlichen König retten (Diagr. 3).

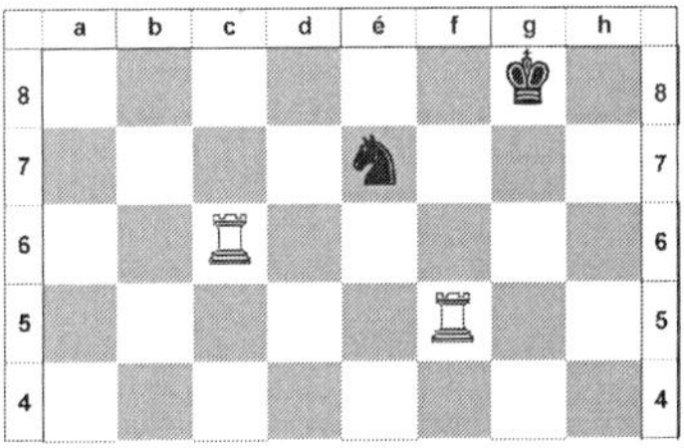

3
Das rettende Schach

Der schwarze Springer griff beide Türme an. Zum Glück kann ein Turm mit gleichzeitigem Schach flüchten: Tf5 – g5+. Schwarz muss das Schach abwenden. Weiß hat mit seinem

Gegenangriff Zeit gewonnen und kann auch den anderen Turm in Sicherheit bringen.

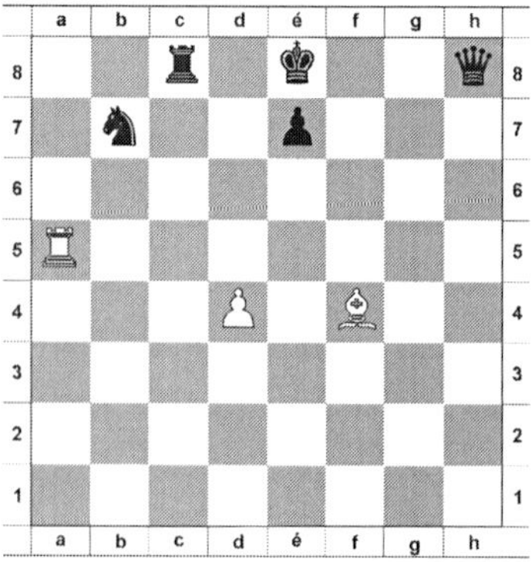

4
Der Gegenangriff

Ein Angriff gegen die Dame ist auch sehr wirksam. In Diagr. 4 braucht Weiß nicht um seinen Turm zu bangen (zumindest einen Zug lang), falls er mit Lf4 – é5 die Dame angreift. Schwarz muss sich dann vorerst um seine Dame sorgen und kommt nicht zum Schlagen des weißen Turmes.

6. Die Drohung

Man kann nur angegriffene feindliche Steine schlagen. Ist ein Stein nicht angegriffen, dann kann er nicht geschlagen werden. Man muss also vorerst einen Stein angreifen, um ihn schlagen zu können. Der Angriff ist die Vorbereitung zum Schlagen.
Falls wir unseren Film um noch einen Zug zurückdrehen, so kommen wir zu der Drohung. Die Drohung ist die Vorberei-

tung eines Angriffs. Die Drohung selbst ist ein stiller Zug, der noch nicht angreift, nur einem Angriff vorangeht. Die gewaltigste Drohung ist die Mattdrohung. „Die Drohung ist die Vorbereitung eines Übels, das dem Gegner zugefügt werden soll“ (Dr. Erwin Voellmy).

7. Die Bauernumwandlung

Zu den zwingenden Zügen gehört auch die Umwandlung eines Bauern. Die Verwandlung ist in ihrer Wirkung dem Damengewinn gleichgestellt, weil ja auf dem Brett eine neue Dame erscheint. Je mehr sich der Bauer dem Umwandlungsfeld nähert, desto stärker wachsen die Sorgen des Gegners.

Ein knapp vor der Umwandlung stehender Bauer kann mitunter stärker als die Dame sein, weil er die Fähigkeit besitzt, sich außer in die Dame auch in einen Springer, Turm oder Läufer zu verwandeln. Man kann weder das Schlagen noch die Drohung immer verwirklichen, da dies der Gegner verhindert und abwehrt. Aber selbst abgewendete Angriffe und vereitelte Drohungen haben ihre Schuldigkeit getan: Der Gegner verliert mindestens Zeit und muss einen Zug machen, den er sonst nicht gemacht hätte. Er ist also an der Verwirklichung seiner Pläne und an der Durchführung seiner Absichten gehindert.

Angriff und Drohung zwingen oft zu Maßnahmen, die die Stellung verderben oder verschlechtern. Machen Sie also zwingende Züge, die dem Gegner nur wenig Spielraum und geringe Auswahl belassen!

Die Übermacht

„Die wichtigste Aufgabe im Endspiel besteht darin, ein materielles oder positionelles Übergewicht geltend zu machen. Deshalb ist es notwendig zu zeigen, wie man einen Vorteil in den verschiedenen Endspieltypen verwerten kann, was Endspiele gemeinsam haben und worin sie sich unterscheiden“ (Jurij Awerbach).

Materieller Vorteil = stärkere Kräfte
Positioneller Vorteil = bessere Stellung

Die meisten Endspiele in diesem Buch enthalten keine Bauern. Nur in wenigen Studien sind Bauern vorhanden, die aber am Kampf nicht teilnehmen. Wir können deswegen die Bauern außer Acht lassen. Dies erlaubt die Anwendung einer sehr einfachen Bewertung. Die schwächsten Figuren sind der Springer und der Läufer. Wir wählen also eine Leichtfigur als Einheit:

Durchschnittswerte der Schwerfiguren

Dame = 3 Leichtfiguren
Turm = 1½ Leichtfiguren
Dame = 2 Türme

Der Vorteil eines Turmes oder zweier Leichtfiguren sichert den Sieg. Der Turm oder zwei Leichtfiguren können mit Hilfe des eigenen Königs matt setzen. Ist diese Übermacht vorhanden, dann gewinnt der Stärkere. Ist die Übermacht geringer, dann muss sie vergrößert werden. (Die Kraft des Königs im Endspiel erreicht häufig die Turmstärke.)

1. Ein brutaler Sieg (Dame gegen Läufer)

Der Unterschied zwischen der Kraft der Dame und der des Läufers beträgt zwei Leichtfiguren. Die Dame ist dreimal so stark wie der Läufer. Der Läufer spielt im folgenden Endspiel eine derart klägliche Rolle, als ob er überhaupt nicht auf dem Brett anwesend wäre. Der Läufer ist nicht einmal imstande, den Untergang seines Königs zu verzögern.
Weiß zog gerade 1. Db3 – b5! und hat den Läufer gefesselt (Diagr. 5). Schwarz kann daher nur den König ziehen.

1. ...	1. Ké5 – d6
2. Ké3 – d4	2. ...

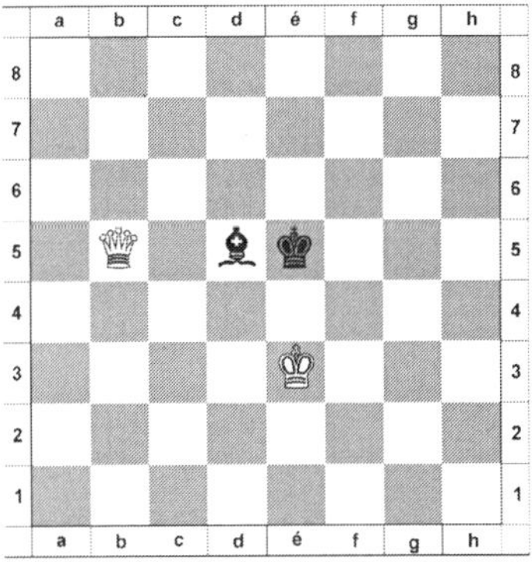

5
Ein Lehrendspiel von Johann Berger (1889)

Nun muss der Läufer flüchten, da er zweimal angegriffen, aber nur einmal verteidigt ist.

2. ...	2. Ld5 – é6
3. Db5 – b6+	3. Kd6 – é7!

Am besten. Falls 3. ... Kd6 – d7, dann müsste sich nach 4. Kd4 – é5 der Läufer von seinem Herrscher trennen.

4. Kd4 – é5	**4. Lé6 – f7**

Wenn 4. ... Lé6 – d7, so folgt 5. Db6 – b7 mit erneuter Fesselung.

5. Db6 – d6+	**5. Ké7 – é8**
6. Ké5 – f6	**6. Lf7 – g6!**
7. Dd6 – é7# Nicht 6. Kf6 × Lg6?? Patt.	

2. Einige Racheschachs (Dame gegen Springer)

Der Springer ist gewissermaßen ein Gegenspieler der Dame, doch kann er die Zurückdrängung seines Gebieters auch nicht verhindern. Er ist aber wenigstens in der Lage, den Todeskampf um einige Züge zu verlängern. Vorerst werden König und Springer an den Rand getrieben, dann wird der Springer gezwungen, sich von seinem Herrscher abzusondern, und schließlich wird entweder der Springer erobert oder der König matt gesetzt (Diagr. 6).

1. Kb2 – c3	**1. Sd6 – é4+**
2. Kc3 – d3	**2. Sé4 – c5+**
3. Kd3 – é3	**3. Sc5 – é6!**

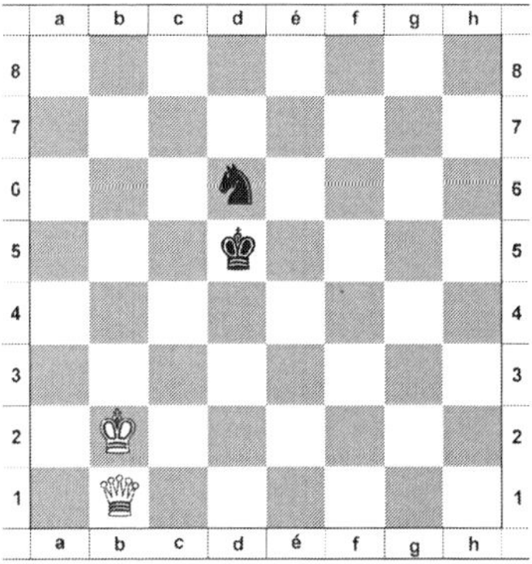

6
Stellung aus einem Endspiel von Johann Berger (1889)

Die schwarzen Figuren dürfen sich nicht voneinander trennen, da die Dame den Springer leicht abdrängen und zur Strecke bringen kann, z. B. 3. ... Sc5 – a4?; 4. Db1 – b3+! oder 3. ... Sc5 – a6?; 4. Db1 – b7+! mit Erbeutung des Springers. Auch 3. ... Sc5 – d7? würde die Aufgabe des Anziehenden erleichtern wegen 4. Db1 – b5+!; Kd5 – d6 usw. Also versucht Schwarz in der Mitte zu bleiben, solange es nur geht.

4. Db1 – f5+	**4. Kd5 – d6**
5. Ké3 – é4	**5. Sé6 – c5+**
6. Ké4 – d4	**6. Sc5 – é6+**

Die Racheschachs sind wohl das Einzige, was der Springer ausrichten kann.

7. Kd4 – c4	**7. Sé6 – c7**

Nach 7. ... Sé6 – g7?; 8. Df5 – f8+! verlöre Schwarz den Springer.

8. Df5 – c5+	**8. Kd6 – d7**
9. Dc5 – b6!	**9. ...**

Die Dame verhindert die Rückkehr des Königs in die 6. Reihe.

9. ...	**9. Sc7– é6**
10. Kc4 – d5	**10. Sé6 – c7+**
11. Kd5 – é5	**11. Sc7– é8**
12. Db6 – é6+	**12. Kd7– d8**
13. Dé6 – f7	**13. Sé8 – c7**
14. Ké5 – d6	**14. ...**

Es droht 15. Df7– d7#. 14. ... Sc7– é8+? geht nicht wegen 15. Kd6 – c6! mit Springerfang oder Matt.

14. ...	**14. Sc7– b5+**
15. Kd6 – c6!	**15. ...**

Nun droht auch 16. Df7– f8#, und der Springer wird immer weiter von seinem König gedrängt, bis er erobert werden kann.

15. ...	**15. Sb5 – d4+**
16. Kc6 – c5!	**16. ...**

Es ist aus. Der Springer hat nur zwei Felder, wo er nicht sofort geschlagen werden kann:

16. ...	**16. Sd4 – é2(c2)**
17. Kc5 – d6!	**17. ...**

Und Matt im nächsten Zug.

3. Eine harte Nuss (Dame gegen Turm)

Die Dame entfaltet ungefähr die Kraft von zwei Türmen. Sie ist also doppelt so stark wie ein Turm. Die Dame kämpft gegen den Turm mit der indirekten Übermacht eines Turmes. Turm und König können den einsamen König matt setzen. Die Übermacht eines Turmes reicht unter Umständen auch zum Matt.

a) Die Remisstellungen

Diagr. 7 zeigt die Remisstellung von Johann Berger (1898).

7

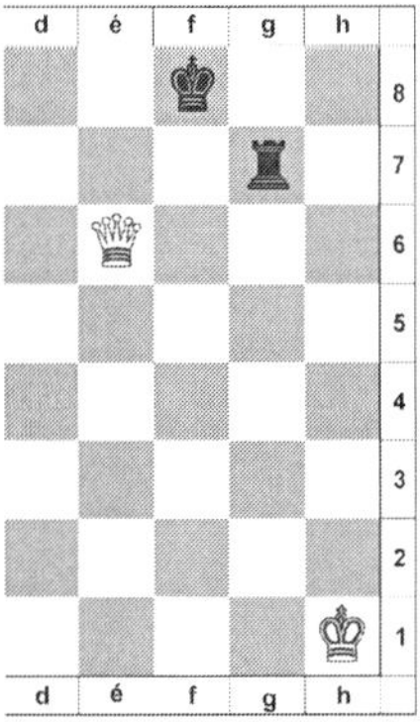

8

Schwarz am Zug erzwingt Remis

1. ...	**1. Tb8 – b1+!!**

Der schwarze König steht im Patt. Weiß darf also den dreisten Turm nicht schlagen.

2. Ka1– a2	**2. Tb1– b2+!!**

Hartnäckig verfolgt der Turm den feindlichen König.

3. Ka2 – a3	**3. Tb2 – b3+**
4. Ka3 – a4	**4. Tb3 – b4+**
5. Ka4 – a5	**5. Tb4 – b5+**
6. Ka5 – a6	**6. Tb5 – b6+!!**
7. Dc7×Tb6 Patt	oder 7. Ka6×Tb6 Patt.

Schlägt Weiß den Turm nicht, dann erzwingt Schwarz Remis durch Dauerschach 7. Ka6 – a5, Tb6 – b5+ usw.

Die zweite wichtige Remisstellung (Diagr. 8) stammt von dem Modeneser Rechtsgelehrten und Geistlichen Lorenzo Domenico Ponziani (1769).

Das Remis beruht auf dem Umstand, dass der Turm ständig Schach bietet. Der weiße König darf den é-Weg hinter seiner Dame nicht betreten wegen der Fesselung mit dem Turm auf é7, die den ungünstigen Abtausch Dame gegen Turm erzwingt.

1. ...	1. **Tg7– h7+**
2. **Kh1– g2**	2. **Th7– g7+**
3. **Kg2 – f3**	3. **Tg7– f7+**
4. **Kf3 – g4**	4. **Tf7– g7+**
5. **Kg4 – f5**	5. **Tg7– f7+**
6. **Kf5 – g6**	6. **Tf7– g7+**

Nun würde sich nach 7. Kg6 – f6? der unangenehme Spieß 7. ... Tg7– g6+!; 8. Kf6 × Tg6 Patt ergeben.

7. **Kg6 – h6**	7. **Tg7– h7+!!**

Der lästige Turm darf wegen des Patts nicht geschlagen werden.

8. **Kh6 – g6**	8. **Th7– h6+!!**
9. **Kg6 × Th6 Patt**	

Es ist nichts zu machen: 9. Kg6 – f5, Th6 × Dé6; 10. Kf5 × Té6=.

b) Ungünstige Randstellungen

Ist der schwächere König an den Rand gedrängt, dann kann die Dame trotz des Turmes oft matt setzen.

In Diagr. 9 würde Schwarz am Zug 1. ... Ta7– a6!; 2. Dc6 × Ta6 Patt spielen, aber Weiß am Zug gewinnt:

1. **Dc6 – é8+!**	1. **Kb8 – b7**
2. **Dé8 – d7+!**	2. **Kb7– b8**

Selbstverständlich nicht 2. ... Kb7– a8??; 3. Dd7– c8#.

3. **Dd7– d8+**	3. **Kb8 – b7**
4. **Dd8 – c7+!**	4. **Kb7– a6**
5. **Dc7– c6+**	5. **Ka6 – a5**
6. **Kd6 – c5!**	6. ...

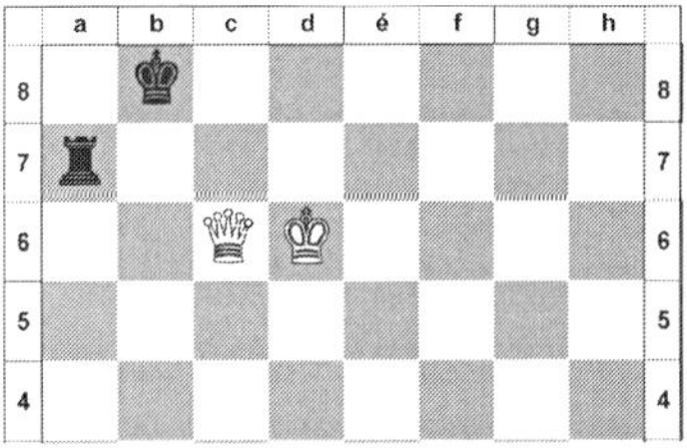

9
Eine Mattführung

Es droht 7. Dc6 – b5#. Das Opfer 6. Ta7– c7 kann das Matt nur um einige Züge aufschieben: 7. Dc6 × Tc7+, Ka5 – a4; 8. Dc7– b7, Ka4 – a3; 9. Db7– b1, Ka3 – a4; 10. Db1– a2#.

c) König auf der vorletzten Reihe

Befindet sich der schwächere König auf der vorletzten Reihe, dann ist die Aufgabe der Damenpartei schwieriger als gegen den König am Rand. Die Dame ist dann bestrebt, mit Doppelangriffen den Turm aufzugabeln und zu erbeuten (Diagr. 10):

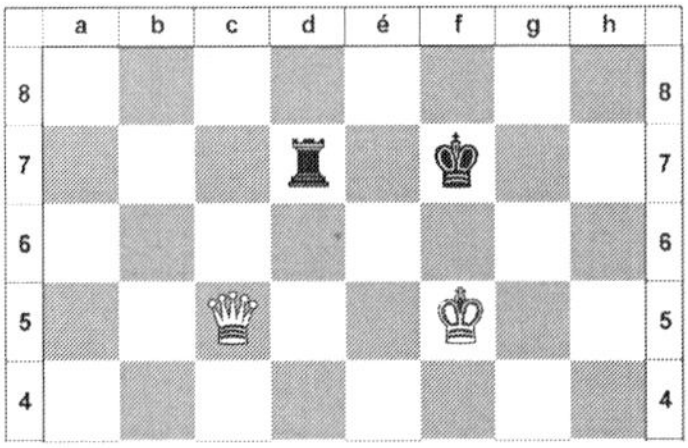

10
Aus einem Endspiel von André Chéron (1956)

Weiß zog gerade 1. Dc1– c5! Es ist klar, dass der schwarze König mit jedem Zug seine Stellung verschlechtern würde, da er entweder auf é8 oder g8 an den Rand ziehen oder sich auf g7 der Ecke nähern würde. Falsch ist auch 1. ... Td7– d8?;

2. Dc4 – c7+, Kf7 – é8; 3. Kf5 – é6!, und wegen des auf é7 oder f7 drohenden Matts kann Schwarz noch eine letzte Ausflucht versuchen: 3. ... Td8 – d6+!; 4. Ké6 × Td6 (nicht 4. Dc7 × Td6?? Patt).

Nach 1. ... Td7 – b7??; 2. Dc5 – d5+! und nach 1. ... Td7 – d3?; 2. Dc5 – c4+ verlöre er den Turm.

1. Spiel

1. ...	1. **Td7 – d2**
2. **Dc5 – c4+!**	2. **Kf7 – é8!**

Auf jeden anderen Zug geht der Turm verloren: 2. ... Kf7 – g7?; 3. Dc4 – c3+. Oder 2. ... Kf7 – é7(f8)?; Dc4 – b4+ nebst D × T.

3. **Kf5 – é6**	3. ...

Der König darf sich diesen Zug erlauben, weil die Dame das Schachgebot des Turmes auf é2 verbietet. Weiß droht nun mit 4. Dc4 – c8+, Td2 – d8; 5. Dc8 – c7! zu gewinnen.

3. ...	3. **Ké8 – d8**

Freilich nicht 3. ... Ké8 – f8?; 4. Dc4 – f4+ und 5. Df4 × Td2.

4. **Dc4 – b5!**	4. ...

Die Dame droht mit Matt auf b8. Der Turm darf den d-Weg nicht verlassen wegen 5. Db5 – d7#.

4. ...	4. **Kd8 – c8**
5. **Db5 – c5+**	5. **Kc8 – d8**
6. **Dc5 – a5+**	nebst Turmgewinn.

2. Spiel

1. ...	1. **Td7 – d1**
2. **Dc5 – c4+!**	2. **Kf7 – é7!**

Falls 2. ... Kf7– g7?, so 3. Dc4 – g4+, und wenn 2. ... Kf7– f8, dann 3. Dc4 – b4+!, und Weiß erbeutet den Turm (3. ... Kf8 – é8; Db4 – a4+ oder 3. ... Kf8 – g8; 4. Db4 – b3+).

3. Dc4 – b4+!	**3. Ké7– d8!**

Nach 3. ... Ké7– é8?; 4. Db4 – a4+, Td1– d7 gewinnt Weiß mit 5. Kf5 – é6!

4. Kf5 – é6	**4. ...**

Beachten wir, wie die Dame das Schachfeld des Turmes, é1, bewacht! Nun droht erneut 5. Db4 – b8#.

4. ...	**4. Kd8 – c7**
5. Db4 – c4+	**5. Kc7– d8**

Erzwungen. Geht der König auf den b-Weg, so büßt Schwarz den Turm ein (6. Dc4 – b3+).

6. Dc4 – b3!	**6. ...**

Mit der Doppeldrohung 7. Db3 – b8# und 7. Db3 × Td1.

6. ...	**6. Td1– é1+**
7. Ké6 – d6!!	**7. ...**

Schwarz ist unrettbar verloren. 7. ... Kd8 – é8 (oder 7. ... Té1– c1), dann 8. Db3 – g8#. Oder 7. Kd8 – c8; 8. Db3 – c3+ Turmverlust.

Hauptspiel

1. ...	**1. Td7– é7!**
2. Dc5 – c4+	**2. Kf7– g7**

Nach 2. ... Kf7– f8 gewinnt Weiß sofort mit 3. Kf5 – f6!

3. Dc4 – d4+	**3. Kg7– f7!**
4. Dd4 – d8!!	**4. ...**

Der Textzug zwingt den Turm, sich von seinem König zu trennen. Weiß gewinnt in allen Varianten. Schlecht wäre 4. ... Té7– é8?; 5. Dd8 – f6+, Kf7– g8; 6. Kf5 – g6!, und die Mattdrohung auf g7 entscheidet sofort. Wenn 4. ...

Té7– a7(b7), dann 5. Dd8 – d5+!, Kf7– é8. Zieht der König auf ein schwarzes Feld, so kommt unverzüglich die Damengabel 6. Dd5 – g8+, Ké8 – d7(é7); 7. Dg8 – g7+ und 8. Dg7 × Ta7.

4. ...	**4. Té7– é1!**

Weiß gewinnt noch schneller, falls der Turm nach é3 oder é2 geht.

5. Dd8 – d5+!	**5. Kf7– é7!**
6. Dd5 – c5+	**6. Ké7– d7!**
7. Dc5 – d4+!	**7. Kd7– é8!**

Der König darf den c-Weg nicht betreten wegen 8. Dd4 – c3+. Und auf 7. ... Kd7– é7? folgt 8. Dd4 – b4+.

8. Dd4 – a4+	**8. Ké8 – f7!**

Wiederum das Einzige. Ginge der König nach d8, é7 oder f8, dann erbeutete die Dame den Turm mit 9. Da4 – a5+ (bzw. b4+).

9. Da4 – c4+	**9. ...**

Die Dame verbietet das Störschach des Turmes von f1 aus und ermöglicht dadurch den Vormarsch des weißen Königs. Das war der Zweck des vorherigen Damenmanövers.

9. ...	**9. Kf7– é8!**

Die schwarzen Felder sind wegen des sofortigen Turmverlustes dem schwarzen König verboten.

10. Kf5 – f6!	**10. ...**

Es droht 11. Dc4 – c8#. Und falls 10. Ké8 – f8??, so 11. Dc4 – f7#. Auch 10. ... Té1– d1 ist schwach wegen 11. Dc4 – a4+, Td1– d7; 12. Kf6 – é6!, und der Turm geht verloren.

10. ...	**10. Ké8 – d7(d8)**
11. Dc4 – d4+	**11. Kd7– é8!**
12. Dd4 – a4+	**12. Ké8 – d8 (f8)**
13. Da4 – a5 (b4)+	und es ist aus.

d) Das Zurückdrängen

Mitunter ist das Zurückdrängen leicht, wenn der Turm neben seinem König verharrt.

1. Dc6 – d6+!	1. …

Die Dame lässt dem schwarzen König nur ein einziges Fluchtfeld und ermöglicht das Eingreifen der weißen Majestät.

1. …	**1. Ké5 – é4**
2. Kd7 – é6	**2. Tf5 – f4**
3. Dd6 – d5+	**3. Ké4 – é3**
4. Ké6 – é5	**4. Tf4 – f3**
5. Dd5 – d4+	**5. Ké3 – é2**
6. Ké5 – é4	**6. Tf3 – f2**
7. Dd4 – d3+	**7. Ké2 – é1**

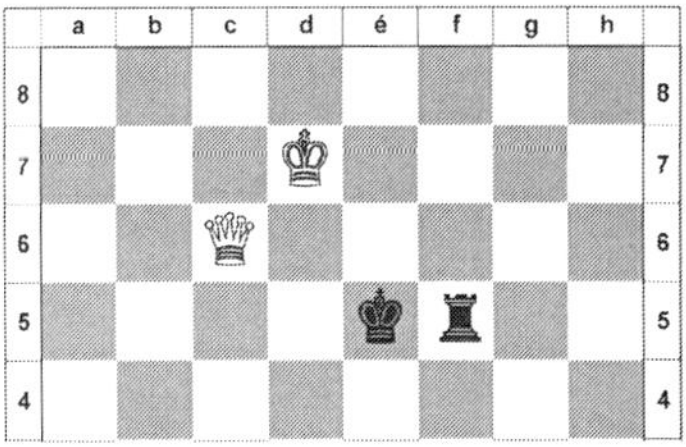

11
Aus einem Endspiel von Abbé Durand (1860)

Jetzt aber Vorsicht! Mit dem automatischen 8. Ké4 – é3?? würde Weiß den Gewinn verschenken wegen Tf2 – f3+!!; 9. Ké3 × Tf3 Patt.

8. Dd3 – b1+!	**8. Ké1 – é2**
9. Db1 – g1!	9. …

Nun muss sich der Turm von seinem König verabschieden. Nach 9. … Tf2 – f1? würde 10. Dg1 – é3+, Ké2 – d1; 11. Ké4 – d3! folgen nebst unabwendbarem Matt oder Turmverlust.

e) Gute Aussichten für den Turm

Angeblich gewinnt die Dame gegen den Turm immer, aber das ist noch nicht bewiesen. Es ist durchaus möglich, dass neben den bekannten Remisstellungen auch andere Remismöglichkeiten vorhanden sind. Wir haben nur eine leicht verständliche Gewinnführung ausgewählt, aber auch da waren bereits einige harte Nüsse zu knacken.

Es gibt jedoch auch besonders schwierige Fälle, die selbst den Großmeistern Kopfzerbrechen verursachen. Diese Gewinnführungen sind derart kompliziert, dass es bei beschränkter Bedenkzeit nicht immer gelingt, in 50 Zügen matt zu setzen oder den Turm zu schlagen.

Haben Sie also einen Turm gegen die Dame, verzagen Sie nicht, und geben Sie nicht auf. Durch Aufgeben hat noch keiner eine Partie gewonnen. Lassen Sie es sich von Ihrem Gegner zeigen!

Steht der Turm unter dem Schutz seines Königs, dann kann er nicht erbeutet werden, aber das Zurückdrängen des Königs an den Rand ist leichter zu bewerkstelligen.

Entfernt sich der Turm von seinem König, dann schwebt er ständig in Todesgefahr, aber seine Schachgebote können das Leben des feindlichen Herrschers sauer machen und die Gewinnführung ungemein erschweren. Die Dame ist in solchen Fällen bemüht, die Schachfelder des Turmes unter Feuer zu nehmen und die lästigen Schachgebote zu vereiteln.

Der Trost der Stärkeren ist, dass die Verteidigung noch schwieriger ist als die Angriffsführung. Bei der ungeheuerlichen Wendigkeit der Dame auf leerem Brett sind peinliche Überraschungen an der Tagesordnung, die dem Turm den Garaus machen.

f) Die Turmsperre

Die Dame braucht immer die Hilfe ihres Herrschers, um den feindlichen König matt zu setzen oder den Turm zu erobern. Der Turm kann jedoch eine Trennungslinie zwischen dem eigenen und dem gegnerischen König errichten und zumindest eine Zeit lang die todbringende Annäherung des stärkeren Königs vereiteln (Diagr. 12).

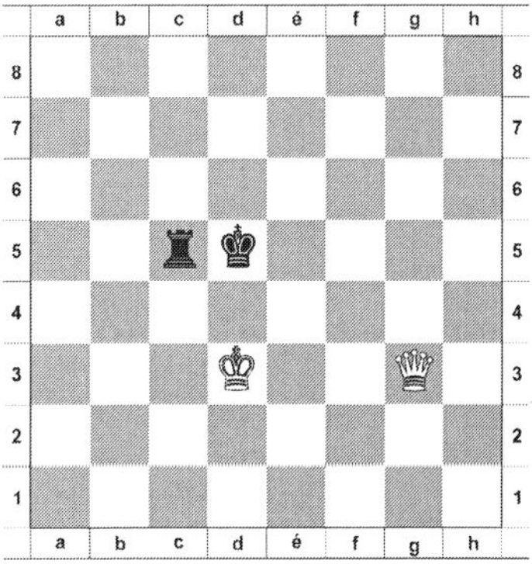

12
Ein Endspiel von Dr. Max Euwe (1942)

1. Dg3 – f3+	1. Kd5 – é5
2. Df3 – é4+	2. Ké5 – d6
3. Kd3 – d4!	3. ...

„Um den Gewinn zu erzwingen, muss Weiß unter Mithilfe seines Königs den schwarzen König an den Rand treiben. Der Textzug ist der erste Schritt dazu" (Paul Keres).

3. ...	3. Tc5 – a5!

Der Turm verlässt seinen König freiwillig, um auf der 5. Reihe hin- und herzuziehen und den weiteren Vormarsch des weißen Königs zu erschweren. „Man halte den Turm nicht ängstlich in der Nähe des Königs, sondern wage von

Zeit zu Zeit einen Ausfall. Wenn man damit wartet, bis die Trennung erzwungen wird, ist dies im Allgemeinen der Anfang vom Ende“ (Dr. Max Euwe).

Es ist nicht wahr, dass der Turm in einigen Zügen verloren geht, wenn er seinen König verlässt. Freilich muss der Turm vorsichtig sein, weil die Möglichkeit einer Damengabel immer in der Luft hängt. Falsch wäre zum Beispiel statt des Textzugs sowohl 3. ... Tc5 – g5?; 4. Dé4 – f4+! wie auch 3. ... Tc5 – h5?; 4. Dé4 – g6+!. Weiß kann zwar den Turm zum Verlassen der 5. Reihe nötigen, aber das Verfahren ist schwierig und kompliziert:

4. Dé4 – g6+ **4. Kd6 – d7**

Der König musste weichen. Solange die Dame auf der 6. Reihe weilt, ist der Turm in der 5. Reihe ungedeckt.

5. Dg6 – f6 **5. Ta5 – b5!**

Der König soll auf einem Mittelfeld bleiben. Unrichtig wäre der Rückzug in Richtung des Turmes: 5. ... Kd7 – c7?; 6. Df6 – é6!, Kc7 – b7?; 7. Kd4 – c4. Kb7 – c7; 8. Kc4 – b4!, und der Turm muss die 5. Reihe räumen, weil weder 8. ... Ta5 – g5?; 9. Dé6 – é7+ noch 8. Ta5 – h5?; 9. Dé6 – f7+ richtig ist.

6. Df6 – f7+ **6. ...**

Das ist die einzige Möglichkeit, den Angriff fortzusetzen. Weiß erreicht nichts mit 6. Kd4 – c4?, Tb5 – a5; 7. Kc4 – b4, Ta5 – d5!.

6. ... **6. Kd7 – d6!**

Nach 6. ... Kd7 – c6?; 7. Df7 – é6+, Kc6 – c7; 8. Kd4 – c4!, Tb5 – a5; 9. Kc4 – b4 muss der Turm die 5. Reihe verlassen.

Auch 6. ... Kd7 – d8? ist mangelhaft wegen 7. Kd4 – c4, Tb5 – a5; 8. Kc4 – b4, Ta5 – é5; 9. Df7 – f6+, Té5 – é7. Die Sperre auf der 5. Reihe ist beseitigt, und der weiße König kann vorwärtsrücken.

7. Df7– f8+ **7. Kd6 – d7**

Andere Züge sind auch nicht besser: z. B. 7. ... Kd6 – c6; 8. Df8 – é8+!, Kc6 – b6; 9. Kd4 – c4!, Tb5 – a5; 10. Dé8 – d8+, Kb6 – a6; 11. Dd8 – b8! usw.

8. Df8 – f6! **8. ...**

Und Schwarz gerät in Zugzwang, da er mit jedem Zug seine Stellung verschlechtern muss.

8. ... **8. Tb5 – a5**

9. Kd4 – c4 **9. Kd7– c7**

Nach 9. ... Kd7– é8(c8) würde 10. Df6 – é6+ folgen.

10. Df6 – é7+! **10. Kc7– c6**

11. Dé7– é6+ **11. Kc8 – c7**

12. Kc4 – b4! (Diagr. 13)

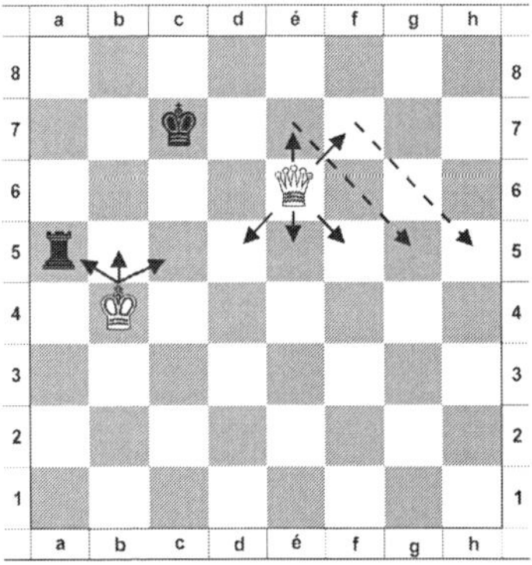

13
Die Beherrschung der 5. Reihe

Der weiße König und die Dame beherrschen je drei Felder in der 5. Reihe Indirekt beherrscht die Dame die Felder g5 und h5 wegen der Gabel auf é7 und f7. Der Turm muss die 5. Reihe räumen, und der weiße König kann vorwartsstürmen.

Die Qualität

Die Qualität ist der Kraftunterschied zwischen Turm und Läufer oder Turm und Springer. Dieser Kraftunterschied beträgt nur eine halbe Leichtfigur. Mit solch geringem Vorteil kann man nicht matt setzen. Das Endspiel ist daher meistens remis.

1. Turm gegen Läufer

Selten gewinnt der Turm gegen den Läufer – und zwar nur nach einem groben Fehler der Läuferpartei. Gewinnstellungen sind nur dann möglich, falls sich der schwächere König am Rand befindet.

a) Die gefährliche und die sichere Ecke. Meide die Ecke der Läuferfarbe!

Ist der Läufer schwarzfeldrig, dann soll sein König die Ecken a1 und h8 nicht betreten. Haben Sie einen weißfeldrigen Läufer? Dann ziehen Sie Ihren König ja nicht in die Nähe der weißen Eckfelder a8 und h1. – Warum? (Diagr. 14)

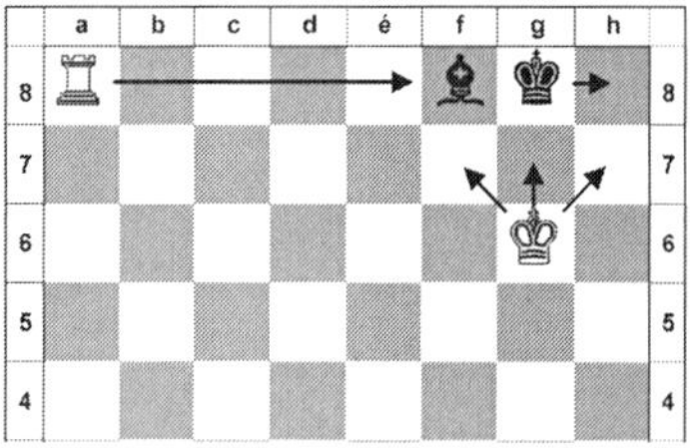

14
Gewinnstellung in der Ecke. Die Fesselung ist wirksam

Hier ist der schwarze König neben der verderblichen Ecke eingesperrt. Nach einem Wartezug des Turmes ist der schwarze König im Zugzwang. Er muss in die Ecke gehen und den Läufer preisgeben:

1. Ta8 – b8!	**1. Kg8 – h8**
2. Tb8 × Lf8#	

Anders ist es jedoch, wenn der Läufer weißfeldrig ist. Dann ist die schwarze Ecke h8 (und a1) gut (Diagr. 15).

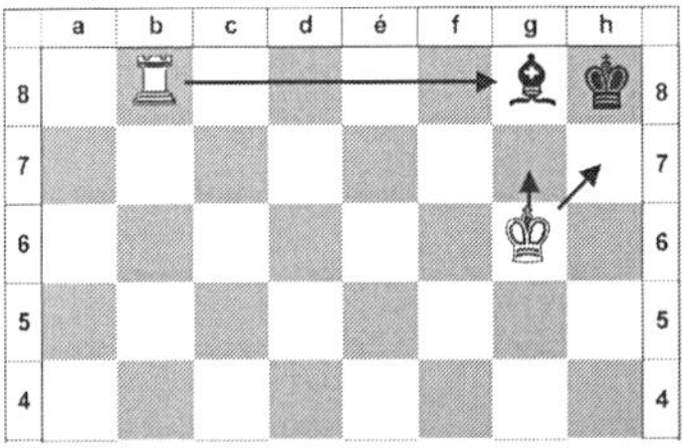

15
Remisstellung in der Ecke. Die Fesselung ist unwirksam

Nach Tb8 – a8 (oder f8) ist Schwarz patt. Auch Kg6 – h6 ergibt nur Patt. Hebt der Turm die Fesselung auf (z. B. Ta8 – a1), dann zieht der Läufer zwischen g8 und b3. Bietet der Turm auf a8 Schach, so kehrt der Läufer nach g8 zurück. Bläst der weiße König zum Rückzug (z. B. Kg6 – f6), dann pendelt der schwarze König zwischen h8 und h7. Weiß kann nicht gewinnen. Schwarz muss freilich aufpassen.

1. Tb8 – b7	1. ...

Ein Gewinnversuch. Nach 1. Tb8 – b4(b1) könnte auch Lg8 – h7+ folgen.

1. ...	**1. Lg8 – é6?**

Dieser Zug ist deshalb schlecht, weil der Läufer zu nahe am weißen König steht und nicht auf f5 Schach bieten kann, ohne geschlagen zu werden.

2. **Tb7– h7+!** 2. **Kh8 – g8**

3. **Th7– é7!** Weiß gewinnt.

Richtig ist:

1. **Tb8 – b7** 1. **Lg8 – d5**

Der Läufer muss zumindest bis d5 laufen. Gut sind auch die Felder c4 und a2.

2. **Tb7– h7+** 2. **Kh8 – g8**

3. **Th7– d7** 3. **Ld5 – é4+!**

4. **Kg6 – f6** (Diagr. 16)

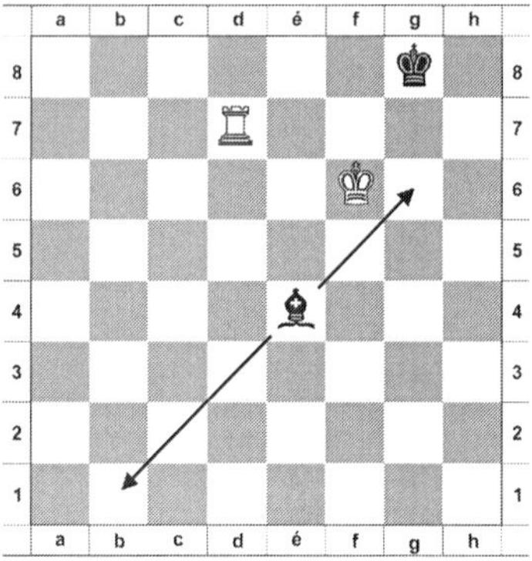

16
Remisstellung am Rand. Der Läufer verhindert die Opposition

b) Am Rande gelten andere Regeln: Besetze ein Randfeld der Läuferfarbe!

Der weiße König musste aus der günstigen Opposition weichen, und es sind keine Mattdrohungen vorhanden. Der Läufer pendelt zwischen b1 und é4 und verbietet dem weißen Monarchen, dass er auf g6 die Opposition einnimmt.

Ist der schwächere König gezwungen, sich an den Rand zu begeben, dann soll er ein Feld der Läuferfarbe betreten. Die Regel ist also umgekehrt wie für das Spiel in der Ecke. In Diagr. 16 steht der schwarze König richtig auf einem weißen Randfeld, wie sein Läufer. Der König gehört auf g8; nicht auf f8, wo er verlieren würde.

Normalerweise kann man den schwächeren König nicht an den Rand drängen; aber auch am Rande sind Remisstellungen vorhanden, die er mühelos einnehmen kann.

c) Zwei bekannte Gewinnstellungen

In der ersten Gewinnstellung ist der schwarze König in die gefährliche Ecke der Läuferfarbe eingesperrt (Diagr. 17).

Der Anzug ist beliebig. Weiß gewinnt immer. Die Stellung des Läufers ist nebensächlich; jetzt steht er am günstigsten. Der Turm muss ihn aus seiner Zuflucht hinausjagen:

1. Tf7–f1!	**1. Lg1–h2!**
2. Tf1–f2	**2. Lh2–g3**
3. Tf2–g2!	**3. Lg3–é5**

Falls 3. ... Lg3 – h4, erbeutet Weiß den Läufer mit 4. Kg6 – h5(+)!.

4. Tf2–é2	**4. Lé5–d6**
5. Té2–é8+	**5. Ld6–f8**
6. Té8–a8	**6. Kg8–h8**
7. Ta8×Lf8#	

In der zweiten Stellung (Diagr. 18) steht der schwarze König in unmittelbarer Nähe der rettenden Ecke, in entgegengesetzter Farbe als der Läufer. Leider macht der Turm dem König den sicheren Schlupfwinkel unzugänglich.

17

18

Die Gewinnstellungen von J. Kling und B. Horwitz (1851)

Schwarz am Zug ertrotzt das Remis mit 1. ... Kf8 – é8!. Der weiße König kann ihn nicht allzu weit verfolgen: 2. Kf6 – é6, Ké8 – d8; 3. Ké6 – d6, Kd8 – c8; der Läufer versperrt dem Verfolger das Feld c6. Weiß am Zug verhindert das Ausreißen des schwarzen Königs. Der Turm greift mit dieser Absicht beständig den Läufer an und knüpft diese Angriffe mit Mattdrohungen zusammen.

1. Tg7– g3! **1. Lf3 – é4!**

Alle andere Erwiderungen sind schwach:

a) 1. ... Lf3 – h5(h1)?; 2. Tg3 – h3, Lh5 – f7; 3. Th3 – h8+, Lf7– g8; 4. Kf6 – g6! und erbeutet den Läufer.

b) 1. ... Lf3 – d1(d5)?; 2. Tg3 – d3, Ld1– a4(h5); 3. Td3 – d8+, La4 – é8; 4. Kf6 – é6 (oder 4. Td8 – a8) usw.

c) 1. ... Lf3 – a8(b7)?; 2. Tg3 – b3!, La8 – c6; 3. Tb3 – b8+ usw.

Solange der Läufer zwischen dem é-Weg und g-Weg pendelt, kann der Anziehende keine Mattdrohungen aufstellen.
Interessant ist das Abspiel: 2. Tg3 – é3, Lé4 – h7; 3. Té3 – b3! (Kf8 – g8??, 4. Tb3 – b8#), 3. ... Kf8 – é8; 4. Tb3 – b8+, Ké8 – d7; 5. Tb8 – b7~, K+; 6. Tb7 × Lh7.

2. Tg3 – é3	**2. Lé4 – g2**
3. Té3 – é2	**3. Lg2 – f3(f1)**
4. Té2 – f2!	**4. ...**

Entscheidend. Der Läufer muss seinen Unterschlupf hinter dem Rücken des weißen Königs aufgeben und über den é-Weg laufen. Denn 4. ... Lf3 – é4? (d5?) führt zum sofortigen Läuferverlust wegen des Abzugschachs 5. Kf6 – é5(+)!.
Auch 4. ... Lf3 – g4? verliert unverzüglich nach 5. Kf6 – g5(+)!.

4. ...	**4. Lf3 – c6!**

Verhältnismäßig am besten, aber die Mattdrohungen sind nicht mehr aufzuhalten. Nach 4. ... Lf3 – d5(é4)? erbeutet Weiß den Läufer mit 5. Kf6 – é5(+)!.

5. Tf2 – c2	**5. Lc6 – d7!!**

Verhindert das Schach auf c8. Mit Tc2 – d2? würde Weiß den Gewinn verpatzen wegen 6. ... Kf8 – é8! =.
Schwach wäre 5. ... Lc6 – b7? wegen 6. Tc2 – b2! und gewinnt.

6. Tc2 – b2!	**6. Kf8 – g8**
7. Tb2 – b8+	**7. Kg8 – h7**
8. Tb8 – b7	**8. ...**

Die tödliche Fesselung erobert den Läufer.

d) Abwehr gegen die Verdrängung

Am besten ist es natürlich, wenn der schwächere König sich nicht an den Rand treiben lässt (Diagr. 19).

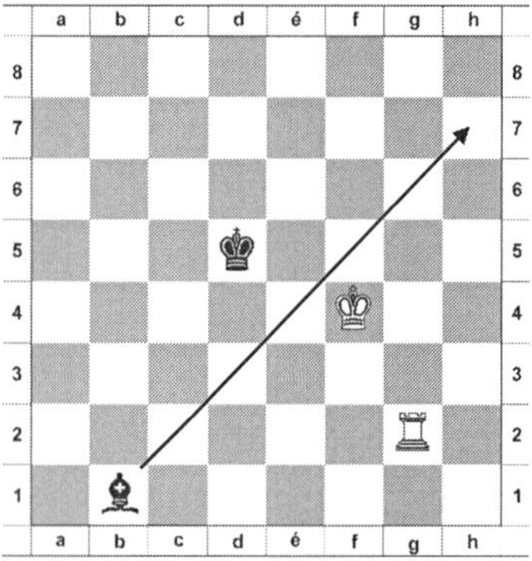

19
David Hoopers Remis-stellung (1973)

Der schwarze Läufer pendelt auf der Schräge b1–h7. Der schwarze König verweilt auf den Feldern d5, d6 und é6. Weiß kann seinen König nicht auf f5 (oder auf d3) in die Opposition ziehen, weil ihm diese Felder der Läufer verbietet.

1. Tg2–d2+	**1. Kd5–é6!**

Auch jetzt ist der weiße König nicht imstande, auf é4 die Opposition einzunehmen. Folglich kann der schwarze König nicht an den Rand getrieben werden.

2. Turm gegen Springer

Der Springer ertrotzt gegen den Turm auch am Brettrand meistens Remis, falls er mit seinem König verbunden bleibt. Die Eckstellungen des Springers oder seines Königs sind jedoch fast immer fatal.

a) Springer in der Ecke

Ist der Springer in die Ecke getrieben, dann verliert er fast immer, weil er nur zwei Sprünge ausführen kann. In Diagr. 20 versetzt Weiß den Gegner in Zugzwang mit einem Wartezug:

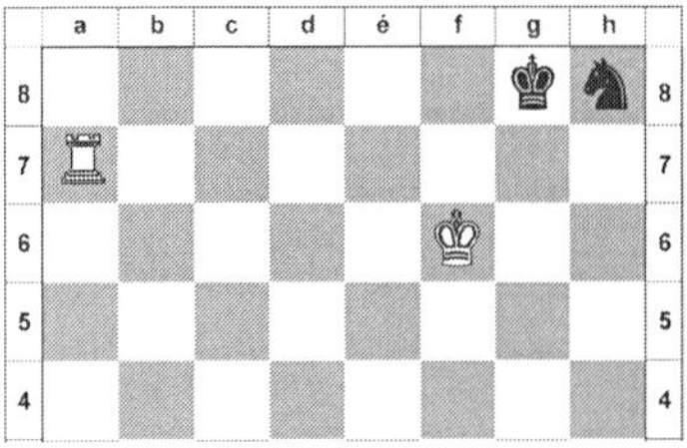

20
Schwarz ist unrettbar verloren

1. Ta7–b7(d7)! **1. ...**

Schwarz ist verloren: **1. ... Sh8–g6; 2. Kf6×Sg6;**
1. ... Sh8–f7; 2.Tb7×Sf7;
1. ... Kg8–f8; 2.Tb7–b8#.

Stehen in Diagr. 20 die schwarzen Figuren umgekehrt – also der Kh8 und Sg8, und der weiße König auf g6, dann zieht Weiß am Zug nicht 1. Ta7–a8?? Patt, sondern 1. Ta7–h7#.

b) König in der Ecke

In Diagr. 21 kann Schwarz trotz der Eckstellung und Eingeschlossenheit seines Königs mit einem Unentschieden davonkommen.

Weiß am Zug spielt 1. Tg3–g2 und überwälzt so die Zugpflicht auf Schwarz. Dieser hat drei Züge zur Wahl, zwei davon verlieren.

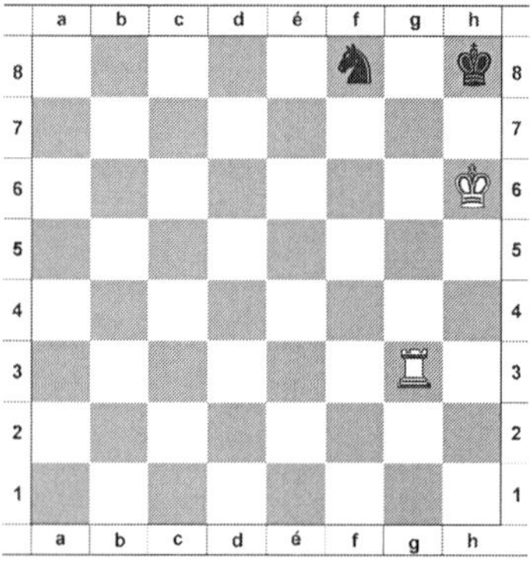

21
Ein Endspiel von J. Kling und B. Horwitz (1851). Schwarz am Zug macht Remis

1. Spiel (richtig)

1. ...	1. **Sf8 – d7!**
2. **Kh6 – g6**	2. **Kh8 – g8**

Der schwarze König flüchtet über f8. Weiß möchte dies verhindern:

3. **Tg3 – d3**	3. **Sd7– f8+**

Das ist es ja eben. Der Springer neben seinem Herrscher vertreibt den gegnerischen König aus der Opposition und vereitelt dadurch die Mattdrohungen.

4. **Kg6 – f6**	4. **Sf8 – h7+**

Oder 4. Kg6 – h6, Kg8 – f7!, und Weiß gewinnt nicht mehr.

5. **Kf6 – g6**	5. **Sh7– f8+=**

2. Spiel (falsch)

1. ...	1. **Sf8 – é6?**
2. **Kh6 – g6!**	2. ...

Jetzt geht 2. ... Kh8 – g8? nicht wegen 3. Kg6 – f6(+)! nebst Erbeutung des Springers.

2. ...	2. Sé6 – f8+
3. Kg6 – f7	3. Sf8 – h7
4. Tg3 – g8#	

Oder 3. ... Kh8 – h7; 4. Tg3 – h3#.

3. Spiel (falsch)

1. ...	1. Sf8 – h7?
2. Kh6 – g6!	2. Kh8 – g8

Auf 2. ... Sh7– f8+ gewinnt Weiß mit 3. Kg6 – f7!.

3. Tg3 – g1 (Wartezug)	3. Sh7– f8+
4. Kg6 – f6(+)	4. K~
5. Kf6 – f7!	5. Sf8 – h7
6. Tg1– g8#	

3. Zwei Leichtfiguren gegen Turm

Läufer und Springer sind eine Qualität stärker als der Turm. Sie gewinnen daher meistens bei Eckstellungen des Turmkönigs.

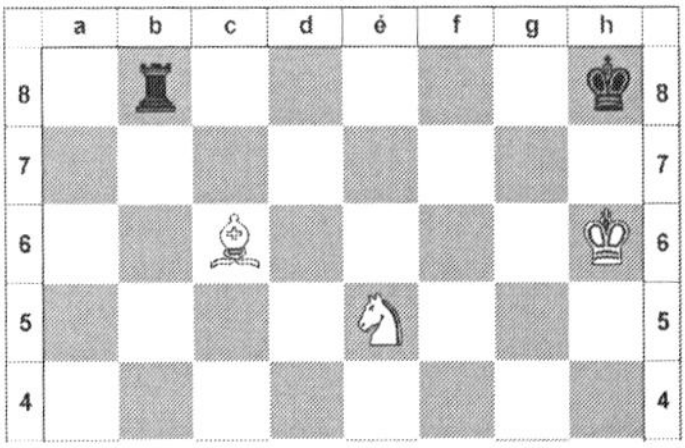

22
Ein Endspiel
von Danielson

Weiß zog gerade 1. La4 – c6! und droht 2. Sé5 – g6+, Kh8 – g8; 3. Lc6 – d5#. Deckt Schwarz die Drohung mit 1. ... Tb8 – g8, dann folgt 2. Sé5 – f7#. Versucht Schwarz mit 1. ... Tb8 – d8

den Mattzug des Läufers auf d5 unschädlich zu machen, so verliert er nach 2. Sé5 – f7+ Gabel den Turm. Auch der Fluchtversuch des Königs 1. ... Kh8 – g8 scheitert an 2. Lc6 – d5+. Er darf nicht in die Ecke zurückkehren wegen 3. Sé5 – g6#.
Erzwungen ist daher 2. ... Kg8 – f8, aber nach 3. Sé5 – d7+ ist es wieder um den Turm geschehen.
Selbst die Fesselung des Läufers mit 1. ... Tb8 – b6 hilft nicht wegen 2. Sé5 – g6+, Kh8 – g8; 3. Lc6 – d5+, Tb6 – é6; 4. Ld5 × Té6#.

1. ...	**1. Tb8 – f8!**

Schwarz beschließt, die Qualität zu opfern, denn eine Leichtfigur kann nicht matt setzen.

2. Sé5 – g6+	**2. Kh8 – g8**
3. Lc6 – d5+!	3. ...

Natürlich nicht 3. Sg6 × Tf8?, Kg8 × Sf8=.

3. ...	**3. Tf6 – f7**

Der Turm ist gefesselt. Weiß schlägt ihn auch jetzt nicht sofort, sondern er belagert den Turm.

4. Sg6 – é5	**4. Kg8 – h8!**

5. Sé5 × f7+! Nicht 5. Ld5 × Tf7?? Patt.

Nach dem Textzug setzt Weiß mit dem Läufer und dem Springer matt.

Das Zusammenspiel

1. Dame gegen zwei Läufer

Eine Dame allein ist so stark wie drei Leichtfiguren. Die Übermacht der Dame gegenüber dem Läuferpaar beträgt also eine Leichtfigur. Eine Leichtfigur reicht nicht zum Mattsetzen des allein stehenden Königs aus. Die Dame kann daher nur dann gewinnen, falls es ihr glückt, einen Läufer zu erbeuten. Das wird ihr aber nur dann gelingen, wenn die Läufer und ihr König voneinander getrennt werden können, nicht zusammenspielen oder sich in ungünstiger Randlage befinden. In der Regel jedoch erzwingt das Läuferpaar das Remis (Diagr. 23).

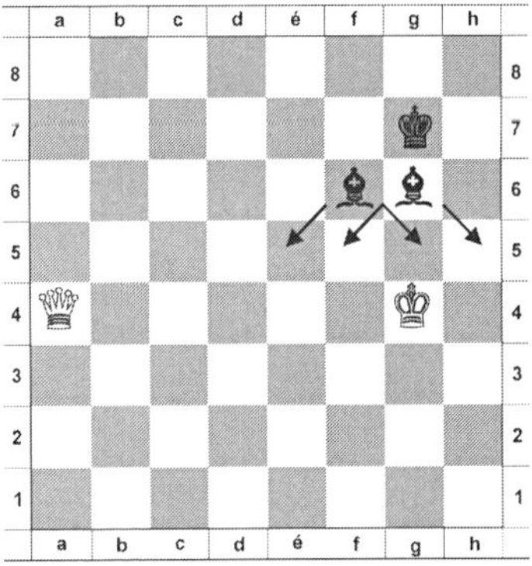

23
Endspiel von Giambattista Lolli (1763)

a) Ein guter Plan

Schwarz geht von der Überlegung aus, dass die vereinte Kraft des Königs und des Läuferpaares die Stärke der Dame übertrifft. Gelingt es also, den weißen König fern zu halten, dann kann die Dame allein nichts ausrichten. Die Läufer stehen nebeneinander und versperren die 5. Reihe vor dem feindlichen König. Weiß versucht eine Änderung der Lage herbeizuführen, um mit dem König in das feindliche Lager einzubrechen.

1. **Da4 – d7+**	1. **Kg7– g8!**
2. **Dd7– é6+**	2. **Kg8 – g7**
3. **Kg4 – f4**	3. ...

Ein Tempozug, der Schwarz zur Aufgabe des Bollwerks nötigen sollte.

3. ...	3. **Lg6 – h7!**
4. **Dé6 – d7+**	4. ...

Jetzt kann Schwarz sogar mit dem Feuer spielen: 4. ... Kg7– g6; 5. Kf4 – g4, Lh7– g8; 6. Dd7– é8+, Kg6 – g7; 7. Kg4 – f5. Der Anziehende glaubt, dass seine Stunde nun geschlagen hat, und versucht, mit dem König in die feindliche Stellung einzudringen. Er wird aber zurückgeworfen: 7. ... Lg8 – h7+; 8. Kf5 – é6, Lh7– g8+; 9. Ké6 – d6, Lg8 – f7. Nun ist eine dem Diagr. 23 ähnliche Stellung entstanden. Die Läufer verbieten dem weißen König den é-Weg. In der Ausgangsstellung haben sie die 5. Reihe abgeriegelt.

4. ...	4. **Kg7– g8**
5. **Dd7– é8+**	5. **Kg8 – g7**
6. **Kf4 – g4**	6. ...

Der König will über h5 und h6 einbrechen. Der Läufer versperrt daher das Einbruchsfeld und jagt zugleich die Dame weg.

6. ...	6. **Lh7– g6**
7. **Dé8 – é6**	7. **Lg6 – h7**

Falls nun 8. Kg4 – h5, dann natürlich 8. ... Lh7– g6+.

8. Dé6 – d7+	**8. Kg7– g6(g8)**
9. Dd7– é8+	**9. Kg6 – g7**
10. Kg4 – h5	**10. Lh7– f5!**
11. Dé8 – c6	**11. Lf5 – g6+**

Der Nachziehende lässt sich von der wild herumlaufenden Dame nicht beeindrucken.

b) Die Läuferjagd

Schwarz sollte den folgenden lehrreichen Fehler vermeiden (Diagr. 23):

1. Da4 – d7+	**1. Lg6 – f7?**

Nicht die Dame, der weiße König ist der gefährlichere Feind! Der Textzug ist aus zwei Gründen mangelhaft:

1) gestattet er dem feindlichen König den Einbruch über f5,
2) hat sich Lf7 selbst gefesselt – er kann nicht ziehen, um den gegnerischen König zurückzuwerfen.

(Falls Sie ungeduldig sind oder keine Zeit haben, dann übergehen Sie die folgenden Bemerkungen und lesen Sie nur das Hauptspiel.)

2. Kg4 – f3!	2. ...

Der Läufer muss seinen König verlassen, und das ist der Anfang vom Ende. – Schwarz hat keine andere Wahl. Ganz schlecht wäre nun 2. ... Lf6 – h4? wegen 3. Dd7– d4+, Lh4 – f6; 4. Dd5 × Lf6+, und Schwarz ist verloren.

Auch 2. ... Lf6 – b2 würde nach 3. Dd7– a7! schnell verlieren:

1) 3. ... Kg7–f8?; Da7–b8+! Doppelangriff und 5. Db8 × Lb2.
2) 3. ... Lb2–c1?; 4. Da7–g1+! Doppelangriff und 5. Dg1 × Lc1.
3) 3. ... Lb2–f6?; 4. Da7–g1+!, K~; 5. Kf5 × Lf6.

2. ...	**2. Lf6 – c3**

Die Dame veranstaltet nun eine lustige Hetzjagd auf den Läufer:

3. Dd7– c7 **3. Lc3 – a1!**

Andere Züge verlieren sofort, z. B.:

1) 3. ... Lc3–é1?; 4. Dc7–é5+! nebst 5. Dé5 × Lé1,

2) 3. ... Lc3–b4; 4. Dc7–g3+, Kg7–f8; Dg3–b8+ (oder 4. ... Kg7–h7; dann 5. Dg3–h4+) und 6. Dh4 × Lb4,

3) 3. ... Lc3–d4; 4. Dc7–g3+, Kg7–f8; 5. Dg3–d6+ (oder 4. ... Kg7–h7; Dg3–h4+) und 6. Dh4 × Ld4,

4) 3. ... Lc3–d2; 4. Dc7–g3+, Kg7–h7; 5. Kf5–f6!,

und Weiß gewinnt wegen der Mattdrohung auf g7. Nach anderen Königszügen verliert Schwarz den Läufer: Falls 4. ... Kg7– h8 oder h6 (statt h7), so 5. Dg3 – h2+ (oder 4. ... Kg7– f8; 5. Dg3 – d6+) und 6. Dd6 × Ld2.

4. Dc7– a7 **4. La1– b2!**

Wiederum das Einzige. Falls 4. ... La1– c3, dann 5. Da7– g1+ und

a) 5. ... Kg7– f8?; 6. Dg1– c5+! nebst 7. Dc5 × Lc3,

b) 5. ... Kg7– h6?; 6. Dg1– é3+! und 7. Dé3 × Lc3,

c) 5. ... Kg7– h7 oder h8; 6. Dg1– h2+, Kh7– g8!.

Jetzt nicht 7. Dh2 – g3?, Lc3 – g7!; sondern: 7. Dh2 – b8+, Kg8 – h7; 8. Db8 – c7!, und einer von den beiden angegriffenen Läufern geht verloren. (Oder 7. ... Kg8 – g7; 8. Db8 – g3+, K ~; 9. Dg3 × Lc3.)

5. Da7– b6 **5. Lb2 – a3**

6. Db6 – d4+ **6. Kg7– f8**

Nicht 6. ... Kg7– h7?; 7. Dd5 – a7! und erbeutet einen Läufer. Schwarz kann die herannahende Niederlage auch mit 6. ... Kg7– g8 nicht abwenden. Es würde folgen: 7. Kf5 – f6, Kg8 – f8; Dd4 – d8+, Lf7– é8; 9. Kf6 – é6! (mit dem doppelten Zweck: dem Schachgebot des Läufers vorzubeugen und der

Dame die Schräge d8 – h4 zu öffnen). 9. ... La3 – b4; 10. Dd8 – f6+, Kf8 – g8; 11. Df6 – g5+, Kg8 – h7; Dg5 – h4+ mit Eroberung des Lb4 (oder 11. ... Kg8 – f8; 12. Dg5 – f4+ und 13. Df4 × Lb4).

7. Dd4 – h8+ **7. Kf8 – é7**

Nach 7. Lf7 – g8; 8. Kf5 – g6! und 9. Dh8 – g7+ verlöre Schwarz den Lg8.

8. Dh8 – é5+ **8. Ké7 – f8**

Schlecht wäre 8. ... Ké7 – d8?; 9. Dd5 – a5+! nebst 10. Da5 × La3. Nach 8. ... Ké7 – d7 geschieht 9. Dé5 – b5+, Kd7 – é7!; 10. Db5 – b7+, Ké7 – f8(é8); 11. Db7 – a8+ mit Erbeutung des Läufers a3. (Wenn Schwarz statt é7 9. ... Kd7 – c8 oder d6 zieht, so 10. Db5 – a6+!, und falls der König nach d8 oder c7 zieht, so geht der La3 wegen 10. Db5 – a5+ verloren.)

9. Kf5 – f6 **9. Lf7 – é8!**

Nicht 9. ... Lf7 – c4?? 10. Dé5 – b8#. Auch nicht 9. ... La3 – b4?; 10. Dd5 – b8+! nebst 11. Db8 × Lb4. Falls 9. ... La3 – c1?, dann folgt 10. Dé5 – é7+, Kf8 – g8; 11. Dé7 × Lf7+, Kg8 – h8; 12. Df7 – g7#.

10. Dé5 – c7! **10. ...**

Es droht 11. Dc7 – g7#. Falls nun 10. ... Lé8 – h5, dann 11. Dc7 – g7+, Kf8 – é8; 12. Dg7 – h8+, K~; 13. Dh8 × Lh5 und gewinnt.

10. ... **10. La3 – b2+**

11. Kf6 – é6 **11. ...**

Weiß droht mit 12. Dc7 – é7+, Kf8 – g8; 13. Dé7 × Lé8+ zu gewinnen!

11. ... **11. Lb2 – a3**

Nach 11. ... Kf8 – g8? erbeutet die Dame mit dem Doppelangriff 12. Dc7 – b8! ebenfalls einen Läufer.

12. Dc7 – f4+ **12. Kf8 – g7(g8)**

13. Df4 – g3+	13. K~
14. Dg3×La3	und gewinnt.

Eine meisterhafte Analyse; und sie ist bereits mehr als 200 Jahre alt! Falls sich der geneigte Leser die Mühe gemacht hat, die Bemerkungen geduldig nachzuspielen, dann hat er unendlich viel für sein praktisches Spiel gelernt. Denn diese instruktive Gewinnführung illustriert die vielseitigen Anwendungsmöglichkeiten der Dame.

c) Ungünstige Randstellungen

Diagr. 23 zeigt die beste Aufstellung der schwarzen Streitmacht. Der Nachziehende hat genügend Raum zur freien Bewegung, doch gewährt der nahe Brettrand einen ausreichenden Schutz gegen die Angriffe der Dame von hinten und ermöglicht eine bequeme Verteidigung. Das Spiel ist freilich auch dann Remis, wenn die schwarzen Figuren in der Brettmitte aufgestellt sind. Die Schachgebote der Dame von hinten sind ungefährlich, nur erfordern sie eine umsichtige Abwehr.

Stehen dagegen die Läufer dicht am Rand, dann verlieren sie, weil die geringe Bewegungsfreiheit jede wirksame Verteidigung unmöglich macht.

2. Dame gegen zwei Springer

Das Springerpaar hält gegen die Dame auch Remis. Die Springer sollten womöglich gleichfalls nebeneinander stehen und nahe ihrem König sein. Die einander gegenseitig schützenden Springer schneiden meistens schlecht ab und verlieren häufig – aber nicht immer (Diagr. 24).

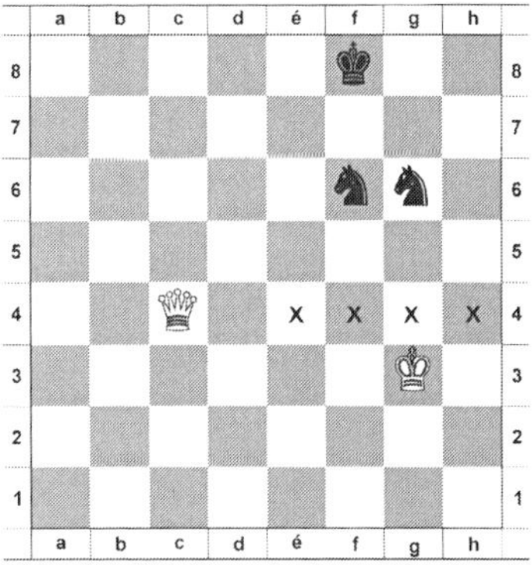

24
Ein Endspiel von Baron Tassilo von Heydebrand und von der Lasa (1866)

a) Springer nebeneinander

1. Dc4 – é6	1. Kf8 – g7
2. Kg3 – f3	2. ...

Damit gerät Schwarz in Zugzwang. Der König ist an die Verteidigung der Springer gebunden. Der eine oder der andere Springer muss ziehen und das Eindringen des feindlichen Königs gestatten.

1. Spiel

2. ...	2. Sg6 – h8

Nach 2. ... Sg6 – f8?; 3. Dé6 – é7+! verlöre Schwarz einen Springer.

3. Kf3 – f4	3. Sh8 – f7
4. Kf4 – f5	4. ...

Die Springer können den Einbruch des weißen Herrschers nicht verhindern. Sf6 ist zweimal angegriffen, aber Weiß kommt nicht dazu, ihn zu schlagen. Sf7 lässt ihm keine

Ruhe. (Stärker als der sofortige Königsmarsch ist 4. Dé6 – c6! mit der Drohung 5. Dc6 – g2+.)

4. …	**4. Sf7– h6+**
5. Kf5 – g5	**5. Sh6 – f7+**
6. Kg5 – f5	**6. Sf7– h6+**
7. Kf5 – é5	**7. Sh6 – f7+**

Sf7 verteidigt mit Erfolg die drei Felder: é5, f5, g5. Will Weiß kein Remis durch Zugwiederholung, dann muss der König weichen. Ein interessantes Beispiel für Tempogewinne durch Dauerschach.

8. Ké5 – f4	**8. Kg7– g6**

Mit demselben Königszug sichert Schwarz das Remis, falls sich der weiße König früher oder später von g5 nach h4 zurückzieht.

2. Spiel

2. …	**2. Sf6 – h7!**
3. Kf3 – g4	**3. Sh7– f8!**

Eine umsichtige Verteidigung. Der Angriff gegen die Dame verhindert die Annäherung des weißen Königs.

4. Dé6 – d6	**4. Kg7– f7**

Auch mit 5. Kg4 – h5, Sf8 – é6! erreicht Weiß nicht allzu viel, weil Schwarz Kf7– f6 nebst Sg6 – é5 spielen kann.

5. Dd6 – d5+	**5. Kf7– g7**

Nicht 5. … Sf8 – é6?; 6. Dd5 – f5+! nebst Erbeutung eines Springers.

6. Kg4 – g5?	6. …

Weiß unterschätzt die außerordentliche Wendigkeit der Springer. Aber selbst das bessere 6. Dd5 – d4+, Kg7– f7; 7. Kg4 – f5, Sg6 – é7+!; 8. Kf5 – é4, Sf8 – g6 taugt nicht viel.

6. …	**6. Sf8 – h7+!**

Wohin der König auch ziehen mag, es folgt immer ein Familienschach:

7. **Kg5 – g4(h5)**	7. **Sh7– f6+**
8. **K~**	8. **Sf6 × Dd5**

Oder 7. Kg5 – f5 (andere Züge hat der weiße König nicht), 7. ... Sg6 – é7+; 8. K~, Sé7 × Dd5.

In Springerendspielen muss man immer mit solchen unliebsamen Überraschungen rechnen und zwei Züge vorausdenken.

b) Auch am Rand wirksam

Die nebeneinanderstehenden Springer können auch am Rand ein Remis ertrotzen, aber den richtigen Zug zu finden ist schwieriger als in dem vorhergehenden Beispiel.

c) Die Bindung

Man glaubte früher, dass es günstig sei, wenn die zwei Springer sich gegenseitig deckten. In diesem Falle kann jedoch der feindliche König sich zwischen die Springer begeben und beide Ritter angreifen. Es entsteht so eine Bindung, die in ihren Auswirkungen der Fesselung ähnlich ist. Die beiden Springer sind dann nämlich aneinandergekettet; sie dürfen nicht ziehen, weil mit jedem Rösselsprung der andere Springer verloren geht. Die Dame setzt den König patt, worauf ein Springer ziehen muss und der andere geschlagen wird. Es gibt freilich auch viele Stellungen, in denen die Springer remisieren, obwohl sie einander decken.

3. Dame gegen Läufer und Springer

Die Dame gewinnt meistens, weil Läufer und Springer nicht so gut zusammenwirken können wie das Läuferpaar oder das Springerpaar.

a) Zwei klare Remisstellungen

In der Nähe der Ecke der Läuferfarbe gibt es doch zwei Stellungen, in denen das Remis klar bewiesen ist:
Der Springer zieht niemals. Der Läufer pendelt zwischen f1 und h3, sodass der weiße König eingesperrt bleibt. Der schwarze König ist bestrebt, die Felder f2 oder g3 zu erreichen, um mit Lg2# zu drohen. Der Dame bleibt nichts Besseres übrig, als mit Dauerschach Remis zu erzwingen (Diagr. 25).

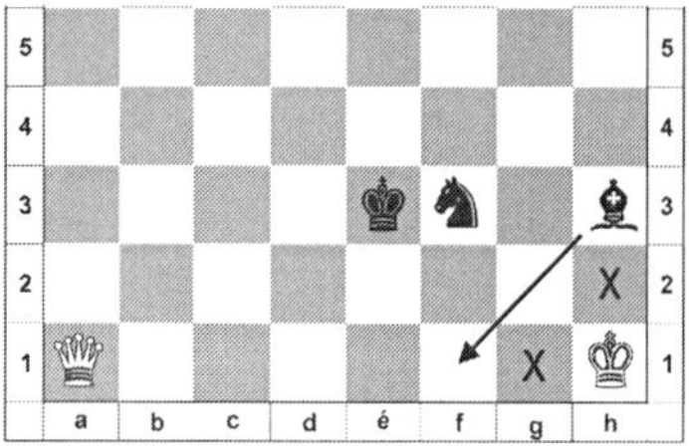

25
Die Remisstellung von Georges Walker (1841)

Läufer und Springer haben eine Sperre f8 – f6 – h6 errichtet und können daher den Einbruch des weißen Königs verhindern (Diagr. 26). Schwarz nimmt eine sehr günstige Stellung ein: Der König deckt den Läufer, und der Läufer schützt den Springer. Auch hier darf der Springer nicht ziehen. Der Läufer bleibt auf der Diagonale und zieht zwischen g7 und h8. Gelegentlich bietet der Läufer Schach, aber er kehrt nachher geschwind nach g7 zurück. Der schwarze König hat drei Felder zur Verfügung: g8, h7 und h8.

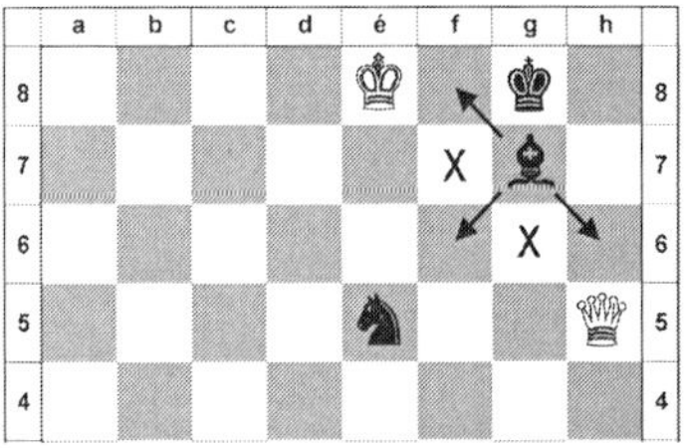

26
Die Remisstellung
von Max Karstedt
(1909)

b) Die umstrittene Remisstellung

Julius Mendheim komponierte für sein 1814 veröffentlichtes „Taschenbuch für Schachfreunde“ Diagr. 27. Es ist zwar fraglich, ob Schwarz tatsächlich immer Remis erzwingen kann, doch gibt das Endspiel die einzig brauchbare Anweisung, wie die beiden Leichtfiguren gegen die mächtige Dame zu kämpfen haben.

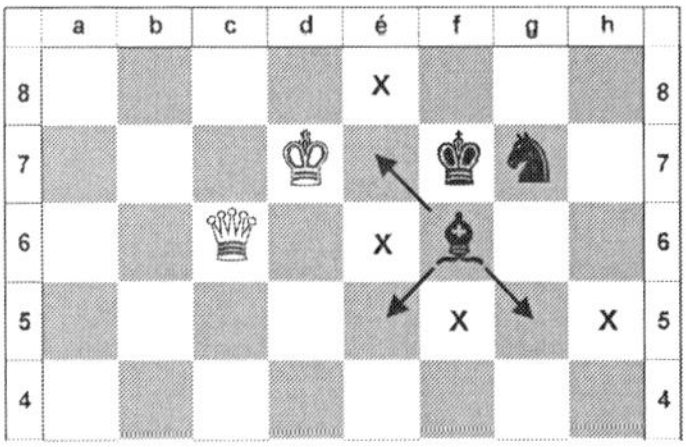

27
Die Remisstellung
von Julius Mendheim
(1814)

Die schwarzen Leichtfiguren ziehen auch hier eine Sperre von é8 – é5 – h5. Leider kann Weiß das Aufgeben dieser günstigen Stellung erzwingen:

1. Dc6 – d5+	1. Kf7– g6!

Bessere Gewinnaussichten bietet nach Paul Keres 1. Dc6 – g2!, Lf6 – é5!.

2. Dd5 – g2+ 2. ...

Falls 2. Dd5 – g8?, so Lf6 – g5!.

2. ... **2. Kg6 – f7**

3. Dg2 – g4 3. ...

Der Zugzwang zeichnet sich ab. Nach 3. ... Kf7– f8? oder 3. ... Kf7– g8? gewinnt Weiß mit 4. Dg4 – g6!. Der Läufer müsste von den Seinigen Abschied nehmen; und was sich noch ärger auswirkt, der König wäre in eine ungünstige Randstellung zurückgedrängt. Schwarz entschließt sich deshalb, den König auf f7 zu behalten und freiwillig den Läufer zu ziehen, um eine dem Diagr. 27 ähnliche Abwehrstellung anderswo zu errichten. Die Frage ist, ob ihm das immer gelingt.

3. ... **3. Lf6 – é5!**

Ein lehrreicher Fehler wäre an dieser Stelle 3. ... Lf6 – é7?; 4. Dg4 – c4+, Kf7– f8; 5. Dc4 – f4+ mit Läufergewinn.

4. Dg4 – c4+ **4. Kf7– g6**

5. Dc4 – é4+ **5. Kg6 – f6**

6. Kd7– c6 6. ...

Entschieden stärker ist 6. Dé4 – d5!. Es ist aber gleichfalls nicht bewiesen, ob dann Schwarz in jedem Abspiel verlieren muss.

6. ... **6. Sg7– f5**

7. Dé4 – f3 **7. Kf6 – é6**

und Weiß kann nichts erreichen, z. B.

8. Kc6 – c5 **8. Lé5 – d6+!**

9. K~ **9. Sf5 – é7**

Schwarz hat die Diagrammstellung 27 um zwei Wege nach links verschoben wieder aufgebaut. Diese günstige Abwehrstellung der Leichtfiguren ermöglicht überall auf dem Brett eine zähe Verteidigung.

4. Turm und Leichtfigur gegen Dame

Lehrreich ist die Remisstellung des Turmes mit einem Läufer oder Springer. Hier entscheidet auch das Zusammenspiel. In Diagr. 28 verhindert der Turm den Einbruch des schwarzen Königs. Der Läufer deckt den Turm und der König schützt den Läufer. Turm und Läufer ziehen nie. Bei Schachgeboten der Dame tanzt der weiße König rings um den Läufer.

Auf einem ähnlichen Prinzip ist die Verteidigung durch Turm und Springer aufgebaut. Entfernen Sie den Läufer aus Diagr. 28 und setzen Sie einen weißen Springer auf é3. Die Dame kann auch hier nicht gewinnen.

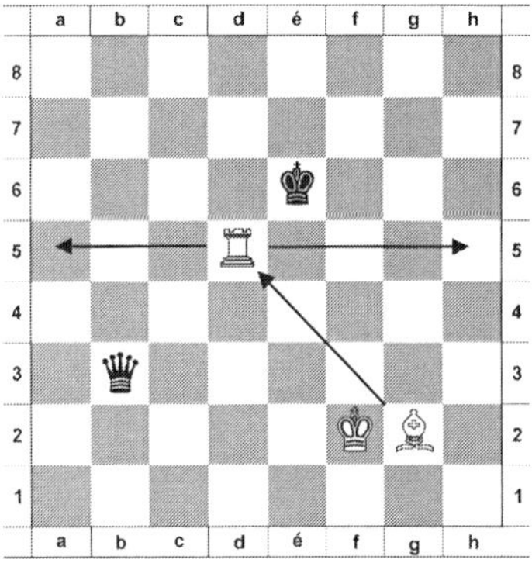

28
Eine klare Remisstellung

Das Treibschach (Königsjagd)

„Der Angriff ist eine wesentliche Komponente der Schachpartie, der in jedem Winkel glimmende Funke. Nur jener, der schürend im richtigen Augenblick das Feuer zum Aufflammen bringt, befindet sich auf der Höhe der echten Meisterschaft“ (Vladimir Vukovic).

1. Einfache und Mehrfachangriffe

Wir unterscheiden einfache und Mehrfachangriffe.

Einfacher Angriff	=	es wird nur ein Stein angegriffen.
Mehrfachangriff	=	es werden zugleich mehrere Steine angegriffen.
Doppelangriff	=	gleichzeitiger Angriff gegen zwei Steine.
Tripleangriff	=	mit einem Zuge werden drei Steine angegriffen.

Mehrfachangriffe führen häufig zum Figurengewinn. Einfache Angriffe sind nur selten wirksam, da die Attacke durch Flucht, Deckung oder Gegenangriff leicht abgewehrt werden kann. Doch führt auch der einfache Angriff zum Ziel, wenn mehrere Angriffszüge unmittelbar nacheinander massiv den Feind bedrängen.

2. Der Treibzug und das Treibschach

Der Treibzug ist ein Angriff, der nur durch die Flucht des angegriffenen Steines abgewehrt werden kann. Der wirksamste Treibzug ist das Treibschach. Durch das Treibschach wird der König entweder aus einer günstigen Stellung vertrieben oder auf ein ungünstiges Feld gejagt.
In gewissen Stellungen bleibt dem König nur ein einziges Fluchtfeld übrig. Ein anderes Mal hat zwar der verfolgte Monarch mehrere Fluchtfelder, doch sind ihm einige wegen eines drohenden Nachteils verboten, sodass ihm praktisch auch in diesem Falle nur ein einziger Fluchtzug übrig bleibt. Es kommt z. B. häufig vor, dass der König gewisse Züge nicht ausführen kann, weil sonst durch einen Doppelangriff eine wertvolle Figur verloren geht.

3. Königsjagd und Figurenjagd

Wird durch eine Treibschachserie der König ins Matt getrieben, dann reden wir von einer *Königsjagd.* Die Königsjagd ist ein beliebtes Mittel zum Gewinn der Schachpartie.
Es muss nicht immer der König angegriffen sein. Auch der Angriff gegen eine andere Figur bietet oft Vorteil. Wird der angegriffene Stein zum Wegzug genötigt, dann geschah ein Treibzug. Die Figurenjagd entsteht, wenn eine Figur durch eine Treibzugserie zu Tode gehetzt wird. (Siehe den Abschnitt: „Die Läuferjagd", Seite 49.)

4. Dame und Läufer gegen Dame

Sind beiderseits Damen auf dern Brett, dann hängt der Ausgang vom Recht zum Anzug ab. Es kommt nicht selten vor, dass die schwächere Königin untätig zuschauen muss, wie ihr königlicher Gemahl in den Tod getrieben wird. Der Stärkere arbeitet mit einer ununterbrochenen Treibschachserie. Er darf mit den Schachgeboten nicht aufhören, sonst kommt die schwächere Dame an die Reihe und erzwingt gleichfalls mit einer Dauerschachserie das Remis.

a) Die ohnmächtige Königin

Weiß und Schwarz haben gleichzeitig einen Bauern umgewandelt (Diagr. 29) – ein besonders häufiges Vorkommnis.

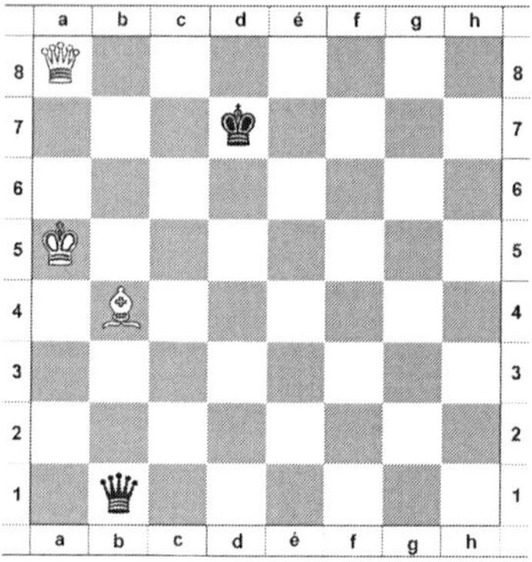

29
Lehrendspiel von Andrew Efron (1958). Weiß am Zug gewinnt

1. Da8 – b7+! **1. Kd7 – é6!**

Das Einzige. Wenn 1. ... Kd7 – é8??, so 2. Db7 – é7#.

Nach 1. ... Kd7 – d8? gewinnt 2. Lb4 – é7+!, Kd8 – é8; 3. Db7 × Db1.

2. Db7 – é7+ **2. ...**

Eine komische Stellung. Der König darf die Schräge seiner Dame nicht betreten. Er ist gezwungen, in sein eigenes Verderben zu marschieren. Falls 2. ... Ké6 – f5?, dann 3. Dé7 – h7+, K~, und Schwarz verliert nach 4. Dh7 × Db1.

2. ... **2. Ké6 – d5**

3. Dé7 – d6+ **3. Kd5 – c4**

Oder 3. ... Kd5 – é4?; 4. Dd6 – g6+, K~; Dg6 × Db1 usw.

4. Dd6 – c5+ **4. Kc4 – b3**

Falls 4. ... Kc4 – é3?, so 5. Dc5 – f5+, K~; 6. Df5 × Db1.

5. Dc5 – c3+ **5. Kc3 – a2**

6. Dc3 – a3#

b) Eine andere Mattführung

1. Lh4 – f2+! **1. Kd4 – c3!**

Der König darf die weiße Diagonale a8 – h1 nicht betreten wegen Damenverlustes 1. ... Kd4 – é4??, 2. Db5 – c6+, K~; 3. Dc6 × Dh1.

2. Lf2 – é1+!! **2. ...**

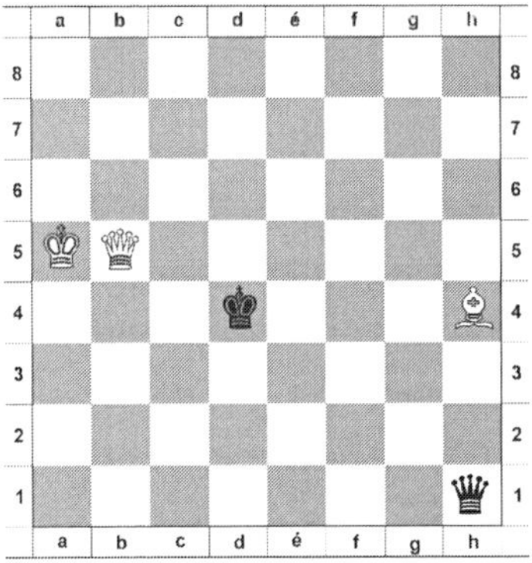

30
Stellung aus einer Studie von Havel (Prag 1926).
Weiß am Zug gewinnt

Der kühne Läufer darf nicht geschlagen werden: 2. ... Dh1 × Lé1; 3. Db5 – b4+, K~; Db4 × Dé1 usw.

1. Spiel

2. ...	2. **Kc3 – d4**
3. **Db5 – b2+**	3. **Kd4 – c5**

Nach 3. ... Kd4 – é3; 4. Db2 – c1+! erobert Weiß die Dame:
1) 4. ... Ké3–d4; 5. Lé1–f2+, K~; 6. Dc1×Dh1,
2) 4. ... Ké3–é4 (f3); 5. Dc1–c6+, K~; 6. Dc6×Dh1.

4. **Db2 – b6+!**	4. **Kc5 – c4**

Nicht 4. ... Kc5 – d5?; 5. Db6 – b7+, K~; 6. Db7×Dh1.

5. **Db6 – b4+**	5. **Kc4 – d3**
6. **Db4 – c3+**	6. **Kd3 – é2**

Falls 6. ... Kd3 – é4?, so 7. Dc3 – c6+, K~; 8. Dc6×Dh1.

7. **Dc3 – d2+**	7. **Ké2 – f1**
8. **Dd2 – f2#**	

Oder 7. ... Ké2 – f3; 8. Dd2 – d5+, K~; 9. Dd5×Dh1 und gewinnt.

2. Spiel

2. ...	2. **Kc3 – c2**

Nach dem Textzug führt die weiße Dame einen merkwürdigen Oppositionstanz vor.

3. **Db5 – é2+**	3. **Kc2 – b3**

Das Betreten der 1. Reihe ist wegen Damenverlustes strengstens verboten:
3. ... Kc2 – c1; 4. Dé2 – d2+, Kc1– b1; 5. Dd2 – d1+, Kb1– b2; 6. Lé1– c3+!, Kb2×Lc3; 7. Dd1×Dh1 (oder 5. ... Kb1– a2; 6. Dd1– c2+ nebst Matt).

4. **Dé2 – d3+**	4. **Kb3 – b2**

Wenn 4. ... Kb3 – a2??, so 5. Dd3 – c2+, und Matt im nächsten Zug.

5. **Dd3 – d2+**	5. **Kb2 – b3**

Geht der König nach a1, so zwingt ihn die Opposition der Dame (6. Dd2 – c1+) nach a2. Flüchtet er nach a3, dann wird er ebenfalls nach a2 gedrängt (6. Dd2 – c3+) und matt gesetzt wie im Text.

6. Dd2 – c3+	**6. Kb3 – a2**
7. Dc3 – c2+	**7. Ka2 – a3**
8. Lé1 – b4#	

Oder 7. Ka2 – a1; 8. Lé1 – c3#. Eine lehrreiche Mattführung. Normalerweise reicht ein Mehrläufer nicht zum Sieg. In den angeführten Beispielen hat die ungünstige Eck- oder Randstellung der schwarzen Dame den Gewinn ermöglicht. Eine weitere Bedingung war das vorzügliche Zusammenspiel der weißen Dame mit ihrem Läufer.

5. Dame und Springer gegen Dame

Noch seltener ist der Sieg beim Übergewicht eines Springers. Das Endspiel Dame und Springer gegen Dame ist reich an schönen und überraschenden Wendungen. Das Zusammenspiel Dame und Springer ist derart lehrreich, dass es jeder Schachfreund kennen sollte.

a) Unwahrscheinlicher Sieg

Diagr. 31 zeigt ein Meisterwerk aus der Hexenküche des genialen Zauberers Henri Rinck. Das schwarze Herrscherpaar steht in der Brettmitte mit scheinbar guten Bewegungsmöglichkeiten. Doch diesmal nimmt auch der weiße König am Kampf teil, den Springer schützend und die wichtigen Felder é3 und g3 beherrschend.

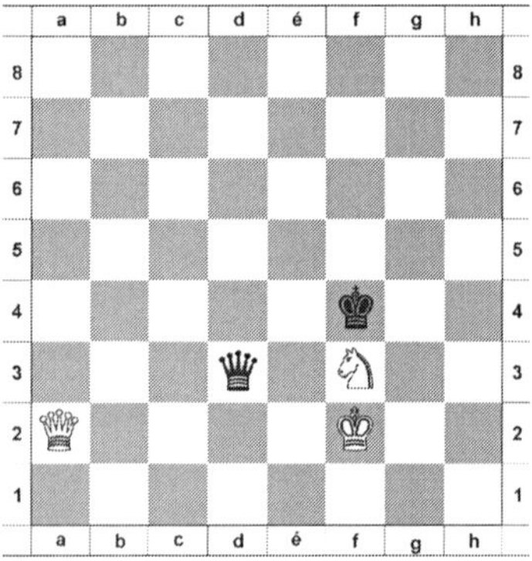

31
Eine Studie von Henri Rinck (1903). Weiß am Zug gewinnt

1. Da2 – f7+!	**1. ...**

Der schwarze König darf nicht ziehen: Wenn 1. ... Kf4 – g4?, dann gewinnt Weiß mit dem Familienschach 2. Sf3 – é5+ die Dame.

Auch 1. ... Kf4 – é4? verliert wegen 2. Df7 – g6+, und der König muss den Schutz seiner Frau aufgeben, da ihm der Springer das Feld d4 verbietet: 2. ... Ké4 – d5 (f4); 3. Dg6 × Dd3 usw.

1. ...	**1. Dd3 – f5!**

Ein nettes Bild: Figuren im Gänsemarsch.

2. Df7 – c4+	**2. Df5 – é4**

Gerade auf dieses Feld wollte Weiß die schwarze Dame lenken. Sie nimmt ihrem Mann ein Fluchtfeld. Die Gewinnführung ist nun leicht. Der arme schwarze König wird in einigen Zügen matt gesetzt.

3. Dc4 – c7+!	**3. Kf4 – f5**

3. ... Kf4 – g4 würde den Kampf um einen Zug verkürzen.

4. Dc7 – f7+	**4. Kf5 – g4**
5. Df7 – g7+	**5. Kg4 – f5!**

Nicht 5. ... Kg4 – f4? (h5?) wegen 6. Dg7– g5#. Auch nicht 5. ... Kg4 – h3?; 6. Dg6 – g2 (g3)#.

6. Sf3 – d4+!	6. ...

Der Springer versperrt das lebenswichtige Fluchtfeld é6. Der König hat nur einen Zug:

6. ...	**6. Kf5 – f4**
7. Dg7– g3#	

b) Der Sieg des Mehrspringers

Weiß zog gerade 1. Dé7– d7+, und der schwarze König hat lediglich ein Fluchtfeld (Diagr. 32).

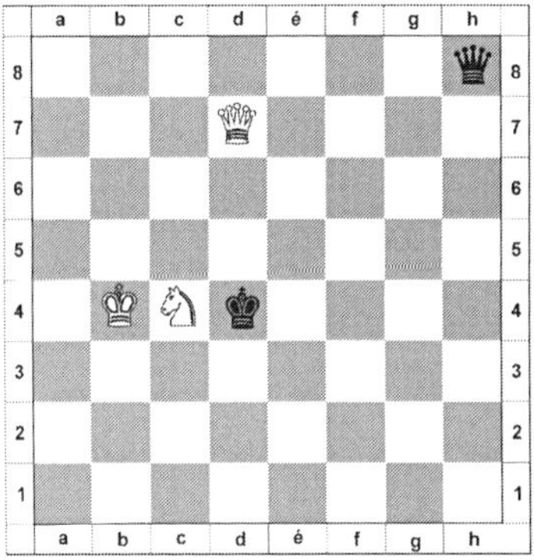

32
Aus einer Studie von G. Kleindinst. Schwarz am Zug, Weiß gewinnt

1. ...	**1. Kd4 – é4**
2. Dd7– g4+	2. ...

1. Spiel

2. ...	**2. Ké4 – d3**
3. Dg4 – f3+	**3. Kd3 – c2!**

Nicht 3. ... Kd3 – d4?; 4. Df3 – c3+; 5. Dc3 × Dh8 und gewinnt.

4. Df3 – é2+	**4. Kc2 – b1**

Oder 4. ... Kc2 – c1; 5. Dé2 – d2+, Kc1 – b1 und weiter wie im Text.

5. Sc4 – a3+	**5. Kb1 – a1**

Nicht 5. ... Kb1 – c1?? wegen 6. Dé2 – c2#.

6. Dé2 – d1+	**6. Ka1 – b2(a2)**
7. Dd1 – b1#	

2. Spiel

2. ...	**2. Kf4 – d5**
3. Dg4 – f3+	**3. Kd5 – é6**
4. Df3 – é4+	**4. ...**

Nun geht 4. ... Ké6 – f6? wegen Damenverlustes nicht nach 5. Dé4 – d4+. Schwarz hat nur zwei brauchbare Fortsetzungen:

a)

4. ...	**4. Ké6 – d7**
5. Sc4 – é5+	**5. Kd7 – c7!**

Alle andere Züge führen zum Damenverlust, z. B. 5. ... Kd7 – c8?; 6. Dé4 – a8+, Kc8 – c7; 9. Da8 × Dh8.

Nach 5. ... Kd7 – d6(d8) folgt das Familienschach 6. Sé5 – f7+. Falls der König in den é-Weg geht (z. B. 5. ... Kd7 – é6), dann kommt 6. Sé5 – g6(+), K~; 7. Sg6 × Dh8.

6. Dé4 – c6+	**6. Kc7 – b8!**

Natürlich nicht 6. ... Kc7 – d8??; 7. Dc6 – d7#.

7. Sé5 – d7+	**7. Kb8 – a7**
8. Dc6 – b6+	**8. Ka7 – a8**
9. Db6 – a6#	

b)

4. … 4. Ké6 – f7

5. Sc4 – d6+! 5. …

Der Springer darf die Diagonale a1– h8 nicht verstellen. Nach 5. Sc4 – é5+? würde Schwarz mit 5. … Kf5 – f6! das Remis sichern. Nach dem Textzug darf Schwarz nicht 5. … Kf7– f6? spielen wegen Damenverlustes nach 6. Dé4 – d4+.

5. … 5. Kf7– g7

Nach 5. … Kf7– f8(g8) folgt sofort 6. Dé4 – é8+. (Siehe 7. Zug!.)

6. Dé4 – é5+ 6. Kg7– g8

Oder 6. … Kg7– h7; dann geschieht 7. Dé5 – h5+ um einen Zug früher als im Text.

7. Dé5 – é8+ 7. Kg8 – h7

Auch 7. … Kg8 – g7; 8. Sd6 – f5+ verliert einen Zug schneller.

8. Dé8 – h5+ 8. Kh7– g7

Freilich nicht 8. … Kh7– g8??; 9. Dh5 – f7#.

9. Sd6 – f5+! 9. Kg7– g8

Oder 9. … Kg7– f6(f8)?; 10. Dh5 × Dh8+.

10. Dh5 – é8+ 10. Kg8 – h7

11. Dé8 – f7+ 11. Dh8 – g7

12. Df7 × Dg7#

Matt in drei verschiedenen Ecken des Schachbrettes. Eine schöne Leistung des Franzosen G. Kleindinst.

6. Viele Hunde sind des Hasen Tod

In Diagr. 33 hat Schwarz durch ein geistreiches Turmopfer gerade einen Bauern in eine Dame verwandelt. Doch ist sein König auf der 8. Reihe eingesperrt. Die neugebackene Dame muss untätig zuschauen, wie der König von einer Ecke in die andere ins Matt gedrängt wird.

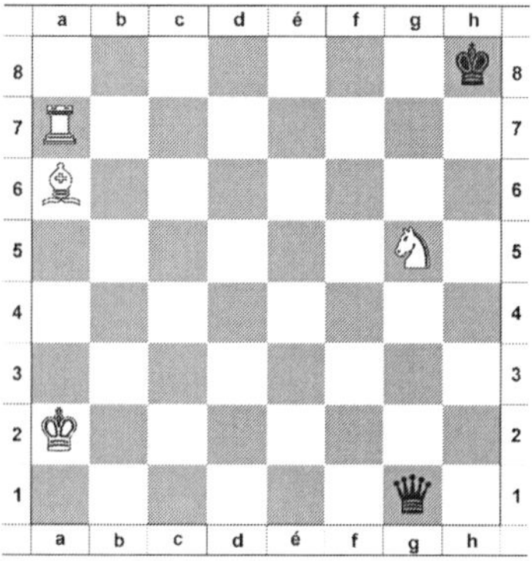

33
Aus einer Studie von Bron (1962)

1. **Ta7– h7+**	1. **Kh8 – g8**
2. **La6 – c4+**	2. **Kg8 – f8**
3. **Th7– f7+**	3. **Kf8 – é8!#**

Nach 3. ... Kf8 – g8?; 4. Tf7– f1(+) verliert Schwarz die Dame.

4. **Lc4 – b5+**	4. **Ké8 – d8**
5. **Sg5 – é6+**	5. **Kd8 – c8**
6. **Lb5 – a6+!**	6. ...

Mit 6. Tf7– c7+?, Kc8 – b8 kommt Weiß nicht weiter. Es gibt kein Schach mehr. Die Dame kann in den Kampf eingreifen und vielleicht das Remis sichern.

6. ...	6. **Kc8 – b8**
7. **Tf7– b7+**	7. ...

Falls nun 7. ... Kb8 – c8, dann 8. Tb7– b1(+), Kc8 – d7; 9. Tb1×Dg1, Kd7×Sé6, und Weiß gewinnt leicht.

7. ...	7. **Kb8 – a8**
8. **Sé6 – c7#**	

Kurzpartien mit Königsjagd

1. Raubfeldzug des Königs

Der König ist der Mittelpunkt des Spieles. Er darf sein Versteck nicht verlassen, mag auch eine große Beute winken.

1. Partie

Weiß: Dr. G. T. A. Oskam — Schwarz: Grosjean

Rotterdam 1930

1. é2 – é4	1. é7 – é5
2. Lf1 – c4	2. Lf8 – c5
3. b2 – b4!?	3. …

Um nach 3. … Lc5 × b4; 4. c2 – c3 und 5. d2 – d4 eine starke Bauermitte aufzubauen. Schwarz lehnt daher das Gambit ab.

3. …	3. Lc5 – b6
4. Sb1 – c3	4. Sg8 – f6
5. Sg1 – f3	5. Sf6 × é4?

Schwarz erwartet offensichtlich 6. Sc3 × Sé4, um mit 6. … d7 – d5 die geopferte Figur vorteilhaft zurückzugewinnen.

6. Lc4 × f7+!	6. Ké8 × Lf7
7. Sf3 × é5+	7. Kf7 – é6?

Der Beginn des Raubfeldzugs. Sicherer war 7. … Kf7 – g8, obwohl dann Weiß nach 8. Sc3 × Sé4 einen Bauern erbeutet hätte.

8. Sc3 × Sé4	8. Ké6 × Sé5
9. Lc1 – b2+!	9. Ké5 × Sé4?

Es ist freilich auch die Rückkehr 9. ... Ké5 – é6; 10. Dd1– g4+ völlig aussichtslos.

10. Dd1– f3#

2. Springeropfer auf f7

Die Königsjagd wird meistens mit einem Figurenopfer oder Einschlag auf f7 (bzw. f2) eingeleitet.

2. Partie

Weiß: Herbert Witt | Schwarz: N. N.

Neureichenau 1949

1. é2 – é4	**1. c7– c6**
2. Sb1– c3	**2. d7– d5**
3. Sg1– f3	**3. d5 × é4**
4. Sc3 × é4	**4. Sb8 – d7**

Bereitet Sg8 – f6 vor. Nach sofortigem 4. ... Sg8 – f6 würde Weiß abtauschen und die schwarze Bauernstellung verderben.

5. Lf1– c4!	**5. ...**

Stärker als 5. d2 – d4.

Die Falle 5. Dd1– é2!, Sg8 – f6?; 6. Sé4 – d6# ist zu offensichtlich.

5. ...	**5. Sg8 – f6**
6. Sé4 – g5	**6. é7– é6**

Schwarz muss den gefährdeten Bauern f7 decken.

7. Dd1– é2!	**7. h7– h6??**

Richtig war 7. ... Sf6 – d5 oder 7. ... Sd7– b6, um den Bauern é6 zu überdecken. Nach dem fehlerhaften Textzug wird eine Königsjagd eingeleitet.

8. Sg5 × f7!!	**8. Ké8 × Sf7?**

Falls 8. Dd8 – b6??, folgt 9. Dé2×é6#.

Auch 8. ... Dd8 – é7; 9. Dé2×é6 ist hoffnungslos, weil Schwarz den Turm verliert. Doch war das das geringere Übel.

9. Dé2×é6+	9. Kf7– g6
10. Lc4 – d3+!	10. Kf6 – h5
11. Dé6 – h3#	

3. Zeitverluste der Dame

3. Partie

Weiß: M. Barlier — Schwarz: N. N.

Gespielt in Frankreich um 1850

1. é2 – é4	1. é7– é5
2. Sg1– f3	2. Dd8 – f6?

Es ist nur selten vorteilhaft, die Dame so früh ins Spiel zu bringen. Häufig gerät sie in Gefahr und oft wird sie zu zeitraubenden Herumziehen genötigt. Sie hat wichtigere Aufgaben zu erfüllen, als einen Bauern zu decken. Sie verstellt überdies das beste Entwicklungsfeld des Springers g8.

3. Lf1– c4	3. Df6 – g6?

Ein zweifelhafter Doppelangriff gegen die Bauern é4 und g2. Man spiele in der Eröffnung nicht auf Bauerngewinn, sondern entwickle schleunigst die Figuren!

4. 0 – 0!	4. ...

Weiß kümmert sich nicht um das angegriffene Bäuerlein, sondern setzt unbeirrt seine Entwicklung fort.

4. ...	4. Dg6×é4?

Von Habgier geblendet, öffnet Schwarz den é-Weg auf seinen unrochiert stehenden und gefährdeten König. Notwendig war 4. ... Sb8 – c6.

5. Lc4 – f7+!! **5. ...**

Die glänzende Widerlegung. Schwarz darf den kecken Läufer nicht schlagen, da er nach 5. ... Ké8×Lf7⁇; 6. Sf3 – g5+! die Dame verliert. Schlecht ist auch 5. ... Ké8 – d8? wegen 6. Tf1– é1, und Schwarz büßt den Bauern é5 ein, da die angegriffene Dame ziehen muss und ihm keine Zeit zur Rettung des Bauern bleibt.

5. ... **5. Ké8 – é7**

Nun stehen König und Dame auf dem geöffneten é-Weg. Weiß zieht mit dem Turm gegen das Herrscherpaar ins Feld und gewinnt damit ein weiteres Tempo.

6. Tf1– é1 **6. Dé4 – f4**

Jetzt sehen wir, wie schlecht das verfrühte Spiel mit der Dame war.

7. Té1×é5+!! **7. Ké7×Lf7**

Schwarz muss das Läuferopfer annehmen, weil z. B. nach 7. ... Ké7– d8⁇; 8. Té5 – é8# folgte.

Lehrreich ist die Königsjagd nach 7. ... Ké7– d6; 8. Té5 – d5+, Kd6 – c6; 9. Sf3 – d4+, Kc6 – b6; 10. Td5 – b5+, Kb6 – a6; 11. Dd1– é2!!, Df4 – Sd4; 12. Tb5 – b3(+), b7– b5 (oder Ka6 – a5); 13. Dé2×b5#.

8. d2 – d4! **8. ...**

Der Bauer versperrt der Dame den Fluchtweg zum Damenflügel und öffnet die Bahn des Läufers zu einem aufgedecktem Angriff.

8. ... **8. Df4 – f6**

Nicht 8. ... Df4 – g4⁇; 9. Sf3 – g5+ nebst Damengewinn.

9. Sf3 – g5+ **9. Kf7– g6**

10. Dd1– d3+ **10. Kg6 – h5**

Freilich nicht 10. ... Kg6 – h6??; 11. Sg5 – f7##.

11. g2 – g4+!! **11. ...**

Ein typisches Hineinziehungsopfer. Mag Schwarz den Bauern schlagen oder nicht, er wird im nächsten Zug matt gesetzt.

11. ... **11. Kh5 × g4(h4)**

12. Dd3 – h3#

4. Seltsame Springertänze

4. Partie

Weiß: Charles Seguin Schwarz: N. N.

New Orleans 1885

1. é2 – é4 **1. é7– é5**

2. Sg1– f3 **2. d7– d6**

3. Lf1– c4 **3. f7– f5**

Führt zu einem schwierigen Spiel. Einfachere Fortsetzungen sind: 3. ... Sb8 – c6; 3. ... Lc8 – é6; 3. ... Lf8 – é7 und 3. ... c7– c6.

4. d2 – d4! **4. Sg8 – f6**

Falls 4. ... f5 × é4, dann 5. Sf3 × é5!!, d6 – d5! usw. (Nicht 5. ... d6 × Sé5?; 6. Dd1– h5+, Ké8 – d7; 7. Dh5 – f5+, Kd7– c6; 8. Df5 × é5 mit vernichtendem Mattangriff.)

5. Sb1– c3 **5. é5 × d4?**

Dieser fehlerhafte Abtausch bringt die feindliche Dame ins Spiel.

6. Dd1 × d4 **6. Lc8 – d7?**

Unentbehrlich war das sofortige 6. ... Sb8 – c6!.

7. Sf3 – g5! **7. Sb8 – c6?**

Zu spät. Jetzt war 7. ... Dd8 – é7 erforderlich. Weiß kündigt Matt in fünf Zügen an.

8. **Lc4 – f7+**	8. **Ké8 – é7**
9. **Dd4 × Sf6+!!**	9. ...

Weiß opfert die Dame, um den Sf6 zu beseitigen und Sc3 – d5+ zu ermöglichen.

9. ...	9. **Ké7 × Df6**

Nach 9. ... g7 × Df6? folgt sofort 10. Sc3 – d5#.

10. **Sc3 – d5+**	10. **Kf6 – é5**

Weiß setzt nun mit drolligen Springerrückzügen matt.

11. **Sg5 – f3+!!**	11. **Ké5 × é4**
12. **Sd5 – c3#** Die Kraft der Springer!	

5. Nochmals Damenopfer

5. Partie

Weiß: Dr. Ludwig Bachmann Schwarz: Julius Kunstmann

Augsburg 1897

1. **é2 – é4**	1. **é7 – é5**
2. **Sg1 – f3**	2. **Sb8 – c6**
3. **c2 – c3**	3. ...

Weiß will mit d2 – d4 ein starkes Bauernzentrum aufbauen.

3. ...	3. **Sg8 – f6**
4. **d2 – d4**	4. **Sf6 × é4**
5. **d4 – d5**	5. **Sc6 – é7?**

Besser war die Rückkehr des Springers nach b8.

6. **Sf3 × é5**	6. **Sé7 – g6**
7. **Lf1 – d3!**	7. ...

Der Textzug ermutigt den Nachziehenden zu einem Bauernraub.

7. ...	**7. Sé4×f2?**

Besser war der Verzicht auf den Bauern 7. ... Sg6×Sé5.

8. Ld3×Sg6!!	8. ...

Weiß opfert die Dame, um eine Königsjagd einzuleiten.

8. ...	**8. Sf2×Dd1**

Die Ablehnung des Opfers: 8. ... h7×Lg6; 9. Ké1×Sf2 würde eine Figur kosten. Wenn 8. ... Dd8–f6, so 9. Dd1–é2, Sf2×Th1; 10. Lg6×f7+!, und der König darf nicht nach é7 ziehen, weil 11. Sé5–g4(+) die Dame gewinnt und 10. ... Ké8–d8; 11. Sé5–c6+!! zu 12. Dé2–é8# führt.

9. Lg6×f7+	**9. Ké8–é7**
10. Lc1–g5+	**10. Ké7–d6**
11. Sé5–c4+	**11. Kd6–c5**
12. Sb1–a3!	12. ...

Falls 12. ... Dd8×Lg5, dann 13. b2–b4#. Um dies zu verhindern, schlägt Schwarz den Bauern.

12. ...	**12. Sd1×b2**

13. Lg5–é3# Leicht verständlich.

6. Das Hineinziehungsopfer

6. Partie

Weiß: James Thompson — Schwarz: G. H. Mackenzie

Gespielt in den USA um 1868

1. é2–é4	**1. é7–é5**
2. f2–f4!?	**2. é5×f4**
3. Sg1–f3	**3. g7–g5**
4. d2–d4	4. ...

Stärkere Fortsetzungen sind 4. h2–h4!, g5–g4 und 4. Lf1–c4.

4. ...	**4. g5–g4!**

5. Sf3 – é5	**5. ...**

Aussichtsreicher ist das Springeropfer 5. Lc1×f4!?, g4×Sf3; 6. Dd1×f3. Der Textzug lässt das unangenehme Damenschach zu.

5. ...	**5. Dd8 – h4+**
6. Ké1 – d2	**6. ...**

Der König geht freiwillig auf Reisen. Besser ist 6. g2 – g3, f4×g3; 7. Dd1×g4.

6. ...	**6. Dh4 – f2+**
7. Kd2 – c3	**7. ...**

Der König deckt den Bauern d4.

7. ...	**7. Sb8 – c6**
8. a2 – a3?	**8. ...**

Ein schwerwiegender Tempoverlust, der das Läuferschach auf b4 ausschalten soll. Notwendig war das sofortige 8. Sé5×Sc6.

8. ...	**8. d7 – d6!**
9. Sé5×Sc6	**9. b7×Sc6**
10. Lf1 – d3	**10. Ta8 – b8!**
11. Th1 – f1?	**11. ...**

Verliert sofort. Allein 11. Dd1 – g1! könnte das Spiel retten.

11. ...	**11. Df2×d4+!!**
12. Kc3×Dd4	**12. ...**

Die Ablehnung des Damenopfers hilft auch nicht mehr: 12. Kc3 – d2, Dd4 – é3+ und weiter wie im Text.

12. ...	**12. Lf8 – g7+**
13. é4 – é5	**13. ...**

Oder: 13. Kd4 – c4, Lc8 – é6+.

13. ...	**13. Lg7×é5+**
14. Kd4 – é4	**14. Sg8 – f6#**

7. Ein leicht verständliches Beispiel

7. Partie

Weiß: Alexander Fritz — Schwarz: N. N.

Gespielt in Deutschland um 1880

1. é2 – é4	**1. é7 – é5**
2. Sg1 – f3	**2. Sb8 – c6**
3. d2 – d4	**3. Sc6 × d4?**

Der richtige Zug ist hier 3. ... é5 × d4.

4. Sf3 × é5!	**4. Sd4 – é6**

Der hängende schwarze Springer musste ein Tempo verlieren.

5. Lf1 – c4	**5. f7 – f6?**

öffnet die Todesschräge h5 – c8. Besser war 5. ... Sg8 – f6.

6. Dd1 – h5+	**6. g7 – g6**

Nach 6. ... Ké8 – é7; 7. Sé5 – g6+! muss Schwarz die Qualität hergeben, weil auf 7. Ké7 – d6?? 8. Dh5 – d5# folgt.

7. Sé5 × g6!	Eine häufige Wendung.

Falls nun 7. ... h7 × Sg6, so 8. Dh5 × Th8. Dies ist aber noch das kleinere Übel.

7. ...	**7. Sé6 – g7**

Der Zweck dieses Zuges ist, das drohende aufgedeckte Schach der Dame zu verhindern. Weiß zwingt jedoch den König durch ein Läuferopfer in ein tödliches Doppelschach hinein: Weiß kündigt Matt in sieben Zügen an.

8. Lc4 – f7+!!	**8. Ké8 × Lf7**
9. Sg6 – é5++!	**9. Kf7 – é6 (é7)**
10. Dh5 – f7+!!	**10. Ké6 – d6**

Nach 10. ... Ké6 × Sé5 folgt sofort 11. Df7 – d5#.

11. Sé5 – c4+	**11. Kd6 – c5**

Wenn 11. ... Kd6 – c6?, dann 12. Df7 – d5#.

12. **Df7– d5+**	12. **Kc5 – b4**
13. **a2 – a3+**	13. **Kb4 – a4**

14. **Sb1– c3#** Oder 14. Dé5 – a5#.

8. Mattankündigung in acht Zügen

8. Partie

Weiß: I. C. Howard Taylor Schwarz: N. N.

Norwich um 1900

1. **é2 – é4**	1. **é7– é5**
2. **Sg1– f3**	2. **Sg8 – f6**
3. **Lf1– c4!?**	3. **...**

Der Textzug ist ein Gambit: Weiß opfert den Bauern é4. Sicherere Fortsetzungen sind 3. d2 – d4! und 3. Sf3×é5.

3. **...**	3. **Sf6×é4!**

Möglich ist auch die Ablehnung des Gambits durch 3. ... Sb8 – c6.

4. **Sb1– c3!**	4. **...**

Dieses Tauschangebot ist die einzig brauchbare Fortsetzung.

4. **...**	4. **Sé4 – c5?**

Notwendig war 4. ... Sé4×Sc3; 5. d2×Sc3, f7– f6! oder 4. ... Sé4 – f6; 5. Sf3×é5, d7– d5!; 6. Lc4 – b3, c7– c6.

5. **Sf3×é5**	5. **f7– f6??**

Die einzige Rettung bestand nun in 5. ... Sc5 – é6. Nach dem geschehenen Bockschuss kündigte Weiß Matt in acht Zügen an (Diagr. 34).

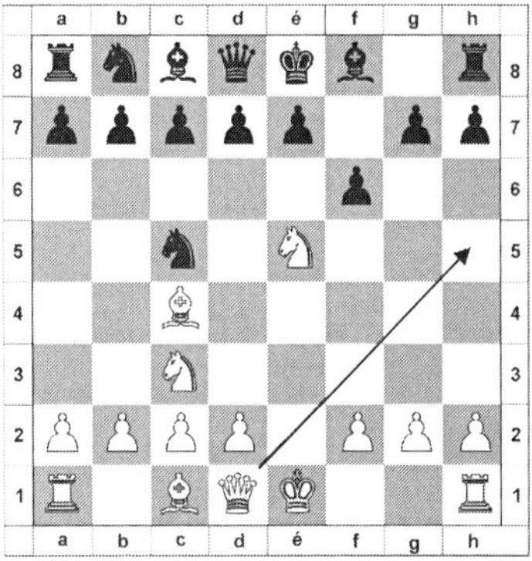

34
Vor der Königsjagd

6. Dd1– h5+	6. ...

1. Spiel

6. ...	6. Ké8 – é7
7. Dh5 – f7+	7. Ké7 – d6
8. Sc3 – b5+!!	8. ...

Ein wirksames Hineinziehungsopfer.

8. ...	8. Kd6 × Sé5
9. Df7 – d5+	9. Ké5 – f4
10. d2 – d4(+)	10. Kf4 – g4
11. Lc4 – é2+	11. Kg4 – h4
12. Dd5 – h5#	

2. Spiel

6. ...	6. g7 – g6
7. Lc4 – f7+	7. Ké8 – é7
8. Sc3 – d5+	8. Ké7 – d6
9. Sé5 – c4+	9. ...

Das Spiel mit den Springern ist sehr reizvoll.

9. ...	9. Kd6 – c6
10. Sd5 – b4+	10. Kc6 – b5
11. a2 – a4+	11. ...

Nun opfert Weiß zur Abwechslung den Damenspringer.

11. ...	11. Kb5 × Sb4
12. c2 – c3+	12. Kb4 – b3
13. Dh5 – d1#	

9. Damenopfer auf h7

Nach der Rochade kommt es zur Königsjagd nach einem Läuferopfer auf h7. Die Bedingung dieses Opfers ist, dass der Verteidigungsspringer auf f6 fehlt. Über die Läuferopfer könnte man ein Buch schreiben. Ich denke jedoch nicht daran und beschränke mich auf ein klassisches Beispiel, wobei Weiß die Dame auf h7 opfert.

9. Partie

Weiß: Eduard Lasker Schwarz: Sir George A. Thomas

London 1912

1. d2 – d4	1. f7 – f5
2. Sg1 – f3	2. é7 – é6
3. Sb1 – c3	3. Sg8 – f6
4. Lc1 – g5	4. ...

Weiß beabsichtigt, den Verteidigungsspringer f6 abzutauschen, um é2 – é4 durchzusetzen.

4. Lf8 – é7	4. ...

Zu passiv. Schwarz sollte mit d7 – d5 den geplanten Vorstoß é2 – é4 verhindern und anschließend Lf8 – d6 spielen.

5. Lg5×Sf6	5. Lé7×Lf6
6. é2–é4!	6. f5×é4
7. Sc3×é4	7. b7–b6?

Zumindest jetzt sollte Schwarz 7. ... d7–d5 ziehen und nach 8. Sé4×Lf6+, g7×Sf6!.

8. Sf3–é5!	8. 0–0
9. Lf1–d3	9. Lc8–b7?

Vordringlicher war 9. ... Lf6×Sé5. Man darf einen feindlichen Zentralspringer nicht auf é5 dulden. Danach sollte Schwarz Dd8–h4 ziehen, um die weiße Dame von dem Königsflügel fern zu halten.

10. Dd1–h5! (Diagr. 35)

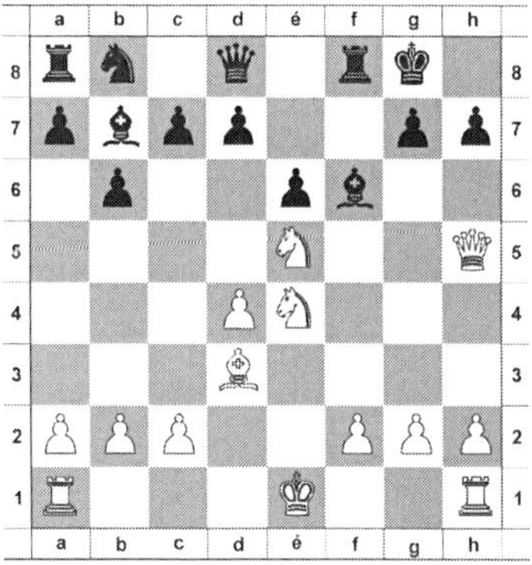

35
Es droht Sé4×Lf6+ nebst Dh5×h7#

Nach 10. ... h7–h6?; 11. Dh5–g6! gewinnt Weiß schnell.
Auf 10. ... g7–g6? folgt das Opfer 11. Sé5×g6!, h7×Sg6; 12. Dh5×g6+, Lf6–g7; 13. Sé4–g5, und Weiß gewinnt.
Aber mit 10. ... Lf6×Sé5! konnte Schwarz noch Widerstand leisten, da das Opfer 11. Sé4–f6?, Tf8×Sf6! nicht ausreicht.

10. ...	**10. Dd8–é7?**

Schwarz beabsichtigt nach 11. Sé4×Lf6? durch g7×Sf6 das bedrohte Feld h7 mit der Dame zu decken. Es kommt jedoch ganz anders. Zu seinem größten Entsetzen kündigte Weiß Matt in 8 Zügen an!

11. Dh5×h7+!!	**11. Kg8×Dh7**
12. Sé4×Lf6++	**12. Kh7–h6**

Das Einzige. Nach 12. ... Kh7–h8? folgt 13. Sé5–g6#.

13. Sé5–g4+!	**13. ...**

Unzureichend wäre 13. Sf6–g4+?, Kh6–h5!; 14. Ld3–g6+, Kh5–h4!; 15. g2–g3+, Kh4–h3!. Es gibt kein Matt, und Schwarz gewinnt.

13. ...	**13. Kh6–g5**

Am schnellsten könnte jetzt Weiß mit 14. f2–f4+! gewinnen:

a) 14. ... Kg5×f4; 15. g2–g3+, Kf4–f3; 0–0#!!.
b) 14. ... Kg5–h4; 15. g2–g3+, Kh4–h3; 16. Ld3–f1+, Lb7–g2; 17. Sg4–f2#.

Die gewählte Fortsetzung ist jedoch viel schöner.

14. h2–h4+	**14. Kg5–f4**
15. g2–g3+	**15. Kf4–f3**
16. Ld3–é2+	**16. Kf3–g2**
17. Th1–h2+	**17. Kg2–g1**

18. 0–0–0# Oder 18. Ké1–d2(#).

Stille Züge

Es ist charakteristisch für die Spielweise unerfahrener Spieler, dass sie mit Vorliebe Schach bieten. „Versäume nie ein Schach, es könnte Matt sein“, sagte Blackburne einmal scherzhaft.

Oft sind solche Schachgebote tatsächlich nützlich. Auf diese einfache Art kann man u. a. erreichen, dass starke feindliche Kräfte nicht in den Kampf eingreifen können, wie wir es in Damenendspielen gesehen haben.

Genau so häufig kommt es aber vor, dass Schachgebote ungünstig sind – z. B. wenn eben infolge eines unüberlegten Schachs der gegnerische König aus einer gefährlichen Lage entkommen kann oder Verteidigungskräfte mit Tempogewinn eingesetzt werden können. Prüfen Sie vor jedem Schachgebot, ob es wirklich Vorteil schafft.

In den Turmendspielen und besonders im Kampf der Leichtfiguren werden nicht selten stille Vorbereitungszüge ohne Schach angewendet, um Linien zu besetzen, Fluchtfelder der feindlichen Kräfte abzuschneiden, gegnerische Figuren an der Besetzung günstiger Schlüsselstellungen zu hindern oder Zugzwang herbeizuführen und dergleichen. Es gibt keine fertigen Kochrezepte im Schach. Der Spieler muss jede Stellung und jeden Zug mit gesundem Menschenverstand kritisch und gründlich prüfen.

Die Mehrkraft einer Leichtfigur reicht normalerweise nicht zum Gewinn – besonders dann nicht, wenn zwei Leichtfiguren gegen eine Leichtfigur in den Kampf ziehen. Der Schwächere ist bemüht, seine Figur gegen eine feindliche abzutauschen, denn mit nur einer Leichtfigur kann der Stärkere auf leerem Brett nicht matt setzen. Diese Remisfälle sind uninteressant und selbstverständlich. Der schwächere König und seine Leichtfigur meiden die ungünstigen Randstellungen und arbeiten zusammen.

Für den Lernenden sind gerade die Ausnahmefälle von Bedeutung, um zu erfahren, wie die Leichtfiguren einander bezwingen. Die angewendeten Kniffe kommen in jeder Phase der Schachpartie vor. Ihre Aneignung hebt außerordentlich die Spielstärke und führt zu wirklichem Begreifen des königlichen Spiels.

Ein Gewinn ist freilich nur bei einem Stellungsvorteil (Positionsvorteil) möglich. Es ist immer ungünstig, wenn der schwächere König sich in der Ecke oder in ihrer Nähe befindet, weil es zu einem Mattangriff kommen kann.

1. Zwei Läufer gegen Springer

Die besten Gewinnchancen hat das Läuferpaar gegen einen Springer – besonders wenn dieser nicht mit seinem König zusammenspielt.

In Diagr. 36 verfügt Weiß über einen doppelten Stellungsvorteil:

1) Der schwarze König ist in der Nähe der Ecke eingesperrt;
2) der Springer ist weit von seinem Gebieter abgedrängt, sodass ein wirksames Zusammenspiel unmöglich ist.

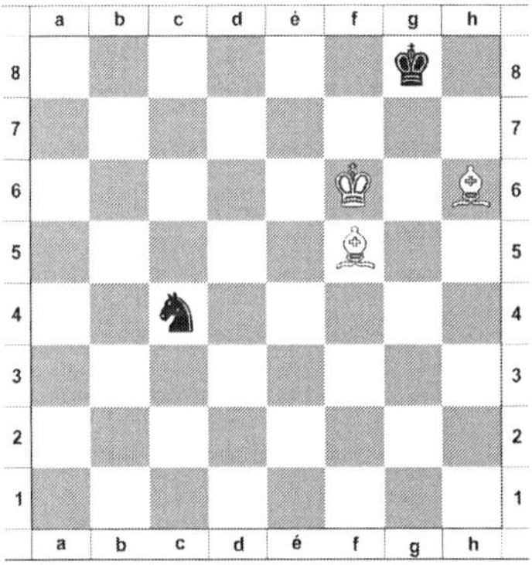

36
Schluss einer Studie von S. N. Filaretow (1925). Weiß am Zug gewinnt

1. Lf5 – é6+! **1. Kg8 – h7!**

Mit diesem Gegenangriff verhindert Schwarz das Schlagen des Springers. Nach dem Abtausch wäre nämlich das Spiel remis. Falsch ist dagegen 1. ... Kg8 – h8??; 2. Lé6 × Sc4, und Matt in wenigen Zügen.

2. Lh6 – f4! 2. ...

Dieser stille Zug verbietet dem Springer den d-Weg und é-Weg, sodass der schwarze Ritter nur in den b-Weg oder a-Weg springen kann.

2. ... **2. Sc4 – b2!**

Das getreue Pferd versucht über d3 doch seinem König zu helfen. Ein lehrreicher Fehler wäre an dieser Stelle 2. ... Sc4 – b6? – Warum? – Auf b6 würde der Lé6 den Springer beherrschen und ihm nur noch den a-Weg belassen.

3. Kf6 – f7! 3. . ...

Ein weiterer stiller Zug. Nun droht Matt in zwei Zügen durch 4. Ld6 – f5+, Kh7– h8; 5. Lf4 – d5#.

3. ... **3. Sb2 – d3**

Verbietet dem Läufer das Feld é5 und verzögert das Matt.

4. Lé6 – f5+ 4. ...

Ein typisches Beispiel für Tempogewinn durch Schachgebot. Der angegriffene Lf4 braucht nicht zu bangen; das Ross darf ihn nicht schlagen, weil der schwarze König aus dem Schach flüchten muss.

4. ... **4. Kh7– h8**

5. Lf4 – d6! 5. ...

Wieder ein stiller Zug. Nicht 5. Lf5 × Sd3?? Patt.

Auch nicht 5. Lf4 – g3? (Zeitverlust) Sd3 – f4!; 6. Lg3 × Sf4?? Patt.

Nach dem Textzug befindet sich Schwarz im Zugzwang. Der König hat keinen Zug, und der Springer muss schweren Herzens die Bewachung des lebenswichtigen Feldes é5 aufgeben.

5. ... **5. S~**

6. Ld6 – é5#

2. Zwei Springer gegen Springer

Nur selten kann das Springerpaar gegen einen Springer gewinnen. Diagr. 37 zeigt einen solchen Ausnahmefall.

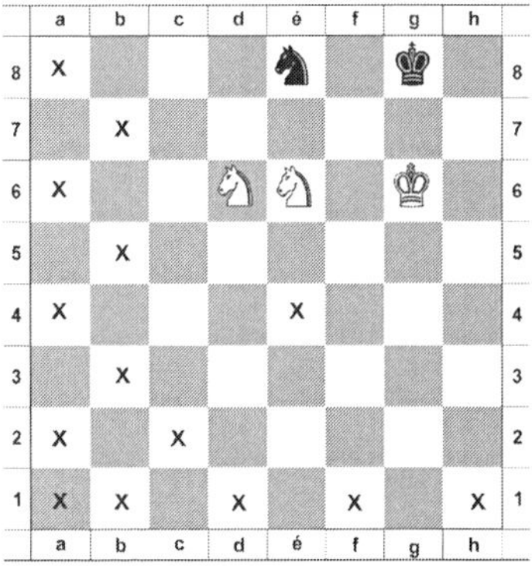

37
Gewinnstellung von Johann Berger (1921). Der schwarze Springer kann auf einem beliebigen angekreuzten Feld stehen. Weiß am Zug gewinnt

Schwarz zog gerade Sf6 – é8⁈. Mit Sf6 – d7 (d5 oder g4)! könnte er das Remis sichern, weil der Springer im nächsten Zug Schach bieten könnte. Ebenso schlecht wäre aber Sf6 – é4⁈ gewesen.

1. Sd6 – f7! 1. …

Natürlich nicht 1. Sd6 × Sé8⁈, weil zwei Springer bekanntlich das Matt nicht erzwingen können.

1. … **1. Sé8 – d6!**

Der Springer opfert sich erneut. Es käme zu demselben Ergebnis, falls er nach c7, f6 oder g7 zöge. Der schwarze Springer steht deshalb ungünstig, weil er nur im dritten Zug Schach bieten kann.

2. Sf7 – h6+ **2. Kg8 – h8**
3. Sé6 – g5! 3. …

Der schwarze Springer ist eigentlich nachteilig für Schwarz: Wäre er nicht auf dem Brett, dann wäre nun der schwarze König patt. Der Springer ist obendrein im Zugzwang: Er muss die Verteidigung des Feldes f7 aufgeben.

3. … 3. Sd6~
4. Sg5 – f7#

Zieht Schwarz an, dann ist das Spiel remis, weil er einen weißen Springer schlagen oder im dritten Zug Schach bieten und den weißen König von g6 vertreiben kann.
Schwarz verliert auch dann, wenn sein Springer auf einem anderen mit einem Kreuz bezeichneten Felde steht.

3. Läufer und Springer gegen Springer

Läufer und Springer gewinnen gegen einen Springer öfter und leichter als das Springerpaar.
Der schwarze Springer ist bereits eingekerkert (Diagr. 38). Jetzt muss noch vor allem der Bauer unschädlich gemacht werden, dass er nur ja keine Dummheiten macht! Der Springer blockiert also den Bauern.

1. Sg4 – é5! 1. Kh7– g7

Der Beginn einer erfolgversprechenden Rettungsaktion zu Gunsten des eingeschlossenen Springers. Der König möchte außerdem den feindlichen Springer über f6 angreifen und vertreiben. Der Läufer vereitelt jedoch diesen frommen Wunsch.

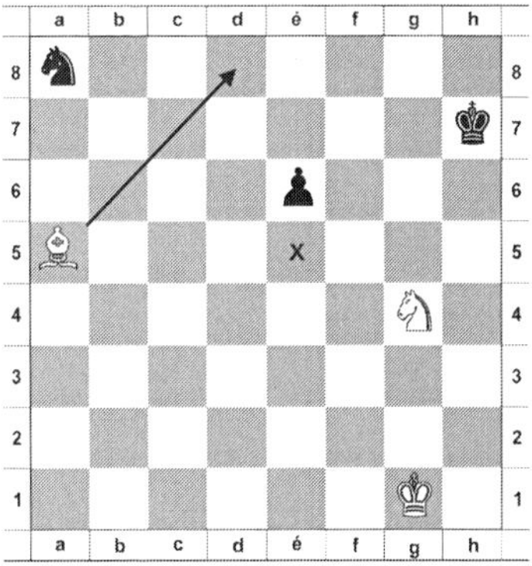

38
Endspiel der Gebrüder Saryschew (1930). Weiß am Zug gewinnt

2. La5 – d8. ...

Ein interessanter Sperrzug, der den Feind zu einem Umweg zwingt.

2. ...	**2. Kg7 – f8**
3. Kg1 – f2	**3. Kf8 – é8**

Der angegriffene Läufer kehrt einfach nach a5 zurück. Natürlich lässt er den verhafteten Ritter nicht frei:

4. Ld8 – a5!	**4. Ké8 – é7**

Ein notwendiger Umweg, weil die Felder d8 und d7 von den gegnerischen Figuren bewacht sind. Der weiße König nutzt die Zeitverluste seines Rivalen zur Annäherung aus.

5. Kf2 – é3	**5. Ké7 – d6**
6. Ké3 – d4!	**6. Sa8 – c7**

Die Wiedervereinigung ist gelungen, aber auch dem Anziehenden das unmerkliche Umzingeln der schwarzen Majestät.

7. La5 – b4#

Ein unerwartetes Matt.

4. Zwei Läufer gegen Läufer

Zu den Raritäten gehört der Sieg des Läuferpaares gegen einen Läufer. Der einsame Läufer kann in der Regel Abtausch erzwingen.

1. Kg5 – h6! **1. ...**

Dieser stille Zug sperrt den schwarzen König ein und droht 2. Lé4 – h7! nebst 3. Lf8 – g7#.

1. ... **1. Kh8 – g8**

Der schwarze König verlässt seine ungünstige Eckstellung, aber es ist leider zu spät.

2. Lf8 – a3 **2. Lé8 – b5**

Es gibt nichts Besseres. Falls 2. Kg8 – f7, dann erbeutet Weiß nach 3. Lé4 – g6+! den schwarzen Läufer.

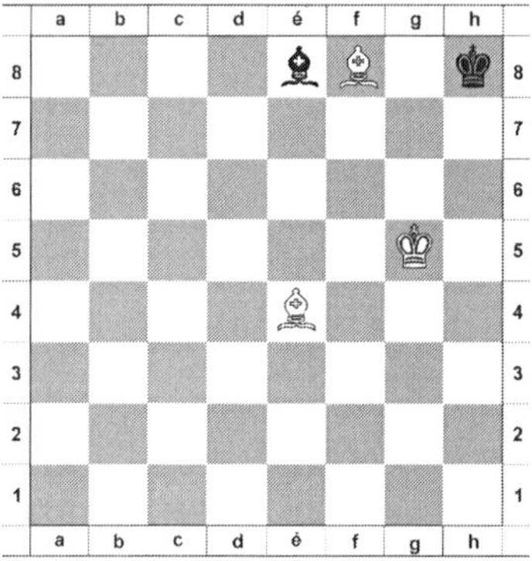

39
Endspiel von Johann Berger (1921). Weiß am Zug gewinnt

Und wenn 2. ... Kg8 – h8, so 3. Lé4 – h7! nebst 4. La3 – b2#. Oder 2. ... Lé8 – f7; 3. Lé4 – h7+, Kg8 – h8; 4. La3 – b2#.

3. Lé4 – d5+ **3. Kg8 – h8**

4. La3 – b2#

5. Läufer und Springer gegen Läufer

Endspiel von J. Kling und B. Horwitz (1851).

Weiß: Kg6, Lc7, Sh5. Schwarz: Kh8, Lé7. Weiß am Zuge gewinnt.

1. Lc7– é5+, Kh8 – g8; 2. Lé5 – g7! (Der schwarze Läufer darf die Schräge d8 – h4 nicht verlassen, wegen Sh4 – f6#.) Lé7– h4! 3. Sh5 – f4, Lh4 – é7; 4. Sf4 – d5, Lé7– g5! 5. Lg7– c3:

a) 5. ... Lg5 – c1; 6. Sd5 – f6+, Kg8 – h8! (Nicht Kg8 – f8?? 7. Lc3 – b4#); 7. Sf6 – é4(+), Kh8 – g8; 8. Lc3 – g7 (Droht Sé4 – f6#), Lc1– g5! (nach 9. Sé4 × Lg5?? ist Schwarz patt.) 9. Sé4 – d6, Lg5 – é7; 10. Sd6 – f5!! nebst undeckbarem Sf5 – h6#.

b) 5. ... Lg5 – d8; 6. Lc3 – b4! (sperrt den schwarzen König ein), Ld8 – h4; 7. Sd5 – é3, Lh4 – g3; 8. Sé3 – f5! (es droht Sf5 – h6+, Kg8 – h8 nebst Lb4 – c3#), Lg3 – f4; 9. Sf5 – é7+, Kg8 – f8; 10. Sé7– d5(+) und 11. Sd5 × Lf4

c) 5. ... Lg5 – h4; 6. Lc3 – b4!, Lh4 – f2! (verhindert Sd5 – é3); 7. Sd5 – f6+; 8. Kg8 – h8; 9. Lb4 – f8!, L~; 10. Lf8 – g7#

Der Positionsvorteil

Der aufmerksame Leser hat sicher die Wichtigkeit des Positionsvorteils – also einer besseren Stellung – bemerkt. Unter Positionsvorteil verstehen wir zweierlei:

1) die bessere Aufstellung der Figuren auf Innenfeldern und
2) ein gutes Zusammenspiel.

Eck- und Randstellungen sind meistens ungünstig, aber nicht immer. Das fehlende Zusammenspiel ist stets unvorteilhaft. Günstige Stellung und ausreichendes Zusammenspiel können sogar die Übermacht einer Leichtfigur wettmachen, z. B. der unergiebige Kampf der Dame gegen zwei Leichtfiguren (Diagr. 23 u. 24). Sobald aber die schwächeren Leichtfiguren zur Trennung gezwungen waren, siegte die überlegene Dame. Ebenso konnten zwei Leichtfiguren gegen eine den Sieg nur bei gegebenem Positionsvorteil erringen (wie wir es im vorigen Kapitel gesehen haben).

Bei materiellem Gleichgewicht oder bei einem Qualitätsunterschied gibt es keinen Sieg ohne Positionsvorteil. Besonders eindrucksvoll sind die Fälle, wo die Untertanen dem eigenen König die Fluchtfelder verstellen (Verbau) und das Matt ermöglichen.

1. Turm und Springer gegen Turm

1. Sf5 – d6!	**1. ...**

Ein vorzüglicher Mehrzweckzug: Es droht Té3 – é8#, und der Springer verhindert zugleich Tg4 – c4+. Schwarz muss das Matt decken:

1. ...	**1. Tg4 – g8**

Nun sind der schwarze König und sein Turm an die Grundreihe gefesselt. Nur unter dieser Bedingung können Turm und Springer gegen den Turm gewinnen.

2. Té3 – é4! **2. Tg8 – f8**

Schwarz hat keinen anderen Zug. Sein König ist patt gestellt, und nach 2. ... Tg8 – h8??; 3. Sd6 – f7+ verlöre er den Turm.

3. Sd6 – b7+ **3. Kd8 – c8**

4. Té4 – b4! **4. ...**

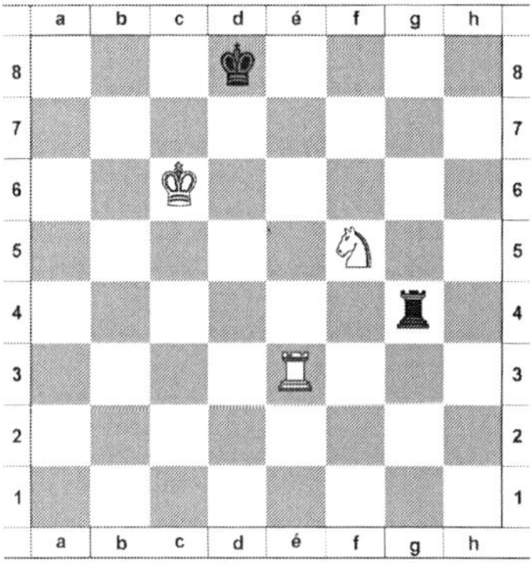

40
Endspiel nach Luigi Centurini nach Forth (1878). Weiß am Zug gewinnt

Nach diesem stillen Vorbereitungszug ist Schwarz verloren. Falls 4. ... Kc8 – b8, so 5. Sb7– d6(+), Kb8 – a7; 6. Kc6 – c7!, Ka7– a6. Der schwarze Turm kann weder Schach bieten, noch zur Verteidigung seines Königs nach f5 ziehen. 7. Tb4 – a4#. Der Springer verbietet das Fluchtfeld b5.
Wenn Schwarz 4. ... Tf8 – f3 versucht, um den weißen König von hinten zu beunruhigen, dann kommt 5. Sb7– d6+!, Kc8 – d8; 6. Tb4 – b8+, Kd8 – é7; 7. Tb8 – é8+, Ké7– f6. (Der Springer verbietet ihm das Feld f7.) 8. Té8 – f8+, K~; 9. Tf8 × Tf3 und gewinnt.

4. ...	**4. Tf8 – f6+**
5. Sb7– d6+	**5. Kc8 – d8**
6. Tb4 – b8+	**6. Kd8 – é7**
7. Tb8 – é8#	

Der schwarze Turm verstellt das einzige Fluchtfeld seines Herrschers. Deshalb hat Weiß mit dem Tempozug 2. Té3 – é4! den schwarzen Turm nach f8 gelenkt. Stünde der schwarze Turm nun auf g6, dann gäbe es kein Matt, und das Spiel wäre remis.

2. Dame gegen Dame

Dieses Endspiel ist in der Regel remis. Doch gibt es theoretische Gewinnstellungen, falls *die schwächere Dame in der Ecke steht.*

Der schwarze König steht dicht neben seiner Dame auf einem mit Kreuz bezeichneten Feld. Der Standort der weißen Dame ist nebensächlich.

Die Diagrammstellungen 41 und 42 sind identisch; sie sind lediglich Spiegelbilder.

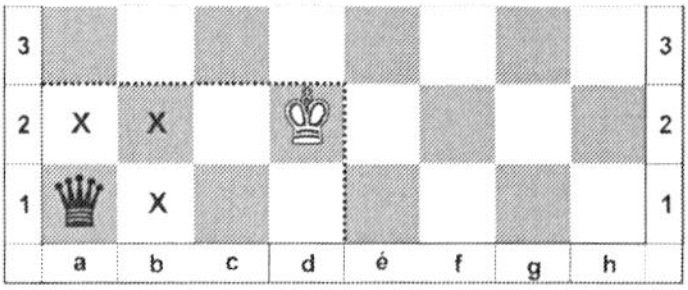

41

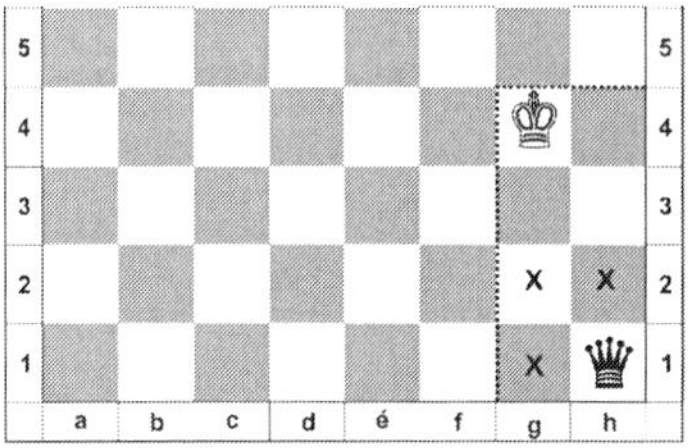

42

Giulio Cesare Polerios Gewinnstellung (um 1590). Der schwarze König muss auf einem angekreuzten Feld stehen

Schwarz kann Remis machen, falls er ein Schachgebot mit Da1– b2 (oder Dh1– g2) abdecken kann und so die Dame aus der Ecke herauskommt. Die weiße Dame muss also bei ihrer Treibschachserie diese Möglichkeiten ausschalten.

Stellen Sie im Diagr. 41 den schwarzen König auf b2 und die weiße Dame auf h8. Einen Zug früher hat Schwarz seinen Bauern in die Dame umgewandelt, Weiß gelang aber die Umwandlung mit einem Schach. Schwarz kann zwischen zwei Verteidigungen wählen:

1. Spiel

1. ...	**1. Kb2 – a2**
2. Dh8 – a8+	2. ...

Um auf 2. ... Ka2 – b1? mit 3. Da8 – é4+! fortzusetzen. Das würde die Aufgabe des Anziehenden erleichtern.

2. ... 2. **Ka2 – b2**

Es folgen zickzackförmige Annäherungszüge der Dame a8 – b7 – a6 – b5.

3. Da8 – b7+ 3. **Kb2 – a3!**

Nach 3. ... Kb2 – a2? gewinnt Weiß sofort mit 4. Kd2 – c2!.

4. Db7 – a6+! 4. ...

Nicht 4. Kd2 – c2?, Da1 – a2+!; 5. Kc2 – c3 (oder c1), Da2 – a1+=. Weiß darf die schwarze Dame nicht zum Zug kommen lassen. – Schlecht ist auch 4. Db7 – é7+?, Ka3 – b3!=.

4. ... 4. **Ka3 – b2**

Erzwungen, da Schwarz nicht seine Dame einstehen lassen darf.

5. Da6 – b5+ 5. **Kb2 – a3!**

Auch jetzt würde 5. ... Kb2 – a2?; 6. Kd2 – c2! den Untergang beschleunigen. Die Dame drängt nun den König mit dem Manöver b5 – a5 – b4 auf das Feld a2, um den Eingriff des weißen Königs zu ermöglichen.

6. Db5 – a5+ 6. **Ka3 – b2**

7. Da5 – b4+! 7. **Kb2 – a2**

Endlich hat die Stunde des weißen Königs geschlagen, der Feind ist auf a2!. Ein stiller Zug bringt den Nachziehenden in Zugzwang:

8. Kd2 – c2!! 8. **Da1 – c3+!**

Falls 8. ... Da1 – h8; 9. Db4 – a4#, oder 8. ... Da1 – h1; 9. Db4 – b2#.

9. Kc2 × Dc3! 9. ...

Nicht Db4 × Dc3?? Patt.

9. ... 9. **Ka2 – a1**

10. Db4 – b2#

2. Spiel

1. ...	**1. Kb2 – b1**
2. Dh8 – h7+!	2. ...

Nicht etwa 2. Dh8 – b8?, Da1 – b2+! mit erzwungenem Abtausch: 3. Db8 × Db2+, Kb1 × Db2=. (Spielbar ist dagegen auch 2. Dh8 – h1+, Kb1 – b2; 3. Dh1 – b7+ und weiter wie im 1. Spiel, oder 2. Kb1 – a2? 3. Dh1 – d5+ usw. wie im 5. Zug.)

2. ...	**2. Kb1 – a2**

Auf 2. Kb1 – b2 würde 3. Dh7 – b7+ folgen wie im 1. Spiel. Auch nach dem Textzug kommen korkenzieherähnliche Zickzackzüge der Dame, aber in anderem Gewand: h7 – f7 – f5 – d5 – é4.

3. Dh7 – f7+	**3. Ka2 – b1**

Oder 3. ... Ka2 – a3; 4. Df7 – a7+ und weiter wie im 1. Spiel.

4. Df7 – f5+!	**4. Kb1 – a2**
5. Df5 – d5+	**5. Ka2 – b1**

Mit 5. ... Ka2 – a3; 6. Dd5 – a5+ oder 5. ... Ka2 – b2; 6. Dd5 – b5+ kann der Nachziehende beliebig in das 1. Spiel einbiegen.

6. Dd5 – é4+!	6. ...

Die Dame strebt nach a4, deshalb würde 6. Dd5 – d3+? nur Zeit verlieren. (6. Dd5 – b5+?, Da1 – b2+K)

6. ...	**6. Kb1 – a2!**

Auf 6. ... Kb1 – b2 verkürzt Weiß das Spiel mit sofortigem 7. Dé4 – b4+.

7. Dé4 – a4+	**7. Ka2 – b2**

Nicht etwa 7. ... Ka2 – b1?? wegen 8. Da4 – c2#

8. Da4 – b4+	**8. Kb2 – a2**
9. Kd2 – c2!!	usw. wie im 1. Spiel.

Die Beherrschung – der Figurenfang

„Sie stehen vor einem Haus und wollen eine Wohnung im 5. Stock erreichen. Werden Sie etwa an der Hauswand aufklettern?“ – „Oh, nein“ – stottert der erschrockene Leser, „ich gehe lieber über die Treppen.“ Ebenso, wenn sich in unserem Weg ein hoher Berg oder eine steile Felswand befindet, dann machen wir lieber einen Umweg.

Wir haben an mehreren Beispielen gesehen, wie man mit einer Treibschachserie oder mit stillen Zügen matt setzt. Matt = *Königsfang.*

Nicht immmer gelingt es, den König matt zu setzen, weil ihm starke Kräfte beistehen. Dann wird man zu einem *Umweg* gezwungen sein und versuchen, durch Eroberung einer oder mehrerer Figuren vorerst die feindliche Armee zu schwächen, um danach den letzten Widerstand mit einem Mattangriff zu brechen.

Wie wird eine Figur gefangen? – Ebenso wie der König: Sie wird mit Treibzügen (also mit fortgesetzten Angriffen) auf ungünstige Felder gejagt, und ihr werden mit stillen Zügen die Fluchtfelder abgeschnitten; sie wird eingekreist. Die Zugangsfelder werden *verstellt* oder mittels *Beherrschung* genommen. Die Beherrschung ist die *Strahlung,* die Kraftwirkung der Steine *auf unbesetzte Felder.*

Die Endstellung bei Figurenfang ist von zweierlei Art:

1) die *Einschließung* der Figur teils mit eigenen, teils mit gegnerischen Steinen, wobei sich die eingesperrte Figur nicht bewegen kann (ein krasses Beispiel: der Läufer in der Ecke h8 wird vom eigenen König auf g7 völlig eingekerkert).
2) die *Beherrschung* der Figurenbahn lässt zwar die Figur frei laufen, aber wohin sie auch zieht, überall kann sie geschlagen werden.

Merken Sie sich gut die Stellungen in Diagr. 43 und 44.

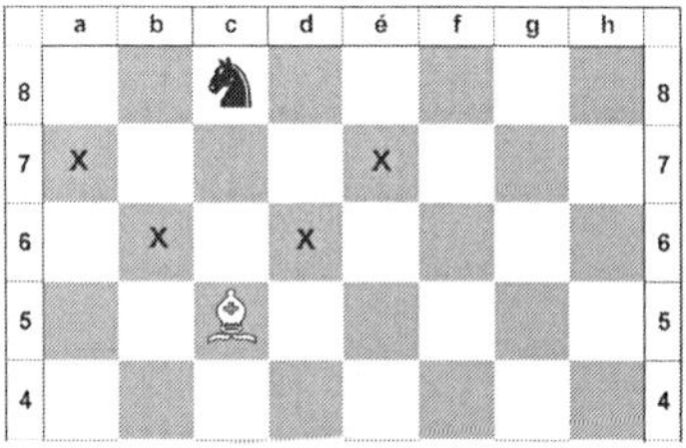

43

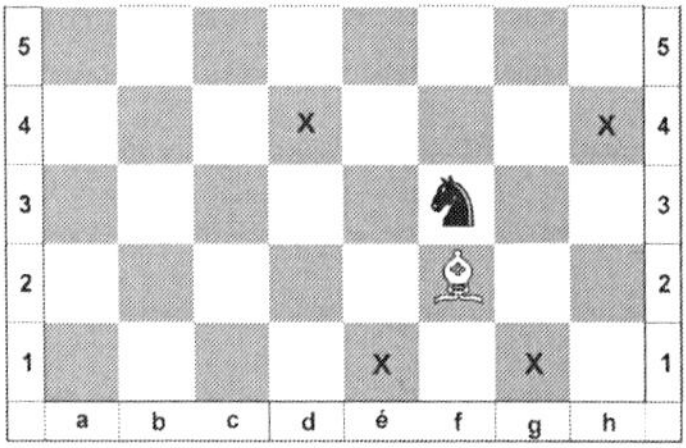

44

Wie Läufer und Springer gemeinsam vier Felder beherrschen. Sie können die gemeinsam beherrschten Felder nicht betreten, weil sie Gefahr laufen, geschlagen zu werden

1. Der Läuferfang

a) Mit König und Turm

Diagr. 45 zeigt den Schluss einer Studie von Seletzky. Weiß zog gerade 1. Ké2 – f3!! und griff den Läufer an. Es gibt nur vier Felder, wo der Läufer nicht sofort geschlagen wird. Wegen der ungünstigen Eckstellung des schwarzen Königs werden auch diese Fluchtfelder von dem Turm indirekt beherrscht. Falls 1. ... Lg3 – h4 (oder h2), dann 2. Té6 – h6+; und wenn 1. ... Lg3 – b8, so 2. Té6 é8+, und der Läufer fällt.

1. ...		1. **Lg3 – c7**
2. **Té6 – é8+**		2. **Kh8 – g7**
3. **Té8 – é7+**		3. **Kg7 – f6**
4. **Té7 × Lc7**	und gewinnt.	

b) Mit König und Läufer

In Diagr. 46 steht der weiße König im Schach. Wohin zieht er?

1. **Ké4 – f3!**	1. **Sg2 – é1+**

Wohl das einzige Fluchtfeld. Der König veranstaltet nun auf das verzweifelt galoppierende Pferd eine recht lustige Hetzjagd:

2. **Kf3 – é2**	2. **Sé1 – c2**
3. **Ké2 – d3**	3. **Sc2 – a3!**

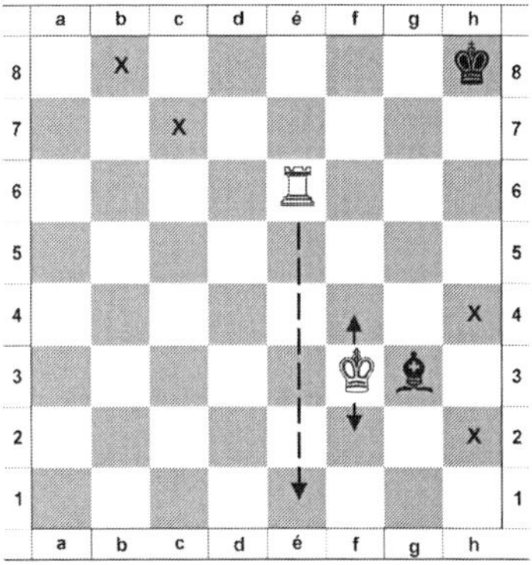

45
Die Beherrschung des Läufers

Nach 3. ... Sc2 – a1?; 4. Lf2 – d4+ würde das Ross ins Jenseits springen. Die Rückkehr ist wegen der ständigen Angriffe des furchtbaren Königs sinnlos: 3. ... Sc2 – é1; 4. Kd3 – é2, Sé1– g2; 5. Ké2 – f3 usw.

4. Lf2 – d4+ **4. Kg7 – f7**

Nun wenden sich die weißen Figuren gegen den Läufer.

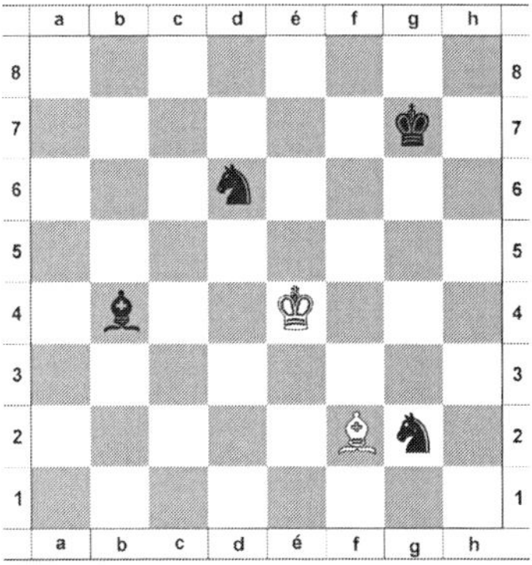

46
Aus einer Studie von Leonid Kubbel (1930). Weiß am Zug hält Remis

5. Ld4 – c3!	**5. Lb4 – c5**

Falls Schwarz den Läufer tauscht, dann ist das Spiel remis.

6. Lc3 – d4!	**6. Lc5 – b4**
7. Ld4 – c3!	

= Dauerangriff.

c) Mit Turm und Springer

1. Th7– a7!	**1. La6 – f1**

Falls 1. ... La6 – c8?, so 2. Ta7– a8.

Das ist das einzige Feld, wohin der Läufer ziehen kann. Nun ist er aber zu völliger Unbeweglichkeit verdammt. Kann der Turm ihn auf a1 angreifen, ist der Läufer verloren. Vorläufig aber deckt der andere Läufer das kritische Feld a1. Er muss also von der Diagonale a1– h8 vertrieben werden.

2. Ta7– a2	**2. Lb2 – h8**

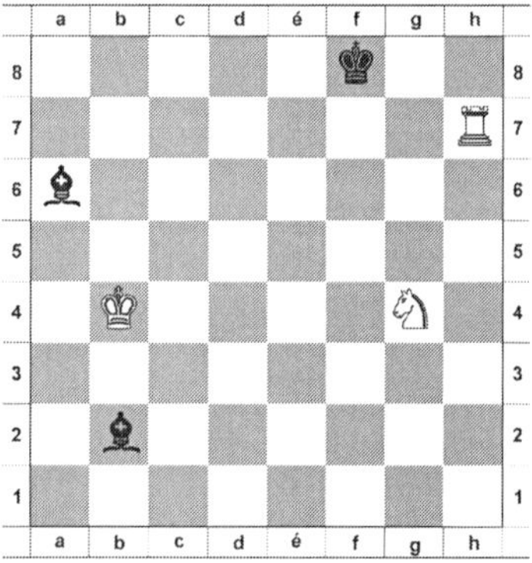

47
Ein Endspiel von Henri Rinck (1924). Weiß am Zug gewinnt

Ein bitteres Muss. Nach 2. ... Lb2 – d4?; 3. Sf4 – é6+ und nach 2. Lb2 – é5?; 3. Sf4 – g6+ verlöre er sofort sein Leben.

Falls 2. ... Lb2 – f6, so 3. Ta2 – f2! (Lf1– a6? 4. Sf4 – d5!). Erzwungen ist daher 3. ... Lf6 – é7+; 4. Kb4 – b3, Lf1– b5(a6); 5. Sf4 – d5(+), Kf8 – é8; 6. Sd5 – c7+, K~; 7. Sc7 × Lb5(a6) und gewinnt.

Auch nicht 2. ... Lb2 – g7 wegen 3. Ta2 – f2, Lf1– a6; 4. Sf4 – é6++, Kf8 – g8; 5. Tf2 – g2, und der Läufer ist auch jetzt verloren.

Unzureichend ist auch 2. ... Lb2 – c1; 3. Ta2 – f2. Schlägt nun Schwarz den Springer, dann verliert er beide Läufer. Wenn 3. ... Lf1– a6, dann 4. Sf4 – d3(+), K~ und 5. Sd3 × Lc1.

3. Ta2 – a8+! **3. Kf8 – g7**

Nur so kann er den Läufer decken, aber dadurch wird die Bahn des Läufers nach a1 unterbrochen.

4. Ta8 – a1 4. ...

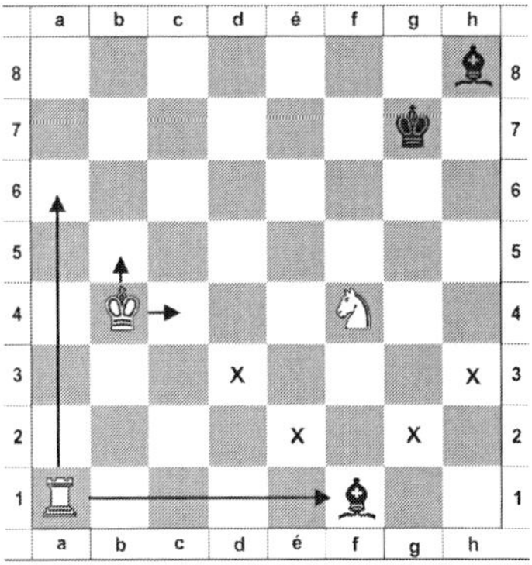

48
Die Beherrschung des Läufers f1.
Der gefangene Läufer f1 wird im nächsten Zug geschlagen

Läufer f1 ist gefangen und fällt im nächsten Zug.

2. Turmfang mit Läuferpaar

Das Läuferpaar ist nur um eine Qualität stärker als der Turm, sodass das Endspiel in der Regel in ein Remis mündet. Doch gelingt es mitunter den flinken Läufern, ihren gewaltigen Gegenspieler zu bezwingen.

In Diagr. 49 hat Weiß den Läufer soeben nach é6 gezogen. Der Läufer hätte einen groben Fehler begangen, falls er nach d5 gelaufen wäre. Der Läufer auf d5 würde folgenden lehrreichen Überfall gestatten: 1. ... Tb7– c7+!; 2. Kc1– d2 (d1), Tc7– d7 (Fesselung); 3. K~; Td7×Ld5=.

1. ...	**1. Tb7– b3!**

Will Weiß gewinnen, dann darf er nicht 2. Lé6×Tb3?? patt ziehen.

2. La3 – d6!	**2. Tb3 – c3+!**

Nun merken wir, warum die Läufer den c-Weg sorgfältig gemieden haben. Stände ein Läufer auf c4 oder c5, so könnte er im nächsten Zug geschlagen werden.

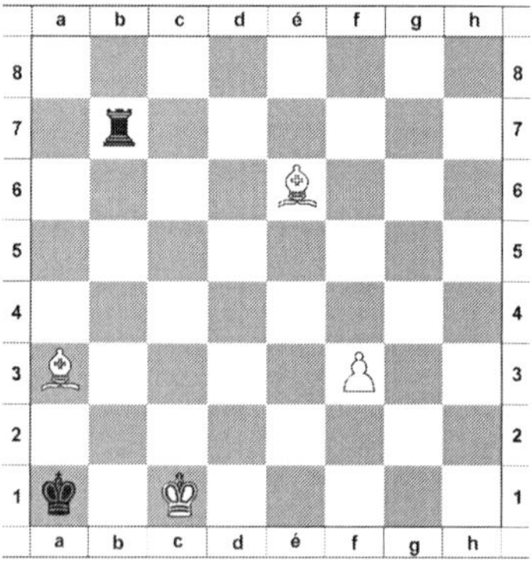

49
Eine Studie von Vitaly Halberstadt (1951). Schwarz am Zug verliert

Aber auch Schwarz dürfte nicht leichtfertig 2. ... Tb3×f3? ziehen wegen 3. Ld6 – é5+, Tf3 – c3 (erzwungen); 4. Lé5×Tc3#.

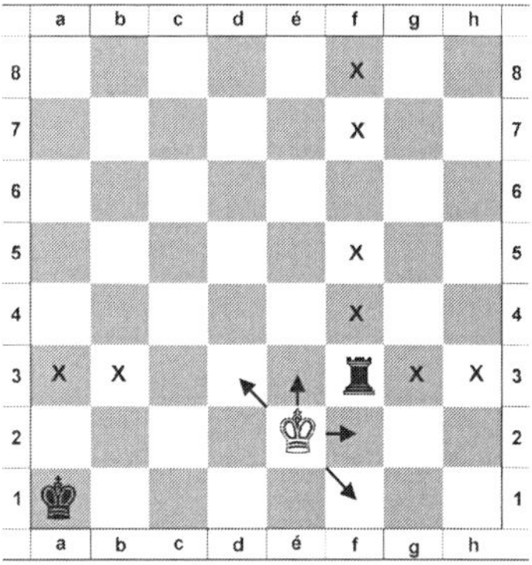

50
Glänzende Beherrschung des ganzen Turmkreuzes a3–h3, f1–f8

Nach 2. ... Tb3 – b6? folgt 3. Ld6 – é5+, Tb6 – b2; 4. Lé5×Tb2#.

3. Kc1– d2	**3. Tc3×f3**
4. Kd2 – é2!!	(Diagr. 50)

Lehrreich und interessant ist, wie König und das Läuferpaar den gesamten Bereich des Turmes beherrschen. Der Turm hat bloß zwei Felder, wo er nicht sofort geschlagen werden kann: f6 und c3.

Wenn 4. ... Tf3 – f6?, so erobert 5. Ld6 – é5+ (Gabel) den Turm sofort.

4. ...	**4. Tf3 – c3**
5. Ld6 – é5	**5. Ka1– b2**

Wenn Schwarz einen Läufer für den Turm bekommt, dann ist das Spiel remis.

6. Ké2 – d2!	**6. Kb2 – b1!**

7. **Lé6 – f5+!**	7. …

Nicht 7. Lé5×Tc3?? patt. Und der Turm fällt im nächsten Zug.

3. Der Springerfang

a) Mit König

Der Springer hat König und Turm aufgegabelt. Der Turm ist verloren. Falls es aber dem König gelingt, den Springer zu fangen, dann hat Weiß nur die Qualität verloren.

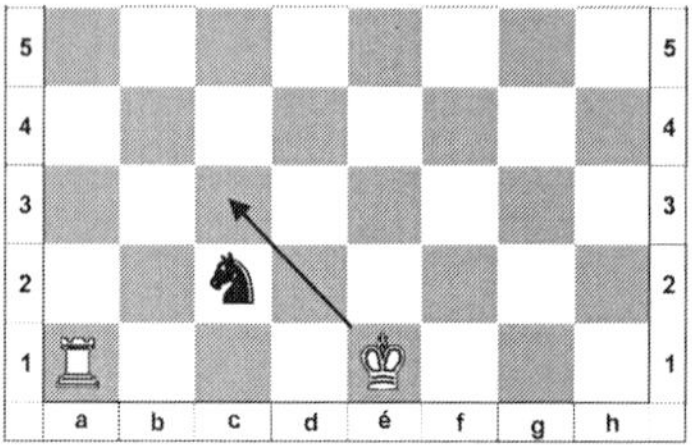

51
Ein recht häufiges Bild

1. **Ké1– d2**	1. Sc2×Ta1
2. **Kd2 – c3!**	2. ~
3. **Kc3 – b2**	3. ~
4. **Kb2×Sa1**	

b) Mit Läufer und Springer

In Diagr. 52 hat Weiß gerade seinen Bauern auf é8 in einen Springer umgewandelt. Warum? – Falls é7– é8(D)?, dann Sc8 – d6+= Familienschach nebst Damenverlust.

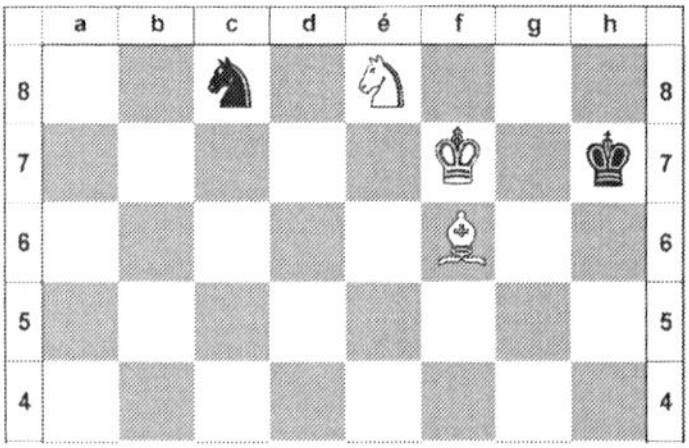

52
Aus einer Studie von Vitaly Halberstadt (1938). Schwarz am Zug verliert

1. ... **1. Sc8 – b6!**

Falls 1. ... Sc8 – a7?, dann 2. Lf6 – g7! und 3. Sé8 – f6#.
Oder 1. ... Kh7 – h6; Lf6 – d4!, Kh6 – g5; 3. Kf7 – é6!, Kg5 – f4; 4. Sé8 – f6! (verhindert den Königsangriff gegen den Läufer über é4), 4. ... K~; 5. Ké6 – d7 und 6. Kd7 × Sc8, und Weiß gewinnt.

2. Lf6 – g7! 2. ...

Es droht 3. Sé8 – f6#.

2. ... **2. Sb6 – d7**

Fehlerhaft wäre 2. ... Sb6 – d5?; 3. Sé8 – d6, Sd5 – f4; 4. Sd6 – é4 mit der doppelten Drohung 5. Sé4 – g5# und 5. Sé4 – f6#, die gleichzeitig nicht abgewendet werden können.

3. Lg7 – d4 3. ...

Das ist ein Sperrzug gemäß Diagr. 43.

3. ... **3. Kh7 – h6**

Wenn 3. ... Sd7 – b8?; 4. Sé8 – f6+, Kh7 – h6??; 5. Ld4 – é3# (oder 4. ... Kh7 – h8; 5. Sf6 – d7)(+), Kh8 – h7; 6. Sd7 × Sb8 usw.).

4. Sé8 – c7!! 4. ...

Gewinn des schwarzen Springers: 4. ... Kh6 – g5; 5. Kf7 – é7 – Sd7 – b8; 6. Ké7 – d6 (schneidet die Fluchtfelder c6 und d7 ab), 6. ... K~; 7. Ld4 – a7 und 8. La7 × Sb8.

4. ...	**4. Sd7– b8**
5. Kf7– é6	**5. Sb8 – c6**
6. Ld4 – c3!	**6. Sc6 – d8+**

Falls 6. ... Sc6 – a7, so 7. Ké6 – d7! nebst 8. Lc3 – d4. Wenn 6. ... Sc6 – b8, so 7. Ké6 – d6! nebst Lc3 – d4 – a7.

7. Ké6 – é7	**7. Sd8 – c6+**

Oder 7. ... Sd8 – b7; 8. Lc3 – b4! usw.

8. Ké7– d7	**8. Sc6 – b8+**
9. Kd7– d6	9. ...

Eingesperrt. Die schönen Sperrzüge des Königs (7., 8. und 9. Zug) verdienen besondere Beachtung. Es folgt noch 10. Lc3 – d4, 11. Ld4 – a7 und 12. La7 × Sb8.

c) Mit dem Läuferpaar

1. Ké2 – f3!	1. ...

Schwarz hat bereits Schwierigkeiten, z. B. 1. ... Kg1– h1??; 2. Kf3 – f2(#).

Zu tadeln ist auch 1. ... Sc8 – a7?, da die Gabel 2. Lc7– b6+ den Springer kosten würde.

Nach 1. ... Kg1– f1 folgt 2. Lc7– g3! (mit der Drohung 3. Lg3 – f2 nebst 4. Lé4 – d3#) und erzwingt 2. ... Kf1– g1; 3. Lg3 – f2+ (Kg1– h1??; 4. Kf3 – g3(#)); 3. ... Kg1– h2; 4. Lf2 – c5, und der eingekerkerte Ritter wird nach 5. Lé4 – b7 liquidiert.

1. ...	**1. Sc8 – é7**
2. Kf3 – f4!	2. ...

Falls 2. ... Kg1– f2, so 3. Lc7– d6, Sé7– c8; 4. Ld6 – c5+, K~; 5. Lf4 – b7, und der Springer hat ausgesprungen. (Oder 3. ... Sé7– g8; 4. Kf4 – g5! sperrt den Springer völlig ein und erbeutet ihn mit 5. Lé4 – h7.)

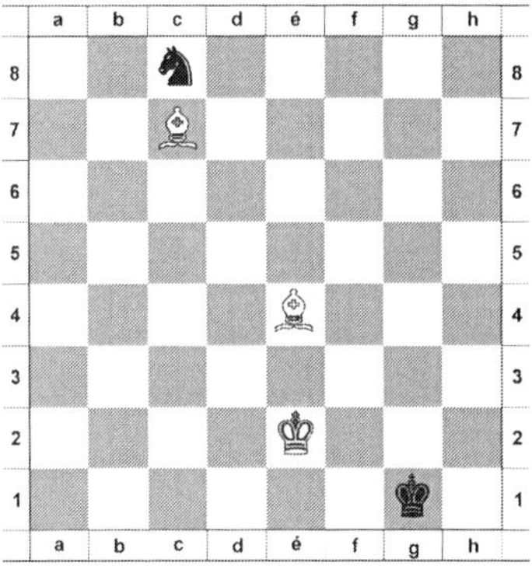

53
Eine Analyse von André Chéron (1954). Der Springer versucht über g8 zu entkommen

2. ...	**2. Sé7– c8**

Oder 2. ... Sé7– g8; 3. Lc7– d8! versperrt die Fluchtfelder é7 und f6. Jetzt:

1) 3. ... Sg8–h6; 4. Lé4–d5! aus, nimmt die Felder f7 und g8;
2) 3. ... Kg1–f2; 4. Kf4–g5 und 5. Lé4–d5 usw.
3) Lé4 – b7! 3. ...

Um nach 3. ... Sc8 – a7? das Ross mit der Läufergabel 4. Lc7– b6+ zu erlegen.

3. ...	**3. Sc8 – é7**
4. Kf4 – g5!	**4. ...**

Schneidet f5 und g6 ab.

4. ...	**4. K~**
5. Lc7– d6	**5. Sé7– g8**
6. Lb7– d5	**6. ...**

und es gibt keinen Rösselsprung mehr.

Steht der Springer auf g8, gewinnt Weiß gleichfalls mit 1. Ké2 – f3!, Sg8 – f6; 2. Lé4 – c6!, Sf6 – g8; 3. Lc7– d8,

Sg8 – h6;4. Kf3 – f4, Sh6 – f7;5. Ld8 – é7! 3. Kg1– f2; 6. Lc6 – d5, Sf7– h8; 7. Kf4 – g5 usw.

d) Mit dem Turm

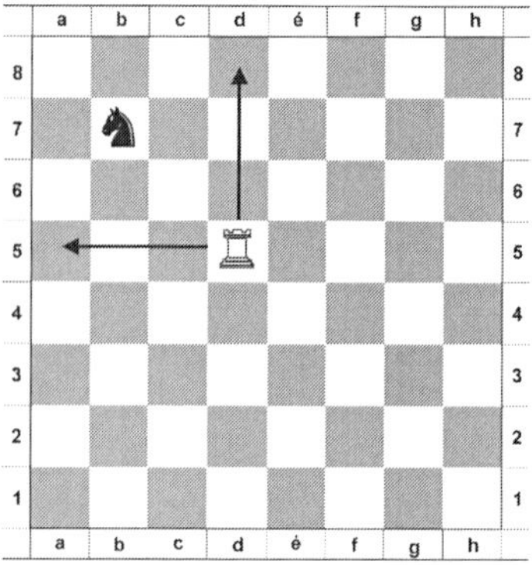

54
Wie der Turm den Springer einsperrt

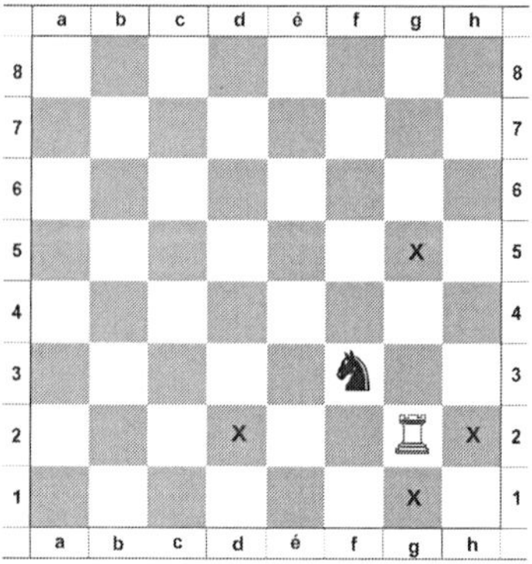

55
Wie Turm und Springer einander gegenseitig vier Felder verbieten

e) Der getrennte Springer

Sind König und Springer voneinander getrennt, dann kann der kurzbeinige Springer leicht abgefangen werden (Diagr. 56).

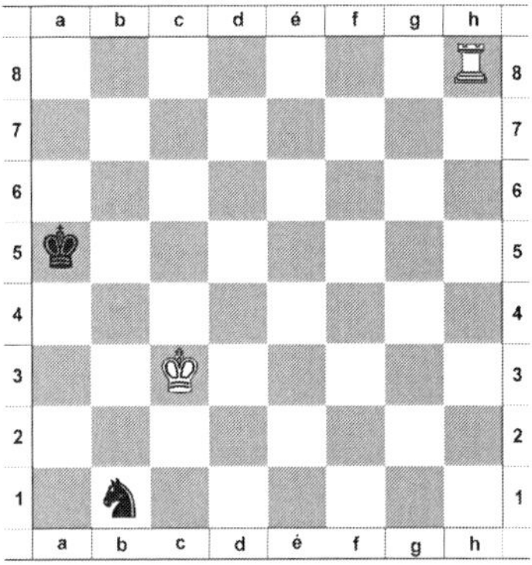

56
Endspiel von Comte Carlo Cozio (1776). Weiß gewinnt

Dem Nachziehenden gelang es, einen Bauern umzuwandeln. Er musste den Springer wählen, um zugleich Schach zu bieten. Hätte Schwarz den Bauern in eine Dame umwandelt, so würde er sofort verlieren: 1. Th8 – a8+, Ka5 – b5(b6); 2. Ta8 – b8+, K~; 3. Tb8 × Db1 usw. – Nun muss der weiße König das Schach abwehren:

1. **Kc3 – b2!**	1. **Sb1 – d2**
2. **Th8 – h4!**	2. ...

Um die Vereinigung der schwarzen Kräfte nach Sd2 – c4+ und die Annäherung des schwarzen Königs zu verhindern. Er ist nach dem Textzug so gut wie ausgeschaltet.

1. Spiel

2. ...	2. **Ka5 – b5**

Schwarz droht mit 3. ... Sd2 – c4+ das Remis zu sichern. Weiß vereitelt die Drohung:

3. Kb2 – c3! 3. ...

a)

3. ... **3. Sd2 – f3**

Nicht 3. ... Sd2 – f1?; 4. Th4 – h3! mit sofortigem Einsperren des Springers gemäß Diagr. 54 (schräge Opposition).

4. Th4 – h3! 4. ...

Ach, wie peinlich! Der König nimmt das Feld d4, und der Teufelsturm das Fluchtfeld h4. Auch 4. ... Sf3 – é5? (oder g5?) ist vereitelt wegen der tödlichen Fesselung 5. Th3 – h5, Springerverlust.

4. ... **4. Sf3 – g1**

Falls 4. ... Sf3 – é1, dann folgt der Sperrzug 5. Th3 – g3, und nach 6. Kc3 – d2 ist es aus.

5. Th3 – é3 5. ...

Der Springer ist gestellt. Immer die schräge Opposition!

5. ... **5. K~**

6. Kc3 – d2 6. ...

Um den Turm in Beherrschung und Bewachung des Feldes é2 abzulösen.

6. ... **6. K~**

7. Té3 – g3 und 8. Tg3×Sg1.

b)

3. ... **3. Sd2 – b1+**

4. Kc3 – c2 **4. Sb1– a3+**

5. Kc2 – b3 **5. Sa3 – b1**

6. Th4 – h2 6. ...

Der Turm versperrt das letzte Zugangsfeld d2, und der Springer wird entweder nach 7. Kb3 – b2 oder nach 7. Th2 – b2 niedergestreckt

2. Spiel

2. ...	2. **Sd2 – f1**
3. **Kb2 – c3**	3. ...

a)

3. ...	3. **Sf1 – g3**
4. **Th4 – g4**	4. **Sg3 – f1!**

Sofort verliert 4. ... Sg3 – f5? (oder h5?); 5. Tg4 – g5 Fesselung. Schlecht ist auch der Selbstmord 4. ... Sg3 – é2+?; 5. Kc3 – d2 usw.

5. **Kc3 – d3**	5. **Sf1 – h2**
6. **Tg4 – g3**	6. ...

Der Turm verbietet die Felder f3 und g4.

6. ...	6. **Sh2 – f1**
7. **Tg3 – h3**	und gewinnt.

b)

3. ...	3. **Sf1 – é3**
4. **Kc3 – d3!**	4. **Sé3 – g2**

Schwach wäre 4. ... Sé3 – d1?; 5. Th4 – h2, K~; 6. Th2 – d2. Oder 4. ... Sé3 – f1?; 5. Th4 – h3!, K~; 6. Kd3 – é2 usw.

5. **Th4 – é4**	5. ...

Der Springer hat keinen Zug. Immer die schräge Opposition gemäß Diagr. 54.

5. ...	5. **Ka5 – b5**
6. **Kd3 – é2**	6. **Kb5 – c5**
7. **Té4 – g4**	(Diagr. 57)

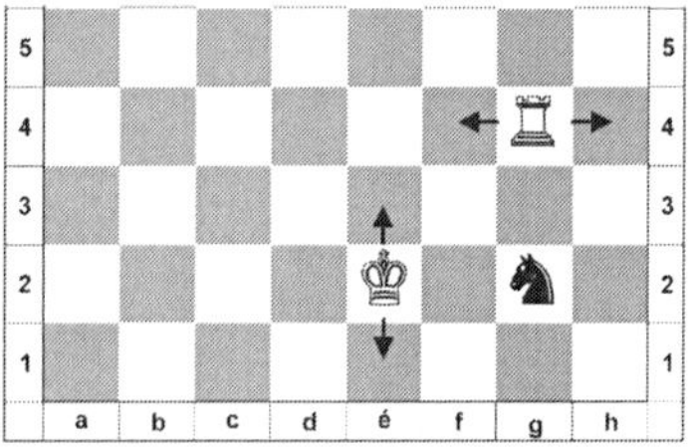

57
Ein interessanter Springerfang

f) Ein Partiebeispiel

Der folgende hübsche Springerfang ereignete sich an dem Meisterturnier zu Baden-Baden 1870 in der Partie Wilhelm Steinitz–Gustav Neumann mit vertauschten Farben (Diagr. 58).

1. Ta7–b7	**1. Sg8–h6**

Der König darf nicht ziehen. Falls 1. ... Kf8–é8??, 2. Tb7–b8#.

2. Tb7–h7	**2. Sh6–g4?**

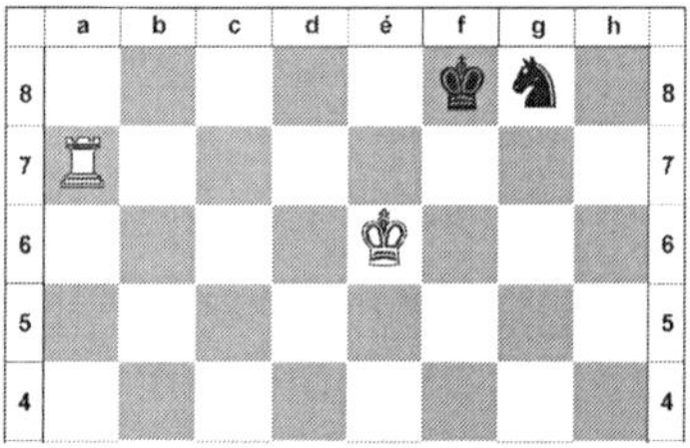

58
Vor dem entscheidenden Fehler

Schwarz verpatzt das sichere Remis. Richtung war 2. ... Sh6–g8!=, z. B. 3. Th7–h8, Kf8–g7. Der Springer darf sich von seinem König nicht trennen.

3. Th6–h4!	**3. Sg4–é3**

Schlecht wäre 3. ... Sg4 – f2?; 4. Th4 – f4+, K~; 5. Tf4 × Sf2.

4. Th4 – é4	**4. ...**
4. ...	**4. Sé3 – d1!**

Falls 4. ... Sé3 – g2?, dann 5. Ké6 – f6!, Kf8 – g8; 6. Té4 – g4+ und 7. Tg4 × Sg2.

5. Té4 – f4+!	**5. ...**

Mit diesem Schachgebot gewinnt der Turm das notwendige Tempo zum Erlangen der schrägen Opposition (Diagr. 54).

5. ...	**5. Kf8 – g7**
6. Tf4 – f3	**6. Kg7– g6**

Wenn 6. ... Sd1– b2, so 7. Ké6 – d5!, Sb2 – a4; 8. Tf3 – b3!. (Begräbt die letzte Hoffnung, über b6 zu entkommen.) 8. ... K~; 9. Kd5 – c4, K~; 10. Tb3 – b4.

7. Ké6 – d5	**7. Kg6 – g5**
8. Kd5 – d4	**8. Kg5 – g4**
9. Tf3 – f1!	**9. Sd1– b2**
10. Tf1– b1	**10. Sb2 – a4**
11. Tb1– b4	Aufgegeben.

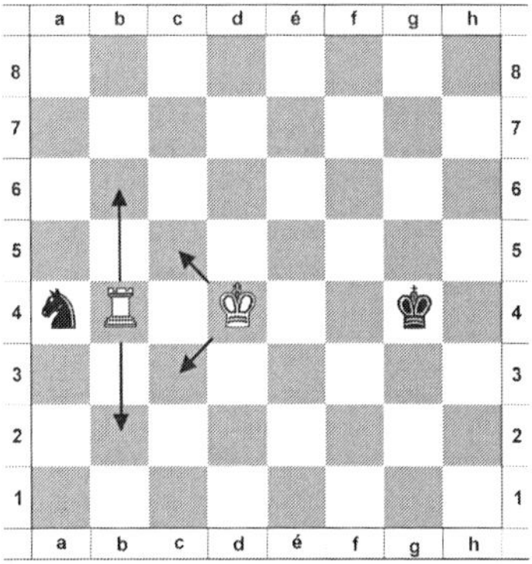

59
Der Springerfang

4. Damenfang in der Kurzpartie

Wenn die Dame unüberlegt zu früh ins Spiel gesetzt wird, dann kann sie oft gefangen werden.

a) Nach vier Zügen

10. Partie

1. é2 – é4	1. é7 – é6
2. d2 – d4	2. Dd8 – f6?

Die einzig gute Fortsetzung ist2. ... d7 – d5. Jetzt hat Weiß Gelegenheit, durch den Vormarsch des Königsbauern die schwarze Stellung einzuengen und dazu mit dem Angriff auf die schwarze Dame ein wichtiges Tempo zu gewinnen.

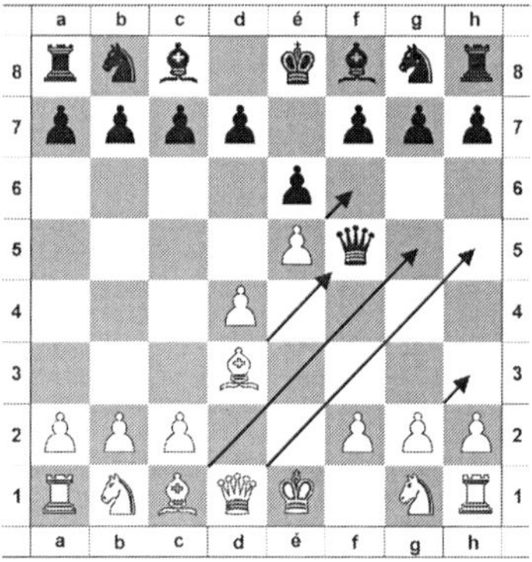

60
Der kürzeste Damenfang

3. é4 – é5	3. Df6 – f5??

Nach diesem unüberlegten Zug geht die wahnwitzige Dame verloren. Besser war 3. ... Df6 – g6!, weil danach 4. Lf1 – d3?? wegen der Bedrohung des Bauern g2 verboten wäre (4. ... Dg6 × g2).

4. **Lf1– d3!** (Diagr. 60)

Schwarz gab auf, weil die Dame gefangen ist.

b) Unüberlegter Bauernraub

11. Partie

Weiß: Paul Keres Schwarz: N. N.

Tallin 1933

1. é2 – é4	1. é7– é5
2. f2 – f4!?	2. d7– d5!?
3. é4 × d5	3. é5 – é4
4. d2 – d3!	4. ...

Weiß greift den Störenfried an, der die Entwicklung seines Königsspringers hindert.

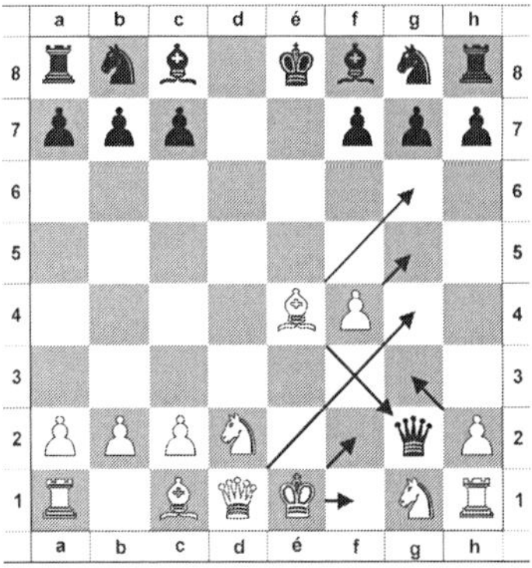

61
Ein hübscher Damenfang

4. ...	4. **Dd8 × d5**

Hier ist 4. ... Sg8 – f6 stärker.

5. **Sb1– d2**	5. ...

Mit dem Angriff 5. Sb1–c3, Lf8–b4! erreicht Weiß nicht viel.

5. ...	**5. é4×d3**

Schwarz kann den Vorposten nicht länger halten. Auf 5. ... Sg8–f6 folgt 6. d3×é4, Sf6×é4; 7. Lf1–c4!.

6. Lf1×d3!	Eine Falle.
6. ...	**6. Dd5×g2??**

Schwarz stolpert in die Falle hinein. Notwendig war die ruhige Weiterentwicklung.

7. Ld3–é4!	(Diagr. 61)

Man darf den Köder nur nach reiflicher Überlegung annehmen!

c) Nach Erbeutung des b-Bauern

Es war einmal ein Millionär in Wien, der sein ganzes Vermögen seinen Neffen vererbte mit der Bedingung, dass er nie den b-Bauern mit der Dame schlage. Paul Keres sagte einmal scherzhaft: „Schlagen Sie den b-Bauern mit der Dame auch dann nicht, wenn dies vorteilhaft ist."

12. Partie

Weiß: N. N. Schwarz: Dr. Erwin Voellmy

Basel 1924

1. d2–d4	**1. d7–d5**
2. Sg1–f3	**2. é7–é6**

Vorbereitung auf dem Gegenstoß c7–c5. Es kann natürlich auch Sg8–f6 gespielt werden.

3. c2–c3	3. ...

Energischer war, mit 3. c2–c4 Gambit zu spielen.

3. ...	**3. c7–c5**
4. Dd1–a4+?	4. ...

Zeitverlust. Besser war, den gewählten Aufbau mit 4. Lc1–f4 fortzusetzen. Falls dann 4. ... Dd8–b6, so 5. Dd1–c2.

4. ... 4. Lc8–d7

5. Da4–b3 5. c5–c4!

Beengt den Gegner und lädt ihn zugleich zum Bauernraub ein.

6. Db3×b7?? 6. ...

Notwendig war die Rückkehr der Dame nach c2. Nach diesem blindgierigen Zug wird die Dame sofort gefangen:

6. ... 6. Ld7–c6

13. Partie

Weiß: Geza Maróczy Schwarz: N. N.

Budapest 1936

1. d2–d4 1. Sg8–f6

2. Sg1–f3 2. é7–é6

3. Lc1–g5 3. c7–c5

4. é2–é4 4. Dd8–b6

Um den Springer zu entfesseln. Besser war jedoch 4. ... h7–h6!.

5. Sb1–d2! 5. Db6×h1??

Schwarz wollte unbedingt einen Bauern erbeuten, aber nach 5. ... c5×d4; 6. Lg5×Sf6!, g7×Lf6; 7. Sd2–b3 gewinnt Weiß einen Bauern zurück. Er schlug daher den vergifteten b-Bauern, da er einen Damenfang für unmöglich hielt.

6. Sd2–c4! 6. Db2–b4+

Nach 6. ... Db2–c3?; 7. Lg5–d2 wäre die Dame sofort gefangen.

Schlecht ist auch 6. ... Db2–b5?; 7. Sc4–d6+!, Lf8×Sd6; 8. Lf1×Db5. Nach dem Textzug fühlt sich die Dame sicher, da sie nach 7. Lg5–d2?, Db4–a4 flüchten könnte. Mit einem unerwarteten Bauernopfer verbietet jedoch Weiß das Fluchtfeld a4.

7. **c2–c3!!**	7. **Db4×c3+**

Eine andere Wahl hat die Königin nicht.

8. **Lg5–d2**	Schwarz gab auf.

d) Die zweifelhafte Fesselung

14. Partie

Weiß: Dr. Szily Schwarz: Wloch

Budapest 1943

1. **é2–é4**	1. **c7–é6**
2. **d2–d4**	2. **d7–d5**
3. **Sb1–c3**	3. **Lf8–b4!**
4. **Lf1–d3**	4. **...**

Weiß hat zahlreiche andere Möglichkeiten. Am stärksten ist der Vormarsch 4. é4–é5! c7–c5!.

4. **...**	4. **c7–c5**

Häufig wird auch der Abtausch 4. ... d5×é4 gespielt.

5. **é4×d5!?**	5. **Dd8×d5!**

Nach 5. ... é6×d5; 6. d4×c5 wäre der schwarze d-Bauer vereinzelt.

6. **Sg1–f3**	6. **...**

Nach dem stärkeren 6. Lc1–d2! tauscht Schwarz am besten den Springer c3.

6. **...**	6. **c5×d4**
7. **a2–a3**	7. **Dd5–a5??**

Diese Fesselung ist gekünstelt. Am einfachsten wäre 7. ... Lb4×Sc3!; 8. b2×Lc3, d4×c3 gewesen.

8. **a3×Lb4!!**	8. **...**

Weiß opfert die Qualität, um die Dame in die Ecke zu lenken.

8. … 8. **Da5×Ta1?**

Schwarz schluckt den Köder. Freilich würde er nach 8. … Da5×b4; 9. Ta1–a4 eine Figur verlieren.

9. **Sf3×d4!**

Schwarz gab auf, da gegen 10. Sd4 – b3 kein Kraut gewachsen ist.

e) Ein entsetzlicher Schnitzer

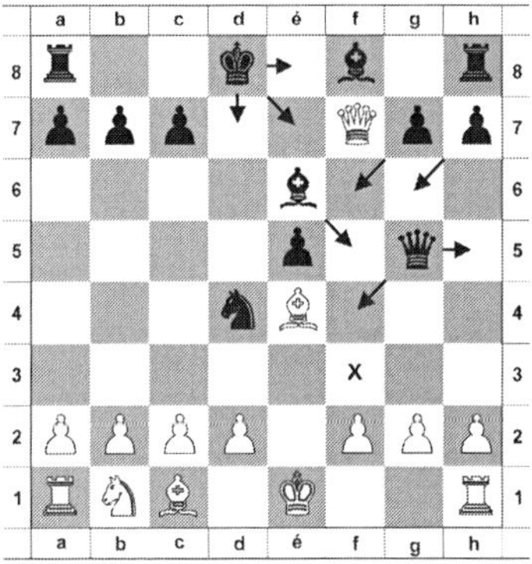

62 Ein merkwürdiger Damenfang

15. Partie

Weiß: N. N. Schwarz: Günther Edel

Bauschlott 1955

1. **é2–é4**	1. **é7–é5**
2. **Sg1–f3**	2. **Sb8–c6**
3. **Lf1–c4**	3. **Sg8–f6!?**
4. **Sf3–g5**	4. **d7–d5**
5. **é4×d5**	5. **Sf6×d5?!**

Sicherer ist 5. … Sc6 – a5! oder auch 5. … Sc6 – d4.

6. **Dd1– f3?!**	6. …

Die stärkste Fortsetzung ist hier 6. d2 – d4!. Nach dem Textzug kommt Schwarz in Vorteil.

6. …	6. **Dd8×Sg5**
7. **Lc4×Sd5**	7. **Sc6 – d4!**

Schwarz fürchtet sich nicht vor dem gefährlich erscheinenden Einschlag auf f7, da das Läuferpaar den König ausreichend beschützt.

8. **Df3×f7+**	8. **Ké8 – d8**
9. **Ld5 – é4??**	9. …

Ein schrecklicher Schnitzer. Der Läufer will die angegriffenen Bauern c2 und g2 verteidigen und außerdem der Dame die Bahn nach d5 oder c4 freilegen, aber er lässt das Feld é6 ungeschützt.

Allerdings steht der Anziehende bereits sehr schlecht, aber mit dem kaltblütigen 9. Ké1– d1! könnte er noch Widerstand leisten.

9. …	9. **Lc8 – é6!**

und die weiße Dame ist gefangen (Diagr. 62).

f) Der versperrte Rückzug

16. Partie

Weiß: Simon Alapin — Schwarz: N. N.

St. Petersburg 1880

1. **é2 – é4**	1. **é7– é5**
2. **Sg1– é2**	2. **Sb8 – c6**
3. **d2 – d4**	3. **Dd8 – h4?**

Statt dieses Ausfalls hätte 3. … é5×d4 mehr getaugt.

4. **d4 – d5!**	4. **Lf8 – c5!**

Falls jetzt 5. d5×Sc6?, dann Dh4×f2+; 6. Ké1–d2, Df2–é3+. Remis durch Dauerschach.

5. Sé2–g3	**5. Sc6–é7**
6. Sb1–d2!	**6. Sg8–f6?**

Verhindert den Rückzug der Dame. Besser war 6. ... Dh4–f6. Nun folgt ein hübscher Damenfang:

7. Sd2–f3	**7. Dh4–g4**
8. h2–h3	**8. Dg4–g6**
9. Sf3–h4	Aufgegeben.

Manfred Sickenberger (Niedernberg) hat nachgewiesen, dass Schwarz seine Dame durch ein geistreiches Figurenopfer befreien könnte:

9. ...	**9. Lc5×f2+!!**
10. Ké1×Lf2	**10. ...**

Erzwungen, da sonst nach etwa 10. Ké1–é2?? Dg6×Sg3 folgen würde.

10. ...	**10. Sf6×é4+**
11. Sg3×Sé4	**11. ...**

Wie leicht ersichtlich, ebenfalls erzwungen.

11. ...	**11. Dg6×Sé4**
12. Sh4–f3	**12. d7–d6**

Der Damentausch: 12. ... Dé4×d5?; 13. Dd1×Dd5, Sé7×Dd5 ist für Weiß günstig, da er eine Mehrfigur besitzt.

13. c2–c4!	**13. ...**

Es droht 14. Lf1–d3 (Damenfang).

13. ...	**13. Dé4–g6**
14. Lf1–d3	**14. f7–f5**

Weiß hat einen Läufer gegen zwei Bauern erobert. Doch sind die schwarzen Zentrumbauern d6/é5/f5 stark. Weiß hat obendrein die Rochade eingebüßt. Schwarz hat auf jeden Fall gute Chancen, das Spiel remis zu halten.

Die Mattdrohung

Nur mit zwingenden Zügen können wir gewinnen. Solche zwingenden Züge sind vor allem das Schlagen eines Steines – sei es ein Tausch oder ein Opfer. Ferner der Angriff gegen einen Stein. Je wertvoller die angegriffene Figur ist, umso wirksamer ist der Angriff. Der gewaltigste Angriff ist natürlich das Schachgebot.
Die Vorbereitung eines Angriffs – die Drohung – ist auch recht zwingend. Die Drohungen geschehen mit stillen Zügen; sie greifen vorläufig noch nichts an, aber sie drohen mit einem Angriff. Der König ist der Mittelpunkt des Spieles, und das Matt beendet die Partie. Daher ist von allen Drohungen die Mattdrohung am unangenehmsten.

1. Turm und Läufer gegen Turm

Dieses Endspiel ist theoretisch remis, da bei der besten Verteidigung der schwächere König nicht an den Rand zu treiben ist. Praktisch aber bietet das Spiel doch ausgezeichnete Gewinnchancen, weil es wegen der vielen Drohungen nicht immer gelingt, die beste Parade zu finden.
Der Mehrläufer gegen den Turm ist eine mächtige Waffe. Das Endspiel ist reich an interessanten Wendungen – besonders Philidors Gewinnstellung (Diagr. 63). Die scharfsinnige Lösung gehört zu den meistgedruckten Mattführungen der Schachliteratur.
Die Opposition der Könige ist durch den Läufer gesteigert. Diagr. 63 zeigt plastisch, wie der weiße König und der Läufer die 7. Reihe von c7 bis g7 beherrschen. Der weiße Turm

operiert abwechselnd mit zweiseitigen Mattdrohungen. Stände der Turm irgendwo auf dem g-Weg oder h-Weg, so könnte er in einem Zug matt setzen (z. B. Th1– h8#).

Schwarz droht mit Td7– é7+, den weißen König aus seiner dominierenden Stellung zu vertreiben und das Remis zu sichern. Unzureichend wäre gegen diese Drohung 1. Lé5 – d6? oder 1. Lé5 – f6? wegen Td7– é7!! 2. Ld6xxTé7 patt.

1. Tc1– c8+!	**1. Td7– d8**
2. Tc8 – c7	**2. ...**

Weiß droht mit 3. Tc7– h7 auf die andere Seite hinüberzuschwenken und mit 4. Th7– h8+ zu gewinnen. Schwarz kann dies nicht mit 2. ... Td8 – a8? abwehren: 3. Tc7– h7, Ta8 – a6+; 4. Lé5 – d6, und das sofortige Matt ist lediglich durch Hergabe des Turmes abzuwenden: 4. ... Ta6 × Ld6+; 5. Ké6 × Td6, und Weiß gewinnt.

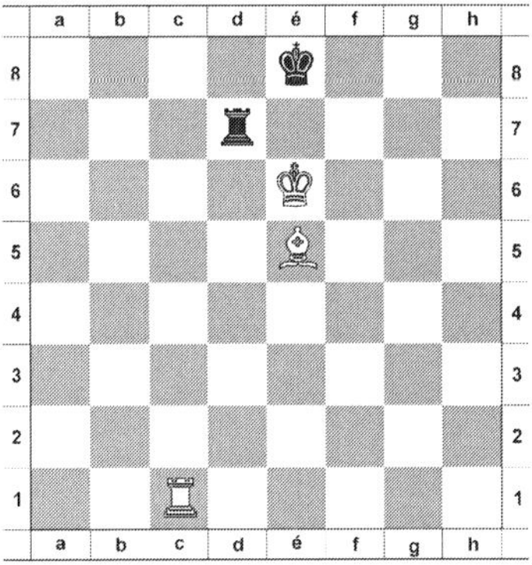

63
André Danican Philidors Gewinnstellung (1749). Weiß am Zug gewinnt

Ungenügend ist auch 2. ... Ké8 – f8?; 3. Tc7– h7, Td8 – é8+; 4. Ké6 – f6, Kf8 – g8; 5. Th7– h1! (ein Wartezug):

1) 5. ... Kg8–f8??; 6.Th1–h8#.
2) 5. ... Td8–a8?; 6. Kf6–g6, Ta8–a6+; 7. Lé5–f6 (oder 6. ... Kg8 – f8; 7. Th1– h8+!). In beiden Fällen verliert Schwarz den Turm.
3) 5. ... Té8–é7!. Weiß spielt nicht 6. Kf6 × Te?? Patt, sondern erbeutet mit 6. Th1–g1+, Kg8–f8; 7. Lé5–d6 (Fesselung) den Turm.

2. ...	**2. Td8 – d2!**

Besser als 2. ... Td8 – d1 oder Td8 – d3. Wir werden bald sehen, warum.

3. Tc7– b7	**3. ...**

Dieser Wartezug zwingt den schwarzen Turm, das günstige Feld d2 zu verlassen. Weiß will nämlich den Läufer ziehen. Solange aber der Turm auf d2 Wache hält, kann er nach dem Abzug des Läufers ein störendes Schach bieten (Td2 – é2+).

3. ...	**3. Td2 – d1**

Nicht 3. ... Td2 – d8? wegen 4. Tb7– h7! mit raschem Gewinn. Nach 3. ... Td2 – d3 würde Weiß ähnlich aber schneller siegen wie im Text.

4. Tb7– g7!	**4. ...**

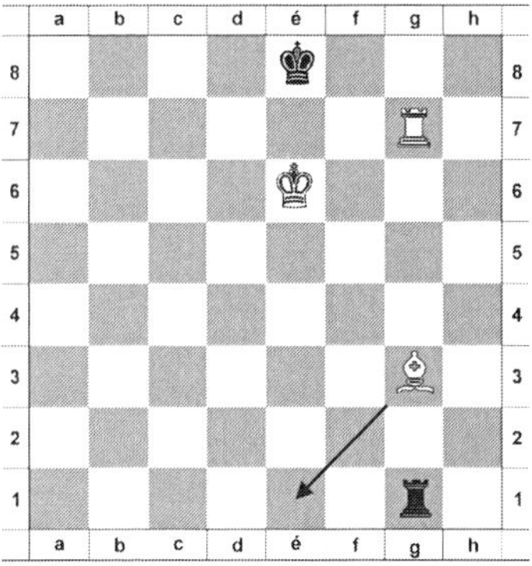

64
Schwarz hat zwei Fortsetzungen

Mattdrohung. Nach 4. ... Ké8 – f8 gewinnt Weiß mit 5. Tg7 – h7! Td1 – g1; 6.Th7 – a7!

a) 6. ... Kf8 – g8; 7. Ta7 – a8+, Kg8 – h7; 8. Ta8 – h8+, Kh7 – g6; 9. Th8 – g8+ und erobert den Turm.

b) 6. ... Tg1 – g6+; 7. Lé5 – f6, Kf8 – g8; 8. Ta7 – a8+, Kg8 – h7; 9. Ta8 – h8#.

4. ...	**4. Td1 – f1**
5. Lé5 – g3!	(Diagr. 64)

Der Laufer durchkreuzt das Turmschach auf é1 und schützt zugleich auch das Feld f2. Deshalb wurde der schwarze Turm auf die 1. Reihe gezwungen.

1. Spiel

5. ...	**5. Tf1 – f3**

Der schwarze Turm muss auf die ungünstige 3. Reihe ziehen und kann die weiße Gewinnführung nicht mehr aufhalten.

6. Lg3 – d6	6. ...

Droht 7. Tg7– g8+ nebst Matt, da der Läufer das Feld f8 beherrscht.

6. ...	6. **Tf3 – é3+**
7. **Ld6 – é5**	7. **Té3 – f3!**

Sofort verlöre 7. ... Ké8 – f8? wegen 8. Tg7– h7!. Man merke, wie der Läufer das Feld g3 dem Turm unzugänglich macht.

8. **Tg7– é7+!**	8. ...

Der Turm treibt den schwarzen König auf ein Feld der Läuferfarbe.

8. ...	8. **Ké8 – f8!**

Nicht 8. ... Ké8 – d8? wegen 9. Té7– b7! mit undeckbarer Mattdrohung, weil der schwarze Turm nicht über c3 zur Hilfe eilen kann; der Läufer beherrscht dies Feld.

9. **Té7– c7**	9. ...

Hier würde 9. Té7– h7? nicht zum Ziel führen wegen 9. ... Kf8 – é8!.

9. ...	9. **Kf8 – g8**

10. Tc7– g7+ 10. Kg8 – f8!

Nach 10. ... Kg8 – h8?; 11. Tg7– g3(+) büßte Schwarz den Turm ein.

11. **Tg7– g4!**	11. ...

Droht 12. Lé5 – d6+ mit Vernichtung. Diese Drohung kann Schwarz nicht mit 11. ... Tf3 – é3 unterbinden wegen 12. Tg4 – h4! nebst Matt oder Turmverlust. (Läuferwirkung auf g3.)

11. ...	11. **Kf8 – é8**
12. **Lé5 – f4!!**	12. ...

Der Läufer vereitelt das lebensrettende Tf3 – é3+ und verstellt den f-Weg mit Mattdrohung. Der Turm zog vorher ja gerade nach g4, um diesen entscheidenden Läuferzug zu ermöglichen.

12. ...	**12. Ké8 – f8**

Natürlich nicht 12. ... Ké8 – d8 wegen 13. Tg4 – g8#.

13. Lg4 – d6+	**13. Kf8 – é8**
14. Tg4 – g8+	**14. Tf3 – f8**
15. Tg8 × Tf8#	

2. Spiel

5. ...	**5. Ké8 – f8**

Schwarz möchte seinen Turm auf dem günstigen Feld f1 belassen.

6. Tg7 – g4!	**6. ...**

Weiß droht mit 7. Lg3 – d6+ und 8. Tg4 – g8+ zu gewinnen. Der weiße Turm schneidet dem König den g-Weg ab; deshalb konnte er nicht nach h7 ziehen.

6. ...	**6. Kf8 – é8!**
7. Tg4 – c4!	**7. Tf1 – d1!**

Nicht 7. ... Ké8 – d8? wegen 8. Lg3 – h4+! nebst Matt.
Auch nicht 7. ... Ké8 – f8? wegen 8. Lg3 – é5, Kf8 – g8; 9. Tc4 – h4 und 10. Th4 – h8#.

8. Lg3 – h4	**8. Ké8 – f8!**

Sonst 9. Tc4 – c8+, Td1 – d8; 10. Tc8 × Td8#.

9. Lh4 – f6	**9. Td1 – é1+**
10. Lf6 – é5	**10. Kf8 – g8**
11. Tc4 – h4	**11. ...**

Das drohende Matt auf h8 ist nur mit Turmopfer zu decken: 11. ... Té1 × Lé5; 12. Ké6 × Té5 usw.

2. Turm und Springer gegen Turm

Das Endspiel Turm und Springer gegen Turm ist remis, weil der schwächere König nicht an den Rand gezwungen werden kann. Wenn er aber am Rand oder gar in der Ecke steht, dann gibt es mehrere Gewinnstellungen.

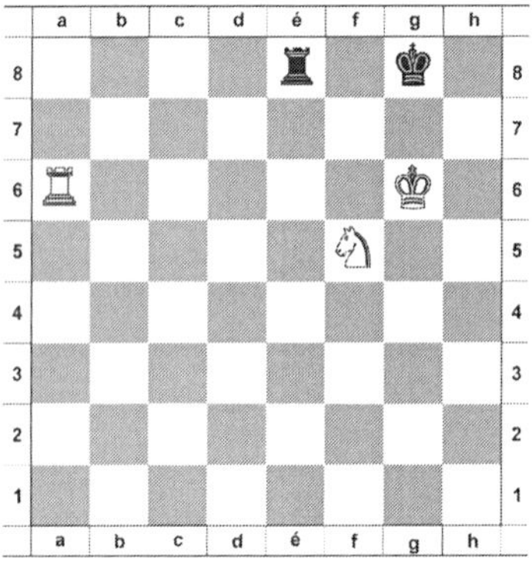

65
Ein Endspiel von Luigi Centurini (1887). Anzug beliebig. Weiß gewinnt

Weiß am Zug spielt 1. Ta6 – f6!. Es darf dann nicht 1. ... Té8 – f8?? geschehen wegen 2. Sf5 – é7+, Kg8 – h8; 3. Tf6 × Tf8#. Auch wenn er selbst am Zug ist, kann Schwarz nicht viel ausrichten:

1. ...	**1. Kg8 – f8!**

Nicht 1. ... Kg8 – h8??; 2. Kg6 – f7! nebst Matt oder Turmverlust.

Auch nicht 1. ... Té8 – f8?; 2. Sf5 – é7!, Kg8 – h8; 3. Ta6 – a1 mit der Drohung Ta1– h1#.

Etwas besser wäre 1. ... Té8 – b8(d8); 2. Ta6 – f6!, Tb8 – b7??; 3. Sf5 – h6+, Kg8 – h8; 4. Tf6 – f8#.

2. Ta6 – f6+	**2. Kf8 – g8**
3. Sf3 – h6+	**3. Kg8 – h8**

4. **Kg6 – f7!**	4. **Té8 – a8**
5. **Sh6 – f5**	5. ...

Es droht Tf6 – h6#.

5. ...	5. **Ta8 – a7+**
6. **Kf7 – g6!**	6. ...

Nicht 6. Sf5 – é7?, Kh8 – h7=.

Nach dem Textzug droht Tf6 – f8#, sodass der schwarze Turm auf die Grundreihe zurückkehren muss.

6. ...	6. **Ta7 – a8**
7. **Kg6 – h6!**	7. ...

Der König räumt das Feld g6 für den Springer.

7. ...	7. **Ta8 – é8**

Der Turm soll Sf5 – é7 verhindern.

8. **Sf5 – é7!!**	8. ...

Trotzdem! Nämlich nach 8. ... Té8 × Sé7?? folgt 9. Tf6 – f8#.

8. ...	8. **Té8 – a8**
9. **Tf6 – f7!**	9. ...

Es droht Tf7 h7#.

9. ...	9. **Ta8 – a6+**
10. **Sé7 – g6+**	10. **Kh8 – g8**
11. **Tf7 – f8#**	

Der Schutz (Die Deckung)

Die ungeschützten, ungedeckten Figuren ziehen oft Unheil auf sich. Es kommt jedoch häufig vor, dass geschützte oder gedeckte Figuren verloren gehen. Ein geschützter oder gedeckter Stein kann erobert werden, falls man den deckenden Stein vernichtet, wegjagt, ablenkt oder seine Wirkungsmöglichkeit auf andere Felder unterbricht. Der Kampf gegen den Schutzstein (oder die Beseitigung der Deckung) gehört zum elementarsten Rüstzeug des Schachspielers. Es kommen dabei sehr lehrreiche Wendungen vor.

1. Die Ablenkung der Schutzfigur

Die einfachste Art, einen angegriffenen und zugleich verteidigten Stein zu erobern ist, dass man den Schutzstein schlägt.

17. Partie

Weiß: N. N. Schwarz: Gyula Breyer

Budapest 1918

1. d2 – d4	1. Sg8 – f6
2. c2 – c4	2. é7 – é5!?
3. d4 × é5	3. Sf6 – g4
4. D1 – d4	4. ...

Bessere Fortsetzungen sind 4. é2 – é4! mit Preisgabe des Gambitbauern im Interesse der schnellen Entwicklung und 4. Lc1 – f4.

4. ...	4. d7 – d6

Verteidigt den angegriffenen Springer.

5. é5×d6	**5. Lf8×d6**
6. Dd4×g7?	**6. ...**

Weiß ist zu habsüchtig, und die Bauernspeise ist schwer verdaulich, weil die Dame in Schwierigkeiten kommt. Besser war die ruhige Weiterentwicklung mit 6. Sg1– f3.

6. ...	**6. Ld6 – é5!**

Deckt den Turm und greift die Dame an. Sie hat nur ein einziges Rückzugsfeld:

7. Dg7– g5	**7. ...**

Jetzt ist aber der Läufer c1 überfordert. Er allein muss die Dame und den Bauern b2 schützen. Schwarz gewinnt mit einer einfachen Kombination: Durch Damentausch beseitigt er die Deckung des Bb2.

7. ...	**7. Dd8×Dg5!**

Stünde der Springer auf f3, so könnte Weiß mit dem Springer zurückschlagen.

8. Lc1×Dg5	**8. Lé5×b2**

Weiß gibt auf, da er den Turm verliert.

2. Das Schlagen des Schutzsteines

18. Partie

Weiß: N. N. Schwarz: Sam Reshevsky

New York 1940

1. é2 – é4	**1. é7– é6**
2. d2 – d4	**2. d7– d5**
3. Sb1– c3	**3. c7– c5!?**

Am vorteilhaftesten ist an dieser Stelle 3. ... Lf8 – b4 oder 3. ... Sg8 – f6.

4. é4×d5	**4. é6×d5**

5. d4×c5! 5. ...

Schwarz darf nicht wieder nehmen, da er nach 5. ... Lf8×c5?; 6. Sc3×d5 einen Bauern ohne Gegenwert verlieren würde.

5. ... **5. Sg8–f6**

Der Bauer d5 ist zweimal angegriffen. Er muss daher zum zweiten Mal gedeckt werden. Die andere Möglichkeit ist der Vormarsch 5. ... d5–d4; 6. Lf1–b5+!, Sb8–c6; 7. Lb5×Sc6; 8. Sc3–é2!.

6. Lc1–g5 6. ...

Weiß droht, den Springer zu schlagen und den Bd5 zu erbeuten. Doch hätte er besser getan, mit 6. Lc1–é3! auf Behauptung des Mehrbauern zu spielen.

6. ... **6. Lf8–é7!?**

Eine Falle. Aber das einfache 6. ... Lf8×c5! war auch gut.

7. Lg5×Sf6? 7. ...

Weiß tappt hinein. Er spielt auf Bauerngewinn und merkt nicht, dass der schwarze Läufer auf f6 unheimlich stark wird. Notwendig war 7. Lf1–b5+ oder 7. Sg1–f3.

7. ... **7. Lé7×Lf6**

8. Dd1×d5?? (Diagr. 66)

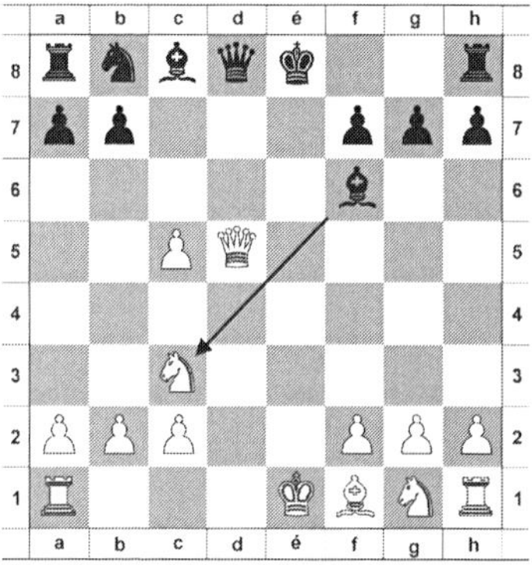

66
Ein verderblicher
Bauernraub

Weiß will noch einen Bauern erbeuten. Um die Folgen kümmert er sich nicht.

8. ...	8. **Lf6×Sc3+!**

Dieses Schachgebot beseitigt den Springer, der die weiße Dame deckte. Die Dame ist unrettbar verloren, weil das Schach gedeckt werden muss. Weiß gab auf, da nach 9. b2×Lc3 Dd8×Dd5 folgt.

3. Ein weiteres Beispiel

19. Partie

Weiß: N. N. Schwarz: Andras Lilienthal

Budapest 1933

1. **é2–é4**	1. **é7–é5**
2. **Sg1–f3**	2. **d7–d5!?**

Mit diesem Gambit beschleunigt Schwarz die Entwicklung seiner Streitkräfte.

3. **d2 – d4?!**	3. ...

Ein Gegengambit von zweifelhaftem Wert. Die stärkste Fortsetzung für Weiß ist die Annahme des Gambits durch 3. Sf3 × é5!.

3. ...	3. **é5 × d4**
4. **Dd1 × d4?**	4. ...

Die Dame kommt zu früh ins Spiel. Gegeben war 4. é4 × d5, und falls darauf 4. ... Dd8 × d5, so 5. Dd1 × d4.

4. ...	4. **Sg8 – f6**
5. **é4 – é5?**	5. ...

Fördert nur die Entwicklung des Gegners. Es sollte 5. Sb1– c3 oder 5. Lf1– d3 geschehen.

5. ...	5. **Sf6 – é4**

Als Ergebnis hat Schwarz einen starken Zentralspringer, und die ungünstige Stellung der weißen Dame gibt Gelegenheit, im Trüben zu fischen.

6. **Sb1– c3?**	6. ...

Weiß möchte den unangenehmen schwarzen Zentralspringer loswerden, aber es ist zu spät. Notwendig war, mit 6. Lc1– é3! den schwachen Bauern f2 zu überdecken.

6. ...	6. **Lf8 – c5!**
7. **Dd4 × d5??**	7. ...

Weiß verspeist den vergifteten Bauern in der irrtümlichen Annahme, dass die Dame gedeckt ist. Guter Rat war zwar schon teuer, doch war 7. Dd4 – a4+ besser. Nun folgt eine hübsche zweizügige Kombination:

7. ...	7. **Lc5 × f2+!**
8. **Ké1– é2**	8. **Sé4 × Sc3+**

und Weiß verliert die Dame.

4. Turmpaar gegen Turmpaar

Gleiches Material garantiert nicht immer das Remis. Ungünstige Stellungen führen oft zu Matt oder Figurenverlust. Das Endspiel Turmpaar gegen Turmpaar bietet treffliche Beispiele zur Weglenkung des Königs.

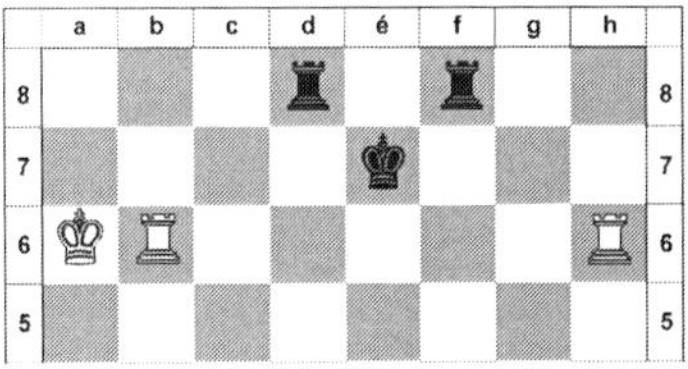

67
Weiß am Zug erbeutet einen Turm

1. Tb6 – b7+ **1. Td8 – d7**

Selbstredend nicht 1. ... Ké7– é8??; 2. Th6 – é6# (Epauletten-Matt).

2. Th6 – h7+! 2. ...

Der weiße Turm greift durch den feindlichen König den schwarzen Turm d7 zum zweiten Mal an. Die Königsflucht ergibt daher Turmverlust, weil der Turm zweifach angegriffen, aber nur einmal geschützt ist. Die Antwort ist also erzwungen:

2. ... **2. Tf8 – f7**

3. Tb7×Td7+! 3. ...

Ablenkung!

3. ... **3. Ké7×Td7**

Schlägt der König den Turm nicht, dann verliert er beide Türme ohne jedweden Ersatz. Nun ist aber Tf7 ohne Schutz geblieben.

4. Th7×Tf7+ Turmgewinn.

Oder 3. Th7×Tf7+!, Ké7×Tf7+ mit demselben Ergebnis.

Auch in Diagr. 68 steht der schwarze König recht ungünstig. Doch würde Weiß mit 1. Kc5 – d4(+)? den ausgleichenden Gegenangriff 1. ... Kc8 – b7! mit Remisschluss gestatten.

1. Kc5 – b6(+)! **1. Kc8 – d8!**

Wohl das Einzige. Falls 1. ... Kc8 – b8?, dann 2. Ta6 – a8+!! (Hineinziehungsopfer), 2. ... Kb8 × Ta8; 3. Tc4 – c8#. Wenn 1. ... Kc8 – d7?, so verliert Schwarz nach 2. Ta6 – a7 den Turm g7.

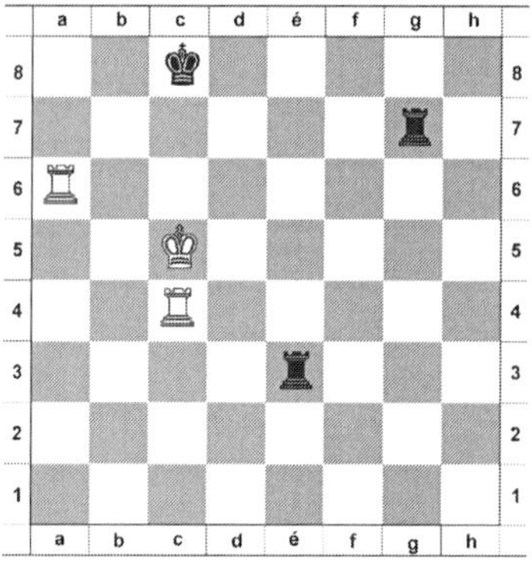

68
Dr. Max Euwes Lehrendspiel. Weiß am Zug gewinnt

2. Ta6 – a8+ **2. Kd8 – é7!**

Das ist die einzige Möglichkeit, den gefährdeten Tg7 zu retten.

3. Ta8 – a7+! **3. ...**

und nicht 3. Tc4 – c7+?, weil nach 3. ... Ké7 – f6!; 4. Ta8 – f8+, Kf6 – g6 der Nachziehende schlicht Remis macht.
Das Schachgebot in der 6. Reihe muss dem c-Turm vorbehalten bleiben. –Warum? – Nun, der a-Turm kann nicht in der 6. Reihe Schach bieten, da ihn daran der eigene König hindert.

1. Spiel

3. ...	3. **Ké7– f6**
4. **Tc4 – c6+**	4. **Té3 – é6**

Geht der König in die 5. Reihe, dann bleibt der Tg7 ohne Schutz.

5. **Tc6×Té6+!**	5. ...

Ablenkung!

5. ...	5. **Kf6×Té6**

6. Ta7×Tg7 und gewinnt.

2. Spiel

3. ...	3. **Ké7– f8**
4. **Tc4 – c8+**	4. **Té3 – é8**
5. **Tc8×Té8+**	5. ...

Ablenkung des Königs. Schwarz verliert auch jetzt den letzten Turm: 5. ... Kf8×Té8; 6. Ta7×Tg7.

5. Beseitigung der Deckung durch Fesselung

20. Partie

Weiß: David Bronstein Schwarz: N. N.

Sotschi 1950. Simultanvorstellung

1. **é2 – é4**	1. **é7– é5**
2. **d2 – d4**	2. **é5×d4**
3. **Dd1×d4**	3. **Sb8 – c6!**
4. **Dd4 – a4!**	4. ...

Gut ist auch 4. Dd4 – é3 nebst beschleunigter Entwicklung des Damenflügels mit 5. Sb1– c3, 6. Lc1– d2 und 0 – 0 – 0.

4. ...	4. **Sg8 – f6**

5. Sb1– c3 **5. d7– d5!**

Schwarz öffnet Linien für seine Figuren.

6. Lc1– g5! 6. …

Es droht Bauerngewinn durch é4 × d5.

6. … **6. d5 × é4**

Die andere Möglichkeit war 6. … d5 – d4; 7. Sc3 – b5, Lf8 – c5 usw.

7. Sc3 × é4 **7. Dd8 – é7?**

Der Beginn einer Fehlkombination. Schwarz glaubt, durch die Fesselung Material zu gewinnen. Besser war jedoch die ruhige Weiterentwicklung 7. … Lc8 – d5.

8. 0 – 0 – 0!! 8. …

Weiß opfert den Springer, um die schwarze Dame nach é4, in den Schlagbereich der weißen Dame, zu lenken.

8. … **8. Dé7 × Sé4**

Es schaut ganz rosig aus, weil ja die Dame durch Sf6 gedeckt ist, und obendrein greift sie ihre Rivalin auf a4 an. Es kommt aber die kalte Dusche:

9. Td1– d8+!! (Diagr. 69)

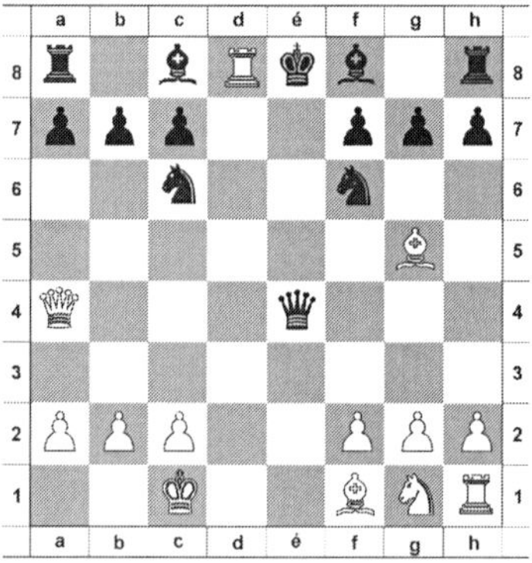

69
Turmopfer zwecks Fesselung

Die Pointe des vorhergehenden Springeropfers. Das Turmopfer ist durchaus zwingend, aber Schwarz kann den Turm nicht mit dem Springer c6 schlagen, weil ja dieser durch die weiße Dame gefesselt ist. Erzwungen ist daher 9. ... Ké8×Td8. Nun ist jedoch der Sf6 gefesselt; er verliert seine Kraft, sodass die schwarze Dame plötzlich ohne Schutz dasteht und 10. Da4×Dé4 folgt. Wegen des unvermeidlichen Damenverlustes gab Schwarz sofort auf.

21. Partie

Weiß: László Szabo — Schwarz: Soóky

Budapest 1946

1. **é2–é4**	1. **c7–c5**
2. **Sg1–f3**	2. **d7–d6**

Schwarz verhindert é4–é5 und plant die Flankenentwicklung seines Königsläufers (g7–g6 und Lf8–g7).

3. **d2–d4**	3. **c5×d4**
4. **Sf3×d4**	4. **Sg8–f6**
5. **Sb1–c3**	5. **g7–g6**

Schwarz kann auch mit 5. ... é7–é6 oder 5. ... a7–a6 fortsetzen.

6. **Lc1–é3**	6. **Sf6–g4?**

Notwendig war 6. ... Lf 8–g7 nebst 0–0. Der Nachziehende will den Lé3 abtauschen und verlässt sich auf die Deckung des Sg4 durch Lc8.

7. **Lf1–b5+!**	7. **Lc8–d7**
8. **Dd1×Sg4**	Schwarz gab auf.

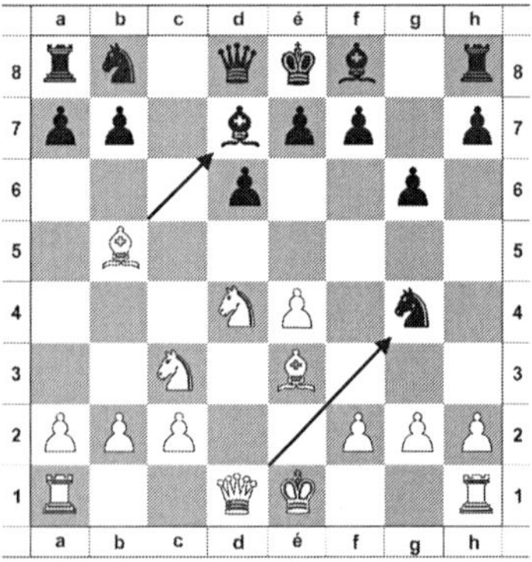

70
Der schwarze Läufer ist nun gefesselt und kann den Springer g4 nicht mehr decken. Der gefesselte Läufer d7 verliert seine Kraft

Die beste Lösung wäre noch 7. ... Sb8 – c6; 8. Sd4 × Sc6, b7 × Sc6; 9. Lb5 × c6+, Lc8 – d7; 10. Lc6 × Ta8, Dd8 × La8 und Schwarz verlöre „nur“ die Qualität und einen Bauern statt die ganze Figur.

6. Der Schnittpunkt – zweifache Verstellung

Zu den überraschendsten Wendungen des königlichen Spiels gehört das Opfer einer Figur auf dem Schnittpunkt. Hierbei handelt es sich um eine doppelte Unterbrechung feindlicher Figurenwirkungen.
Das schönste Beispiel liefert uns die vereinfachte Stellung aus einer amerikanischen Meisterpartie (Diagr. 71).

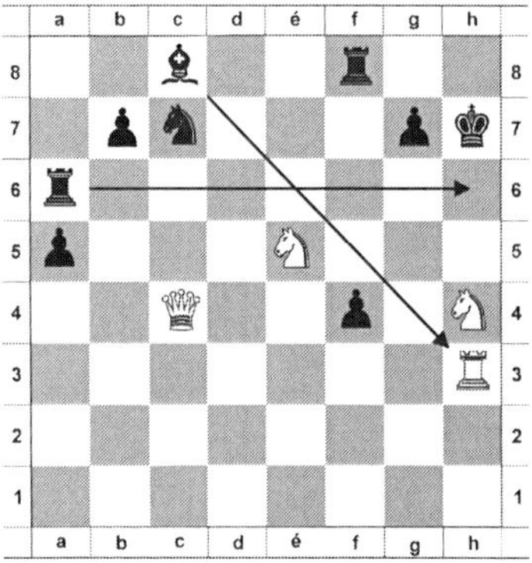

71
Damenopfer auf dem Schnittpunkt é6

22. Partie

Schwarz: Dr. C. C. Moore — Weiß: Sam Loyd

New York 1878

Das drohende Abzugschach 1. Sh4 – g6(+) würde bereits Matt ergeben, falls der schachbietende Th3 nicht einstände. So wehrt aber Schwarz die Gefahr einfach mit 1. ... Lc8×Th3 ab. Auch 1. Sh4 – f5(+) ist ungefährlich wegen 1. ... Ta6 – h6. Hier wenden also der Lc8 und der Ta6 das sofortige Matt ab. Der Schnittpunkt ist daher das Feld é6, wo sich die Linien der beiden schwarzen Schutzfiguren kreuzen.

1. Dc4 – é6!! **1. ...**

Weiß zerschneidet den Gordischen Knoten mit diesem schneidigen Damenopfer auf dem Schnittpunkt. Nun hilft 1. ... Tf8 – f6 nichts wegen des sofortigen 2. Sh4 – g6(#). Der Nachziehende muss also die Dame schlagen. Dies kann auf drei Arten geschehen:

1)

1. …	1. Ta6×Dé6
2. Sh4 – g6(+)	2. Kh7– g8
3. Th3 – h8#	

2)

1. …	1. Lc8×Dé6
2. Sh4 – f5(+)	2. Kh7– g8
3. Sf5 – é7#	

3)

1. …	1. Sc7×Dé6

Nun stellt der Springer sowohl den Ta6 wie auch den Lc8 zu. Weiß kann nun beliebig zwischen den beiden oben gezeigten Mattführungen wählen.

Remiskombinationen

Der Zweck des Schachspiels ist das Matt. Man ist bestrebt, den Gegner matt zu setzen oder einen zum Gewinn ausreichenden Vorteil zu erzielen. Der Spieler kann auch mit einem materiellen Vorteil (Übermacht), Raumvorteil (Einengung des Gegners) oder mit Zeitvorteil (Mehrtempo) gewinnen. In schlechter Stellung muss man sich jedoch begnügen, das bereits verlorene Spiel unentschieden zu retten und mit einem Remis davonzukommen. Die häufigsten Remiskombinationen sind: das Patt, das Dauerschach und der Dauerangriff.

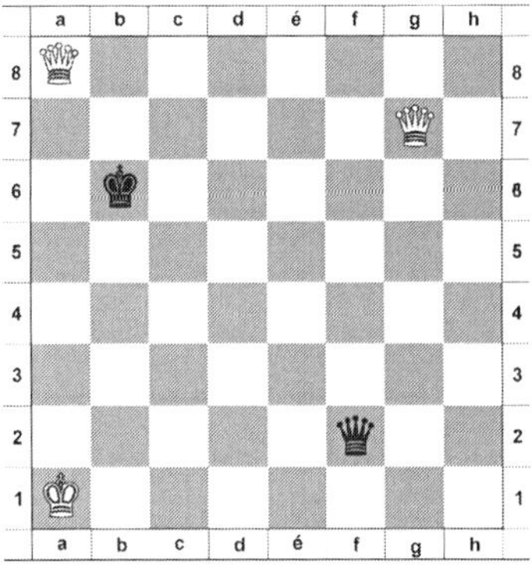

72
Ein Endspiel von W. Naef (1967)

1. Das rettende Patt

Weiß hat gerade eine zweite Dame auf a8 umgewandelt. Zwei Damen gewinnen fast immer gegen eine Dame. Der Stärkere

ist bestrebt, durch einen Doppelangriff die allein stehende Dame zum Abtausch zu zwingen und dann mit der verbliebenen Dame matt zu setzen.
Bei der großen Beweglichkeit der Dame ist dies leicht zu bewerkstelligen. Eine Dame gegen zwei Damen kann nur in seltenen Ausnahmefällen mit einem Remis davonkommen, wenn es dem Schwächeren gelingt, durch ein geschicktes Damenopfer ein Patt herbeizuführen oder mit der einsamen Dame ein Dauerschach zu erzwingen.

1. ...	**1. Df2 – f1+**
2. Ka1 – b2	2. ...

Es gibt zwei Möglichkeiten:
Falsch wäre 2. Df1 – f2+?, weil sich die Dame nicht auf c4 und é5 aufopfern kann und ein Dauerschach undurchführbar ist: 3. Kb2 – b3! Nach dem einzig möglichen Schachgebot 3. ... Df2 – é3(f3)+ erfolgt 4. Dg7 – c3!, und Weiß gewinnt.

2. ...	**2. Df1 – é2+!**
3. Kb2 – b3	3. ...

Um nach 3. ... Dé2 – d3+? mit 4. Dg7 – c3! zu gewinnen.

3. ...	**3. Dé2 – c4+!!**

Schwarz opfert die Dame, weil er nach 4. Kb3 × Dc4?? patt ist.

4. Kb3 – b2	4. ...

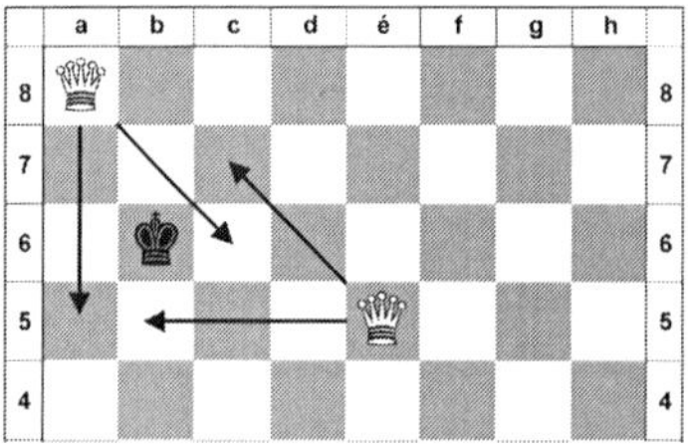

73
Zentralpatt mit zwei Damen

Nach 4. Kb3 – a3 würde Schwarz mit 4. ... Dc4 – d3+ fortfahren. Falls dann 5. Ka3 – a2(a4), dann wieder 5. ... Dd3 – c4+!. Die einsame Dame muss immer so angreifen, dass Weiß das Schach nicht durch Dazwischenziehen seiner Dame abdecken kann. (Nach 5. Ka3 – a2 wäre Dc4 – é2+? offensichtlich falsch, wegen 6. Dg7– b2!, und Weiß gewinnt.)

4. ...	**4. Dc4 – é2+**
5. Kb2 – c3	**5. Dé2 – é5+!!**

Nun muss Weiß das Damenopfer annehmen, da nach einem Königszug 6. ... Dé5 × Dg7 folgt.

6. Dg7 × Dé5 = (Diagr. 73)

2. Dauerschach (Ewiges Schach)

Das Endspiel zwei Damen gegen eine Dame kommt ziemlich oft vor.

Ist der stärkere König in einer Ecke eingesperrt, dann kann die einsame Dame häufig ein Dauerschach erzwingen. In Diagr. 74 hat Schwarz soeben einen Bauern in eine zweite Dame auf g1 umgewandelt. Weiß am Zug macht Remis durch Dauerschach.

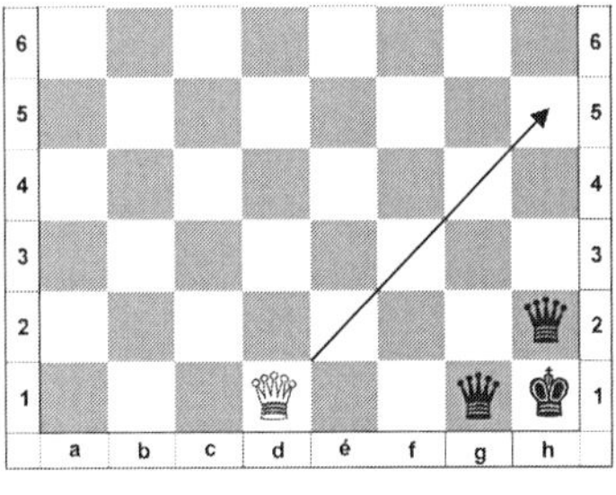

74
Weiß am Zug erzwingt Remis

1. **Dd1–f3+**	1. **Dh2–g2**
2. **Df3–h5+**	2. **Dg1–h2**
3. **Dh5–d1+**	3. **Dg2–g**
4. **Dd1–f3+ =**	

Die weiße Dame bietet abwechselnd auf d1, f3 und h5 Schach. In dieser Remisstellung kann die weiße Dame auch auf der Schräge b1–é4–h7 stehen.

3. Nochmals Dauerschach

1. **Tg1–g6+** (Diagr. 75)	1. **Ka6–b5**
2. **Th3×h5+**	2. **Kb5–c4**
3. **Th5–h4+!**	3. ...

Verlieren würde 3. ... Tg6–g4+?, Kc4–d3; 4. Th5–h3+, Kd3–é2; 5. Tg4–g2+, Ké2–f1, weil der weiße König einem weiteren Schachgebot im Wege steht.

3. ...	3. **Kc4–d3!**

Ginge der König aufwärts, dann verlöre Schwarz die Dame: 3. ... Kc4–d5; 4. Tg6–g5+, Kd5–é6; 5. Th4–h6+, Ké6–f7; 6. Th6–h7+, Kf7–f6; 7. Th7×Da7=.

4. **Tg6–g3+**	4. **Kd3–é2**
5. **Th4–h2+**	5. **Ké2–f1**
6. **Th2×Ta2!**	6. **Da7–h7+!**

Natürlich nicht 6. ... Da6×Ta2?, Tg3–g1+, Kf1–f2(é2); 8. Tg1–g2+, K~; 9. Tg2×Da2, und Weiß gewinnt.

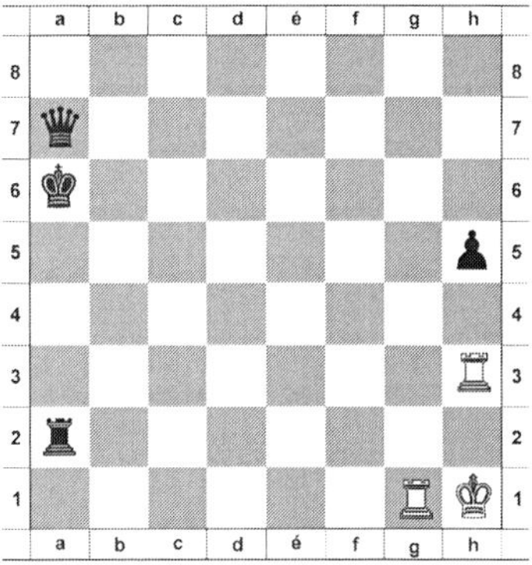

75
Endspiel von Herbstmann (1950). Weiß am Zug hält Remis

7. Ta2 – h2	7. Dh7 – é4+
8. Th2 – g2!	8. ...

Ein Bockschuss wäre 8. Tg3 – g2?, Dé4 – a8! (Wartezug); 9. Th2~, Da8 × Tg2#.

8. ...	8. Dé4 – h4+
9. Tg2 – h2!	9. Dh4 × Tg3
10. Th2 – f2+!!	10. ...

Schlägt der König oder die Dame den Turm, dann ist Weiß patt.

10. ...	10. Kf1 – é1
11. Tf2 – é2+! =	11. ...

Und der Turm verfolgt den schwarzen Herrscher entlang der 2. Reihe.

4. Dauerschach mit Springer

1. Sg5 – f3+ (Diagr. 76) **1. Kh4 – h3**

Das Einzige. Nach 1. ... Kh4 – h5?; 2. Sé4 – g3+ verliert Schwarz die Dame.

2. Sé4 – g3!! **2. Dh1– g2**

Die angegriffene Dame hat kein besseres Fluchtfeld, da ihr der eigene Springer die Bahn versperrt. Jetzt steht aber die Königin ihrem Herrn Gemahl im Wege und ermöglicht ein drolliges Dauerschach:

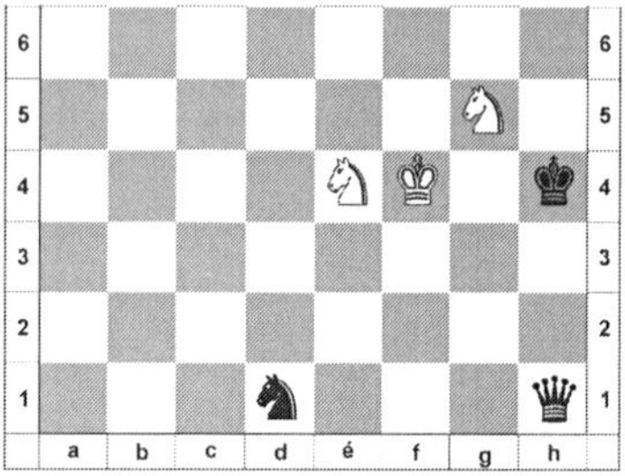

76
Ein Endspiel von Jakimtschik (1957). Weiß am Zug hält Remis

3. Sf3 – g5+	**3. Kh3 – h2**
4. Sg5 – f3+	**4. Kh2 – h3**
5. Sf3 – g5+	**5. Kh3 – h4**
6. Sg5 – f3+ =	

5. Dauerangriff

Nicht nur das Dauerschach führt zum Remis, sondern auch der Dauerangriff gegen eine wertvolle Figur. Sehen wir nun einen Fall des „Ewigen Gardez“ – also einen Dauerangriff gegen die Dame.

23. Partie

Weiß: H. Wagner | Schwarz: N. N.

Hamburg, 1920

1. **d2 – d4**	1. **Sg8 – f6**
2. **Sg1 – f3**	2. **é7 – é6**
3. **Lc1 – g5**	3. …

Kein starker Zug, da die Fesselung aufgehoben werden kann.

3. …	3. **c7 – c5!**
4. **é2 – é4!?**	4. …

Dieses Gambit ist besser als 4. é2 – é3, Dd8 – b6!; 5. Dd1 – c1 (erzwungen), Sf6 – é4: 6. Lg5 – f4, d7 – d5!, und Weiß hat den Anzugsvorteil eingebüßt.

4. …	4. **Dd8 – a5+**
5. **Sb1 – d2**	5. …

Weiß spielt auf Remis. Er konnte indessen stärker mit 5. Dd1 – d2! fortsetzen.

5. …	5. **Sf6 × é4**
6. **b2 – b4!!**	6. …

Dieses zweite Bauernopfer ermöglicht einen tollen Friedensschluss:

6. …	6. **Da5 × b4**
7. **Ta1 – b1**	7. **Db4 – c3**
8. **Tb1 – b3**	8. **Dc3 – a5**
9. **Tb3 – b5**	9. **Da5 – c3**

Schwarz muss die Fesselung erhalten, sonst würde er den ungeschützten Springer é4 verlieren.

10. **Tb5 – b3**	10. …

Das „Ewige Gardez“. Der Turm ist zu Dauerangriffen auf die Dame verpflichtet, weil der Gegner zwei Bauern mehr hat.

Die Gabel

1. Doppelangriffe

Der einfache Angriff kann unter Umständen sehr stark sein. Doch bedeutend kräftiger ist der Doppelangriff – ein gleichzeitiger Angriff gegen zwei feindliche Steine. Ist nur ein Stein angegriffen, dann kann er sich leichter aus der Affäre ziehen, als wenn zugleich zwei oder sogar mehrere Steine bedroht sind. Besonders gefährlich ist der Doppelangriff, wenn einer der angegriffenen Steine der König ist.
Wir können die Doppelangriffe in drei Gruppen einteilen:
1. die Gabel – Doppelangriff mit einem Stein in zwei oder mehreren Richtungen;
2. den Spieß und die Fesselung – Doppelangriff einer Linienfigur gegen zwei hintereinander stehende Steine und in
3. den Abzug oder aufgedeckten Angriff als Zusammenspiel zweier Steine, von denen einer eine Linienfigur ist.

2. Läufergabel

Zu einer *schrägen Läufergabel* ist eine Schräge von mindestens drei Feldern notwendig (Diagr. 77 und 78). Der Läufer hat 11 solche Schrägen, von denen nur die Diagonale aus 8 Feldern besteht. Der Turm verfügt über 16 Geraden mit je 8 Feldern. Folglich ist die Gabelungskraft des Läufers bedeutend geringer als die des Turmes.

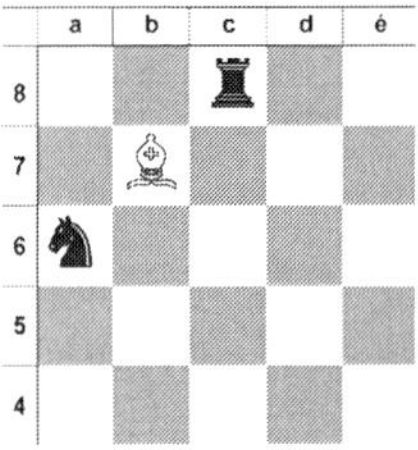

77

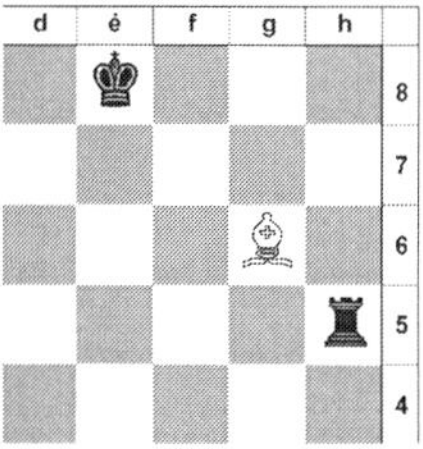

78

Die schräge Läufergabel

Doch ist auch die Läufergabel eine beachtliche Waffe. In Diagr. 77 zog Weiß soeben Lg2 – b7, in Diagr. 78 zog er Ld3 – g6. Durch Schlagen kann auch eine winkelige Läufergabel entstehen. In Diagr. 79 zog Weiß Lg2×c6 und hat damit den schwarzen König und den Turm aufgegabelt.

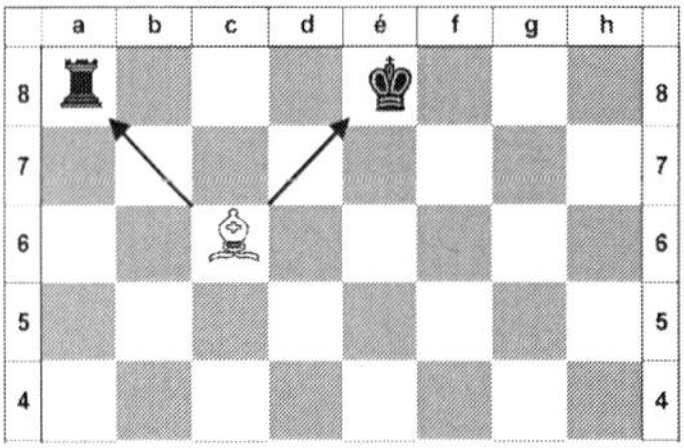

79
Winkelgabel des Läufers

a) Zweimal Läufergabel

Der weiße König muss den Springer erbeuten, sonst verliert er gegen die erdrückende Übermacht (Diagr. 80). Der Springer ist jedoch von dem Turm geschützt. Um den Turm zu vertrieben zog Weiß 1. Lé2 – b5!.

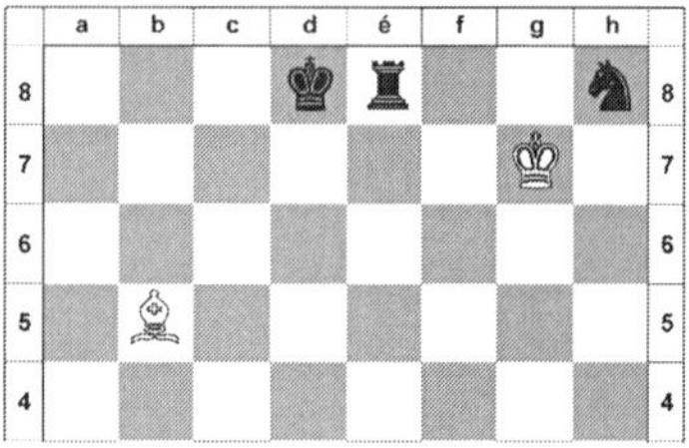

80
Eine Studie von Samuel Isenegger. Weiß hält Remis

1. …	**1. Té8 – é5!**

Die indirekte Deckung. Schwarz antwortet mit einem Gegenangriff. Wenn 2. Kg8 × Sh8?, so 2. … Té5 × Lb5, und Schwarz gewinnt.

2. Lb5 – d3!	2. …

Das Einzige. Schwarz muss nun entweder den Springer schützen oder erneut den Läufer angreifen.

1. Spiel

2. …	**2. Té5 – h5**
3. Ld3 – h7!	3. …

Unterbricht die Schutzstrahlen des Turmes. Hätte Weiß vorher 2. Lb5 – c4? gezogen, so könnte er nun die Unterbrechung nicht verwirklichen.

Nach dem Textzug droht 4. Kg7 × Sh8.

3. …	**3. Sh8 – f7**
4. Lh7 – g6!	4. …

Gabel. Weiß gewinnt den Springer mit Remis. Nicht 4. Kg7 × Sf7??, Th5 × Lh7+, und Weiß ist verloren.

2. Spiel

2. ...	2. **Té5 – é3**
3. **Ld3 – h7!**	3. ...

Nicht 3. Ld3 – f5?, Té3 – f3!, und Schwarz gewinnt, weil der Turm das Feld f7 beherrscht und die Befreiung des Springers ermöglicht.

3. ...	3. **Té3 – é8**
4. **Lh7 – g8!**	4. ...

Weiß unterbricht die Schutzstrahlen des Turmes.

4. ...	4. **Sh8 – g6**

Um nach 5. Kg7 × Sg6?? mit 5. ... Té8 × Lg8 zu siegen.

5. **Lg8 – f7**	5. ...

Die zweite Läufergabel. Der Läufer schlägt entweder den Turm oder den Springer und sichert damit das Remis.

b) Der opferwillige Turm

Turm und Läufer stehen ein. Wie rettet sie Weiß? (Diagr. 81) Grundfalsch wäre 1. Kd1 – c1?, Ta1 × Lb1+!; 2. Kc1 × Tb1, Kg7 × Tf6= oder 1. Lé1 – c3?, Ta1 × Lb1+=. Der angegriffene Turm f6 begibt sich daher unter den Schutz des angegriffenen Läufers b1 und bietet gleichzeitig Schach; dadurch wird auch der Läufer b1 gerettet. Eine Elementarwendung, die jeder Schachspieler kennen muss.

1. **Tf6 – g6+!**	1. **Kg7 – h7!**

Falls 1. ... Kg7 – f7, so 2. Tg6 – g7+!!, Kf7 × Tg7; 3. Lé1 – c3+ (Gabel). Weiß erbeutet den Turm und gewinnt mit dem Läuferpaar. (Oder 2. ... Kf7 – f8; 3. Lé1 – b4+, Kf8 – é8; Kd1 – c1 mit Gewinn.)

2. **Tg6 – g7++!!**	2. ...

Nicht etwa 2. Tg6 – h6++?, Kh7 × Th6=. – Weiß ist bestrebt, den schwarzen König in eine Läufergabel hineinzutreiben und den geopferten Turm zurückzugewinnen, ohne den Läufer b1 zu verlieren. Mit zwei Läufern gewinnt Weiß, mit einem aber nicht.

2. … 2. Kh7– h8!

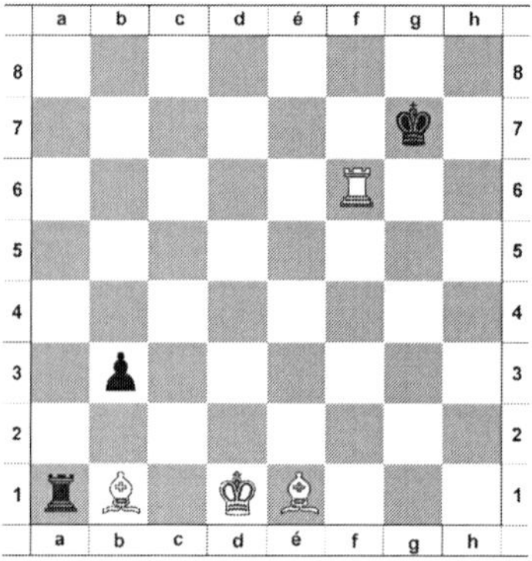

81
Schluss einer Studie von Alexander Fritz (1951). Weiß am Zug gewinnt

Nimmt Schwarz den Turm, dann folgt selbstverständlich die Gabel 3. Lé1– c3+ mit Rückgewinn des Turmes. Auch 2. … Kh7– h6 ist ungünstig wegen 3. Lé1– d2+ (Abdrängung).

3. Tg7– h7+!! 3. …

Und nicht 3. Lé1– c3?, Ta1 × Lb1+!; 4. Kd1– d2, Tb1– b2+!!; 5. Lc3 × Tb2 Patt (oder 5. Kd2 – d3, Tb2 – a2; 6. Lc3 – d4, Ta2 – c2=).

3. … **3. Kh8 – g8**

4. Th7– h8+!! **4. Kg8 × Th8**

Erzwungen, weil Weiß nach 4. … Kg8 – f7 mit 5. Kd1– c1 gewinnt.

5. Lé1– c3+ (Gabel) **5. Kh8 – g8**

6. Lé3 × Ta1 nebst Mattführung.

3. Turmgabel

Diagr. 82 und 83 zeigen die beiden Arten der Turmgabel. Die gerade Turmgabel ist auch auf einem Weg möglich, nicht nur auf Reihen.

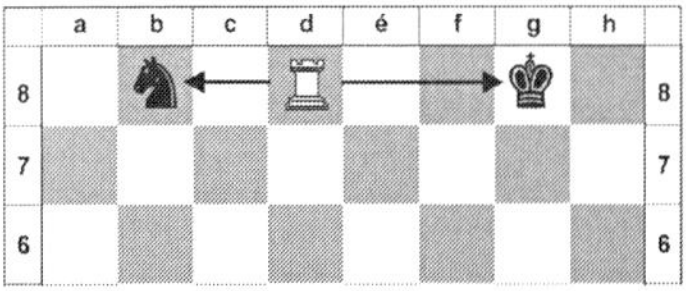

82
Die gerade Turmgabel

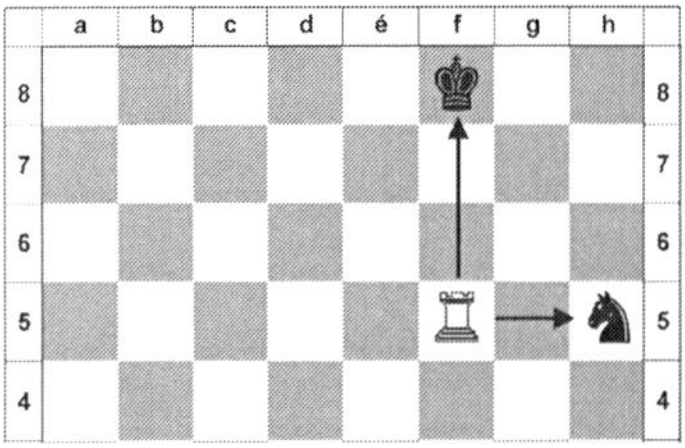

83
Winkelgabel des Turmes

a) Turm gegen Läufer und Springer

Zunächst ein einfaches Beispiel (Diagr. 84): Der Turm nutzt die ungünstige Randstellung der feindlichen Leichtfiguren aus, um teils durch einen einfachen Angriff, teils mit Androhung einer Winkelgabel zu gewinnen.

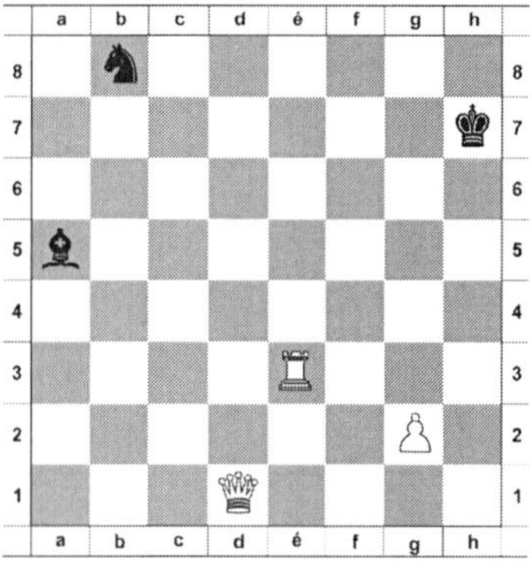

84
Lehrendspiel von Leonid Iwanowitsch Kubbel (1923). Weiß am Zug gewinnt

1. Té3 – b3! **1. Sb8 – c6!**

Nicht 1. ... Sb8 – a6?; 2. Tb3 – a3! oder 1. ... Sb8 – d7?; 2. Tb3 – b7! (Fesselung).

In beiden Fällen verliert Schwarz eine Figur.

Falls 1. ... La5 – c7?, so 2. Tb2 – b7, Sb8 – a6. Der Läufer ist gefesselt, deshalb muss ihn der Springer schützen; aber die Winkelgabel 3. Tb7– a7! erobert eine Figur.

2. Tb3 – b5! **2. ...**

Ein hübscher Vorbereitungszug. Weiß droht mit der Winkelgabel 3. Tb5 – c5. Der Läufer muss demnach geschwind flüchten – aber wohin?

Nach 2. ... La5 – b4? gewinnt die andere Winkelgabel 3. Tb5 – b6!. Wenn 2. ... La5 – c3? (oder c7?), so folgt die Gabel 3. Tb5 – c5!.

2. ... **2. La5 – d8!**

3. Tb5 – d5! **3. ...**

Der feine Gewinnzug. Nun droht eine weitere Winkelgabel 4. Td5 – d6 eine Figur zu gewinnen. Die Zugmöglichkeiten des Läufers sind bereits ausgeschöpft:

1) 3. ... Ld8–c7?; 4. Td5–d7+ gerade Gabel (oder auch 4. Td5–c5),
2) 3. ... Ld8–f6?; (oder b6?) 4. Td5–d6 gerade Gabel,
3) 3. ... Ld8–h4?; 4. Td5–h5+ gerade Gabel,
4) 3. ... Ld8–a5?; 4. Td5–c5 Winkelgabel – alle mit Figurenverlust.

3. ...	**3. Ld8 – é7**
4. Td5 – d7	**4. Kh7– g8**

Der König geht aus der Fesselung, um den Läufer wieder bewegungsfähig zu machen, aber es ist schon zu spät. Wie gut wäre es, wenn man ab und zu zwei Züge auf einmal ausführen könnte!

5. Td7– c7	**5. ...**

Die letzte Winkelgabel erbeutet entweder den Springer oder den Läufer.

b) Zwei Türme gegen Dame

Die Dame ist ungefähr so stark wie zwei Türme. Manche Autoren meinen jedoch, dass das Turmpaar etwas stärker ist als die Dame. Der Kräfteunterschied wird mit einem halben oder sogar mit einem ganzen Bauern angegeben. Dieses geringe Übergewicht reicht in der Regel nicht zum Gewinn, sodass das Spiel meistens unentschieden ausgeht. Ungünstige Rand- oder Eckstellungen sowie das fehlende Zusammenspiel führen jedoch zum Verlust. Einmal gewinnt die Dame, ein anderes Mal das Turmpaar.

Der Vorteil der Türme beruht auf der Fähigkeit, dass sie ein gewisses Feld oder eine Gerade doppelt angreifen können,

während die Dame dies nur einmal kann. Die einander schützenden Türme verjagen daher oft die Dame. Auch können die beiden Türme ohne die Mitarbeit des eigenen Königs matt setzen, die Dame aber nicht.
Die Vorzüge der Dame sind dagegen ihre größere Beweglichkeit: Sie kann auch schräg laufen, die Türme nur gerade. Auch ihr königlicher Gemahl kann häufig die Türme angreifen. Der feindliche König darf sich aber den Spielregeln zufolge nicht erdreisten, in die unmittelbare Nähe der Dame zu gehen. Der Damenkönig nimmt daher öfter am Kampf teil als der Turmkönig.

c) Turm und Läufer gegen zwei Läufer

Weiß möchte mit Tg2 – g8 den Lf8 fesseln und erobern, aber Lé6 beherrscht das Feld g8 und hindert ihn daran (Diagr. 85).

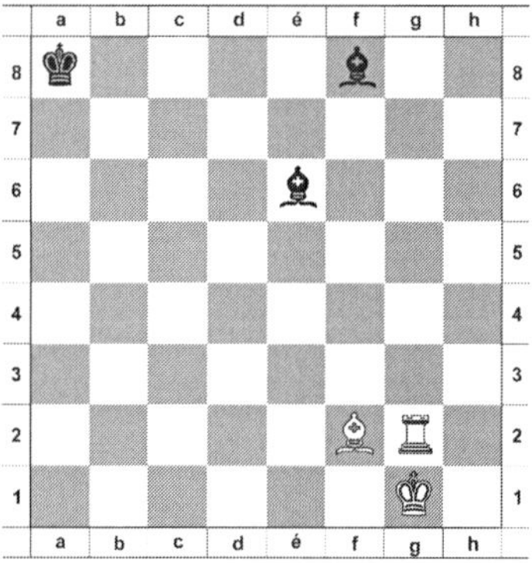

85
Ein Lehrendspiel von Havel (1926). Weiß am Zug gewinnt

1. Tg2 – g6! 1. Lé6 – d5!

Alle anderen Züge verlieren sofort:

1) 1. ... Lé6–f7?; 2. Tg6–f6! und ein Läufer fällt,
2) 1. ... Lé6–a2?; 2. Tg6–a6+! (Gabel) K~; 3. Ta6×La2,
3) 1. ... Lé6–b3?; 2. Tg6–a6+!, K~; 3. Ta6–b6+ (Gabel), K~; 4. Tb6×Lb3,
4) 1. ... Lé6–c4?; 2. Tg6–c6!, Lc4~; 3. Tc6–c8+ (Gabel), K~; 4. Tc8×Lf8.

Der Textzug ist deshalb gut, weil Lf8 das Feld d6 beherrscht und Tg6 – d6 verhindert.

2. Tg6 – g5	**2. Ld5 – c4!**

Und Lf8 macht nun dem Turm das Feld c5 unzugänglich (Zusammenspiel der Läufer). Schlecht ist dagegen 2. ... Ld5 – é6 wegen 3. Tg5 – é5!; Lé6 – d7 (wehrt die Gabel Té5 – é8+ ab); 4. Té5 – d5! (erzwingt den Zugang in die 8. Reihe); 4. ... Ld7~; 5. Td5 – d8+ (Gabel), K~; 6. Td8×Lf8 und gewinnt.

3. Tg5 – g4	**3. Lc4 – b3**

Nicht 3. ... Lc4 – d5?; 4. Tg4 – d4!~; 5. Td5 – d8+, K~; 6. Td8×Lf8.

4. Tg4 – g3	Zwei Fortsetzungen:

1. Spiel

4. ...	**4. Lb3 – c4**
5. Tg3 – c3	**5. Lc4 – a6!**

Beherrscht das Einbruchsfeld c8 und vereitelt die Gabel Tc3 – c8+!.

6. Tc3 – c6!!	**6. La6 – b7**

Nicht 6. ... Ka8 – b7?; 7. Tc6 – b6+ (Gabel), Kb7– a7; 8. Tb6 – f6(+)!, K~; und 9. Tf6×Lf8.

7. Tc6 – é6!	**7. ...**

Der stille Vorbereitungszug. Droht Gabel auf é8; das Feld a7 ist vom Lf2 beherrscht.

7. ...	7. **Lf8 – b4**
8. **Té6 – é8+**	8. **Lb7– c8**
9. **Té8 × Lc8+**	und gewinnt.

2. Spiel

4. ...	4. **Lb3 – a2**
5. **Tg3 – f3!**	5. ...

Der Turm wendet sich nun gegen den anderen Läufer. Der Königsläufer darf die Schräge a3 – f8 nicht verlassen; falls nämlich 5. ... Lf8 – g7? (oder h6?), dann 6. Tf3 – a3+ (Gabel), K~; 7. Ta3 × La2.

Fehlerhaft ist auch 5. ... Lf8 – d6? wegen 6. Tf3 – f6!, Ld6~; 7. Tf6 – a6+ (Gabel), K~; 8, Ta6 × La3.

Falls 5. ... Lf8 – b4?, so 6. Tf3 – f4!, Lb4~; 7. Tf4 – a4 (Gabel), K~; Ta4 × La2.

5. ...	5. **Lf8 – é7**
6. **Tf3 – é3**	6. **Lé7– d6**

Nicht etwa 6. ... Lé7– f8?; 7. Té3 – é8+ (Gabel), K~; 8. Té8 × Lf8. Auf 6. ... Lé7– c5? folgt 7. Té3 – é8+, K~; 8. Lf2 × Lc5.

7. **Té3 – d3**	7. **Ld6 – é7**

Verteidigt das Einbruchsfeld d8. Falls 7. ... Ld6 – b4, so 8. Td3 – d4, Lb4~; 9. Td4 – a4+ (Gabel), K~; 10. Ta4 × La2 usw.

8. **Td3 – d7**	8. **Lé7~**
9. **Td7– a7+**	9. **Ka8 – b8**
10. **Ta7 × La2**	und Weiß gewinnt.

Ein spannendes Duell zwischen dem Turm und den Läufern.

4. Doppelangriff durch Rochade

24. Partie

Weiß: Dunbar — Schwarz: Chavkin

Gespielt in der Sowjetunion 1925

1. é2 – é4	1. é7 – é5
2. Sg1 – f3	2. Sb8 – c6
3. d2 – d4	3. é5 × d4
4. Sf3 × d4	4. Lf8 – c5
5. Lc1 – é3	5. d7 – d6?

Das ist aber völlig verkehrt – wie wir sofort sehen werden. Am besten geschieht hier 5. ... Dd8 – f6!; 6. c2 – c3!. Gut ist auch 5. ... Lc5 – b6.

6. Sd4 × Sc6!	6. b7 × Sc6
7. Lé3 × Lc5	7. d6 × Lc5

Durch den falschen 5. Zug des Nachziehenden ist ein besonders schwacher Triplebauer entstanden, der dem Gegner ein bequemes Angriffsziel bietet. Das Endspiel ist für Weiß gewonnen. Er tauscht daher die Damen, um auch dic gegnerische Rochade zu verderben und den schwarzen Herrscher auf den offenen d-Weg zu lenken, wo er dem Angriff des weißen Turmes ausgesetzt wird.

8. Dd1 × Dd8+	8. Ké8 × Dd8
9. c2 – c4!	9. ...

Der Triplebauer wird unbeweglich gemacht. So wird er noch schwächer.

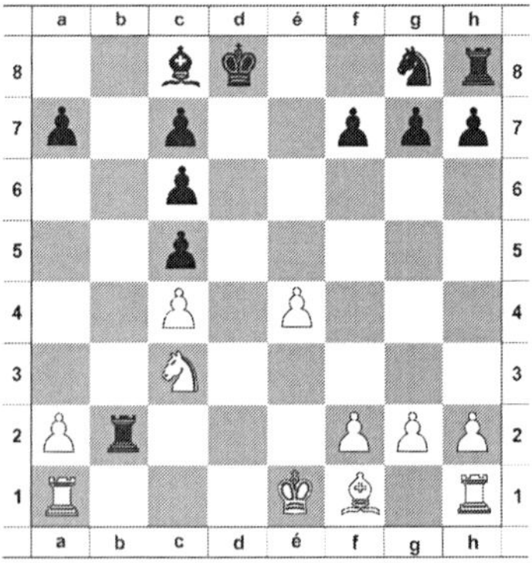

86
Vor dem Doppelangriff durch die Rochade

9. ...	9. Ta8 – b8
10. Sb1– c3!	10. ...

Freundliche Einladung zu einer schwerverdauerlichen Bauernspeise.

10. ...	10. Tb8 × b2??

Und tatsächlich fallt Schwarz darauf herein (Diagr. 86).

11. 0 – 0 – 0+!	11. ...

Schwarz gab auf, weil nach einem Königszug 12. Kc1 × Tb2 folgt.

5. Königsgabel

Erstaunlich groß ist die Gabelungskraft des Königs. Sie kommt besonders im Kampf gegen die Leichtfiguren und Türme zur Geltung.
Die folgende Studie zeigt, wie der König mit einer Gabel die erschreckende Übermacht lahm legt (Diagr. 87).

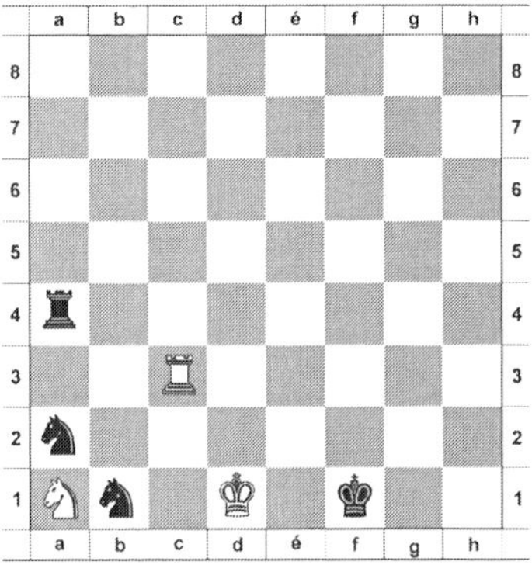

87
Eine Studie von Herbstmann (1934). Weiß am Zug hält Remis

1. Tc3 – f3+!	1. ...

Treibt den schwarzen König vom Kampfplatz fort.

1. ...	1. Kf1 – g2
2. Tf3 – b3	2. Sa2 – c3+!

Ein recht vielseitiger Zug:

1) schützt den gefährdeten Springer b1,
2) demaskiert den Abzugsangriff des Ta4 gegen den weißen Springer,
3) gewinnt mit dem Schach das nötige Tempo zum Schlagen des Springers.

3. Kd1 – c1	3. Ta4 × Sa1
4. Tb3 – b2+	4. K~
5. Tb2 – a2!!	5. ...

Nach 5. ... Ta1 × Ta2?? ist Weiß patt. Schwarz muss den Turm schlagen, sonst verliert er seinen eigenen Turm, und das Spiel ist remis.

5. ...	5. Sc3 × Ta2+

Der weiße König hat seine ganze Armee verloren. Das riesige Übergewicht des Feindes droht ihn zu zerschmettern, doch er verliert nicht den Mut. Die gegnerische Kriegsmacht wurde während des Schlachtgetümmels zusammengeknäuelt, und die Springer sperren ihren Turm ein. Der König holt zu einem entscheidenden Gegenschlag aus:

6. Kc1– b2! **6. …**

Ein selten gesehenes Bild. Der Tripleangriff mit dem König erlegt den Turm.

6. … **6. Sa2 – c3**

7. Kb2 × Ta1 =

Zwei Springer können ja das Matt gegen den allein stehenden König auf leerem Brett nicht erzwingen.

6. Damengabel (Dame gegen Turm)

Die Großmeister der Gabelangriffe sind wohl die Dame und der Springer. Was die beiden auf diesem Gebiet leisten können, übertrifft einfach alle Vorstellungen. Die überraschenden und unerwarteten Damen- und Springergabeln versetzen einen in wahres Entzücken.

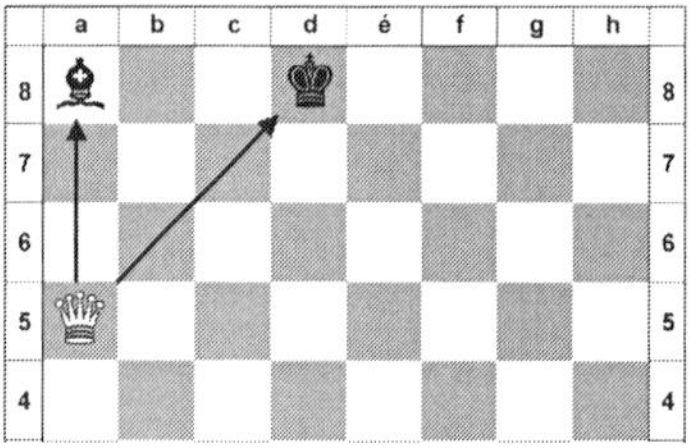

88
Damengabel in scharfem Winkel

Die Dame kann sowohl auf Läuferart wie auch auf Turmart Gabelangriffe unternehmen. Es gibt jedoch auch eine typische Damengabel, wo die Dame in einer Richtung gerade, in der anderen Richtung schräg angreift. (Diagr. 88 und 89) Wie die Dame das Läuferpaar mit ihren fantastischen Gabeln zur Verzweiflung treibt, haben wir bei Lollis Kunstendspiel (Diagr. 23, S. 47; „Die Läuferjagd“, S. 49) gesehen. Es reicht also, wenn wir uns auf den Kampf Dame gegen Turm beschränken.

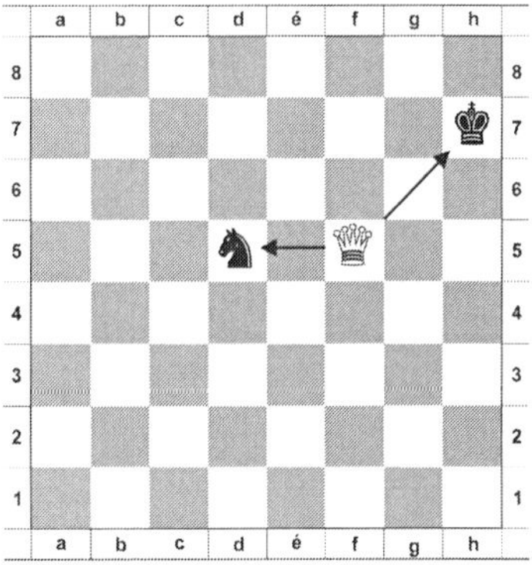

89
Damengabel in stumpfem Winkel

a) Drei Phasen der Gewinnführung

In Diagr. 90 schmiedet Weiß den folgenden Gewinnplan:

1) die schwarzen Figuren werden an den Rand gedrängt,
2) der Turm wird gezwungen, sich von seinem König zu trennen,
3) der schutzlos gewordene Turm wird durch Gabelangriffe erbeutet oder gegebenenfalls der König matt gesetzt.

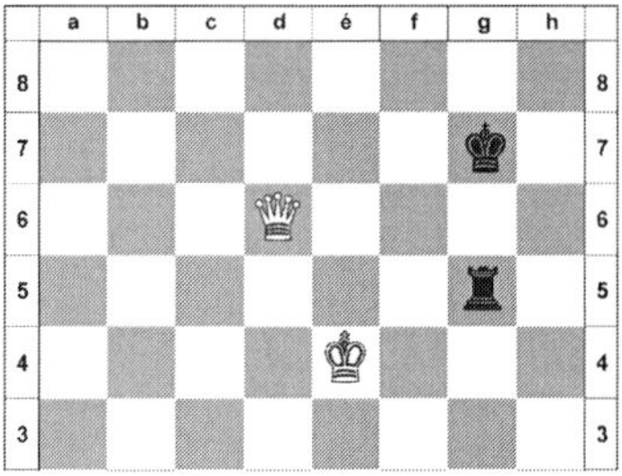

90
Eine uralte Stellung von François André Danican, genannt Philidor (1777). Weiß am Zug gewinnt

1. Ké4 – f4!	**1. ...**

Falls ein schneller Gewinn mit Damenschachs nicht ersichtlich ist, dann rückt immer der König vor.

1. ...	**1. Tg5 – g6!**

Das Einzige. Der Turm soll, solange es nur geht, in der Nähe seines Königs bleiben. Eine freiwillige Trennung führt sofort in den Abgrund:

a) 1. ... Tg5 – a5?; 2. Dd6 – c7+, K~; 3. Dc7 × Ta5,
b) 1. ... Tg5 – b5?; 2. Dd6 – d7+, K~; 3. Dd7 × Tb5,
c) 1. ... Tg5 – g1?; 2. Dd6 – d4+, K~; 3. Dd4 × Tg1,
d) 1. ... Tg5 – g2; 2. Dd6 – c7+!, Kg7 – f8; 3. Dc7 – b8!, K~; 4. Db8 – b7+, K~; 5. Db7 × Tg2. (Geht der König im 2. Zug in die 6. Reihe, so erbeutet 3. Dc7 – c6+ eher den Turm.)

Auf 1. ... Tg5 – h5 spielt Weiß 2. Kf4 – g4.

2. Dd6 – é7+	**2. Kg7 – g8**
3. Kf4 – f3	**3. Tg6 – g7**

Das erste Ziel ist erreicht: Die schwarzen Figuren befinden sich bereits am Brettrand.

4. Dé7 – é8+	**4. Kg8 – h7**
5. Kf5 – f6!	(Diagr. 91)

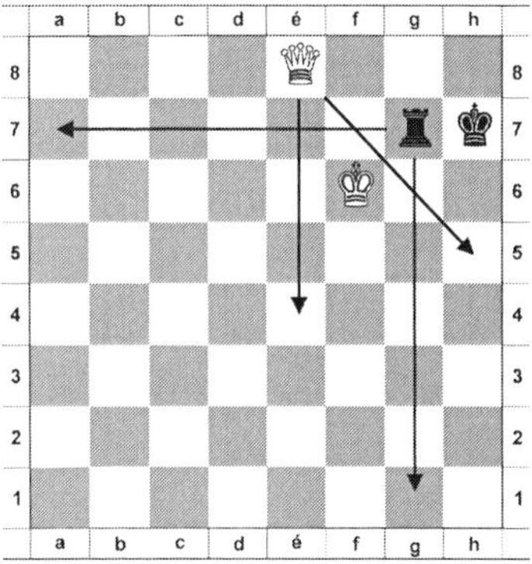

91
Philidors Zugzwangstellung (1777)

Der Zugzwang wirkt sich aus. Falls 5. ... Kh7– h6?, so gewinnt Weiß mit 6. Dé8 – f8 den Turm. Er kann auch auf Matt spielen. 6. Dé8 – h8+, Tg7– h7; 7. Dh8 – g8, Th7– f7+!; 8. Kf6 × Tf7!. (Nicht 8. Dg8 × Tf7?? Patt.)
Weiß hat also auch sein zweites Ziel erreicht. Der schwarze König hat keinen brauchbaren Zug. Daher ist der Turm gezwungen, von dem König Abschied zu nehmen, auf den Schutz des Königs zu verzichten und ein ungedecktes Feld einzunehmen, wo er dann erobert wird.
Die Stellung in Diagr. 91 ist in der Literatur als Philidors Zugzwangstellung bekannt. Sie hat in den vier Ecken des Schachbrettes insgesamt acht Spiegelbilder. Diese fundamentale Stellung ist im Kampf der Dame gegen den Turm von außerordentlicher Wichtigkeit, weil sie häufig erzwungen werden kann. Der Schachfreund sollte sich also sowohl diese Grundstellung wie auch die lehrreiche Gewinnführung gut merken.

Eine wichtige Regel für die Verteidigung: Der Turm und sein König sollten womöglich Felder gleicher Farbe meiden. Der schwarze König steht nun auf einem weißen Feld, der Turm soll auf ein schwarzes ziehen. Geht der Turm auf ein weißes Feld, dann ereilt ihn ein jähes Ende.

a) 5. ... Tg7– g8⁇; Dé8 – h5#,
b) 5. ... Tg7– g4?; 6. Dé8 – h5+, Kh7– g8; 7. Dh5 × Tg4+, Kg8 – f8; 8. Dg4 – c8# (oder 7. ... Kg8 – h8 oder h7; 8. Dg4 – g7#),
c) 5. ... Tg7– g2?; 6. Dé8 – é4+, Kh7– h6⁇; 7. Dé4 – h4# (oder 6. K~; 7. Dé4 × Tg2 – oder 6. ... Tg2 – g6+; 7. Dé4 × Tg6+, Kh7– h8; 8. Dg6 – g7#),
d) 5. ... Tg7– b7?; 6. Dé8 – é4+, K~; 7. Dé4 × Tb7 usw.

1. Spiel

5. ...	**5. Tg7– g3**

Weiß ist nun bestrebt, eine Damengabel auf h4 zu erreichen:

6. Dé8 – é4+!	**6. Kh7– g8!**

Nicht etwa 6. ... Kh7– h6⁇; 7. Dé4 – h4#, oder 6. ... Kh7– h8?; 7. Dé4 – h4+ nebst Turmverlust.

7. Dé4 – c4+!!	**7. Kg8 – h7 (oder h8)**

Falls 7. ... Kg8 – f8⁇, so 8. Dc4 – f7# (oder 8. Dc4 – c8#).

8. Dc4 – h4+	nebst Turmgewinn.

Steht der König auf h7, geht auch die Gabel 8. Dc4 – c7+.

2. Spiel

5. ...	**5. Tg7– g1**

Jetzt kann die Damengabel auf h2 oder a7 herbeigeführt werden.

6. Dé8 – é4+	**6. Kh7– h8** (oder g8)

Der König meidet das Feld h6 wegen 7. Dé4 – h4#.

7. Dé4 – a8+!	**7. Tg1– g8??**
8. Da8 – h1#	oder
7. ...	**7. Kh8 – h7**
8. Da8 – a7+	**8. K~**
9. Da7 × Tg1	Der lange Arm der Dame!

3. Spiel

5. ...	**5. Tg7– c7**

In diesem Abspiel geschieht die Damengabel auf d8 oder auf g3.

6. Dé8 – h5+!	**6. Kh7– g8**
7. Dh5 – d5+!	**7. Kg8 – h7!**

Nicht 7. ... Kg8 – f8??; 8. Dd5 – d8#.

Auch nicht 7. ... Kg8 – h8?; 8. Dd5 – d8+ mit Eroberung des Turmes.

8. Dd5 – d3+!	**8. Kh7– g8(h8)**

Nach 8. ... Kh7– h6?? setzt die Dame auf g6 oder h3 matt.

9. Dd5 – d8+	Turmgewinn.

Möglich ist auch die Gabel 9. Dd3 – g3+; aber nur dann, wenn der König auf g8 steht (nicht auf h8).

4. Spiel

5. ...	**5. Tg7– a7**

Das ist wohl die schwierigste, aber auch die schönste Variante. Die Eroberung des Turmes mit einer Damengabel auf b8 oder g1.

6. Dé8 – é4+	**6. ...**

Wir wissen bereits, dass der König wegen des sofortigen dreifachen Matts (auf g6, h4 und h1) nicht nach h6 ziehen darf. Er hat nur zwei Fluchtfelder zur Wahl:

a)

6. ...	6. **Kh7–h8**
7. **Dé4 – h1+!**	7. **Ta7–h7??**
8. **Th1–a8#**	oder
7. ...	7. **Kh8 – g8**
8. **Dh1–g1+**	8. **K~**
9. **Db1×Ta7**	und gewinnt.

b)

6. ...	6. **Kh7–g8**
7. **Dé4 – d5+!**	7. **Kg8 – h8(h7)**

Verboten ist 7. ... Kg8 – f8?? wegen des sofortigen 8. Dd5 – d8#.

8. **Dd5 – h1+!**	8. **Kh8 – g8**

Es durfte 8. ... Ta7–h7?? nicht geschehen wegen 9. Dh1–a8#.

9. **Dh1–g1+**	und 10. Dg1×Ta7.

Bezaubernde Schwenkungen der Dame von einer Ecke in die andere.

b) Abwälzung der Zugpflicht

Es ist auch möglich, dass in Diagrammstellung 91 nicht Schwarz, sondern Weiß am Zug ist. In diesem Falle tut der Anziehende am besten, wenn er die Zugpflicht auf den Nachziehenden überwälzt.

Das klingt ein wenig mysteriös. Wie macht man das? Der schwarze König pendelt zwischen h7 und g8 (oder h8). Es ist demnach klar, dass die Dame mit abwechselnden Schachgeboten zwischen é8 und é4 nichts erreicht, weil der König in jedem zweiten Zug nach h7 zurückkommt. Die Dame verliert also absichtlich ein Tempo und kehrt von é4 nicht sofort im zweiten Zug nach é8 zurück, sondern sie macht einen Umweg über a8, um erst im dritten Zug das Feld é8 zu erreichen.

1. Dé8 – é4+ **1. Kh7– h8(g8)**

Nicht 1. ... Kh7– h6??; 2. Dé4 – h4# (oder 2. Dé4 – h1#).

2. Dé4 – a8+! **2. Kh8 – h7**

Nicht etwa 1. ... Tg7– g8??; 2. Da8 – h1#.

3. Da8 – é8 3. ...

Es ist gelungen! Die Diagrammstellung 91 ist wieder erreicht, mit dem Unterschied, dass jetzt nicht mehr Weiß, sondern Schwarz am Zug ist. Die Dame beschrieb ein Dreieck é8 – é4 – a8 – é8.

7. Springergabel

Eine Springergabel ist nur dann möglich, wenn die angegriffenen Steine Felder gleicher Farbe einnehmen. Vor der Gabel steht auch der Springer auf einem gleichfarbigen Feld.

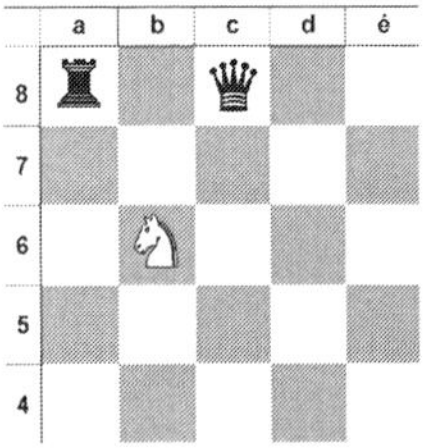

92

93

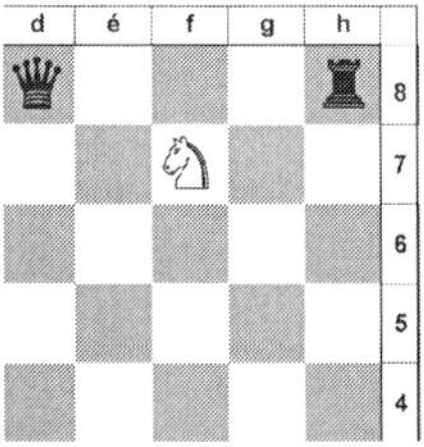

Gerade Springergabel – kurz und lang

Am leichtesten ist eine Springergabel zu bemerken, wenn die angegriffenen Steine auf derselben Reihe bzw. Linie (Diagr. 92 u. 93) oder Schräge (Diagr. 94 u. 95) stehen.

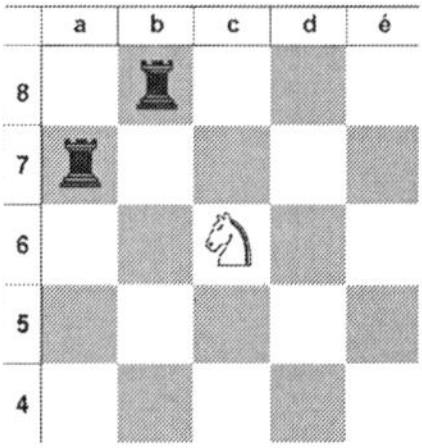

94

95

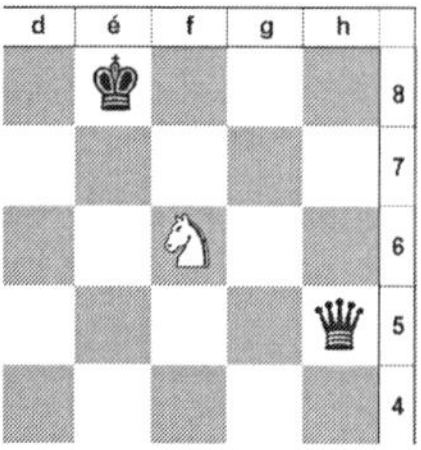

Kurze und lange Schräggabel des Springers

Die restlichen zwei Möglichkeiten bereiten auch keine Schwierigkeit, wenn sich der geneigte Leser die Diagramme 96 und 97 genau einprägt. Man baue die sechs Stellungen inmitten des Brettes nacheinander auf und beobachte sie gründlich von allen vier Seiten, um sich die für schachliches Sehen unentbehrliche „Geometrie des Schachbrettes“ anzueignen. Das ist eine sehr nützliche Schulung der Vorstellungskraft.

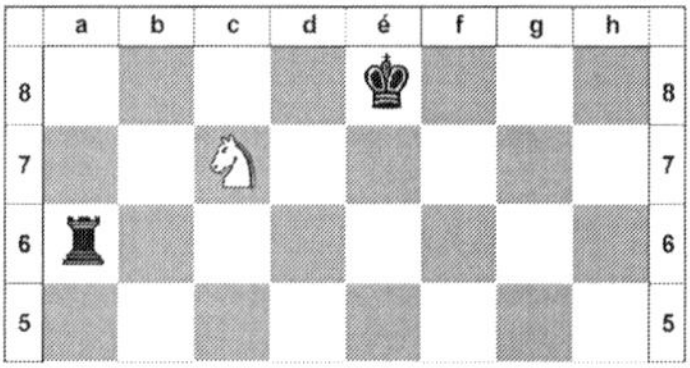

96
Gabel an der Springerlinie

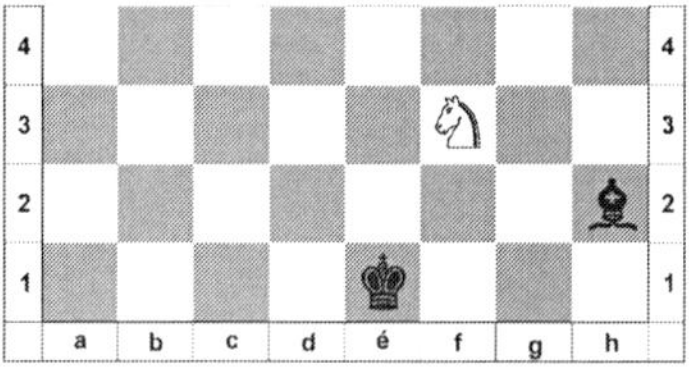

97
Winkelgabel des Springers

Besonders gefährlich ist ein Angriff durch eine Winkelgabel des Springers gegen ungedeckte Steine und gegen Schwerfiguren. Am wirksamsten ist die Springergabel jedoch, wenn eine der angegriffenen Figuren seine Majestät, der König, ist. Den gleichzeitigen Angriff gegen König und Dame nennt man scherzhaft „Familienschach".

Nur Anfänger und unerfahrene Spieler gestatten dem Gegner, eine Springergabel mühelos zu platzieren. In Partien starker Spieler muss eine Springergabel erzwungen werden. Mit Treibzügen und Treibschachserien werden die Figuren auf die gefährdeten Felder gedrängt.

Mattdrohungen und Zugzwang nötigen sie, sich in den Springerbereich zu begeben. Das beliebteste Mittel ist jedoch die Hinlenkung mittels eines Figurenopfers.

a) Nach Treibzügen

Im folgendem Endspiel wird nicht der König, sondern der Turm in eine Springergabel hineingejagt (Diagr. 98).

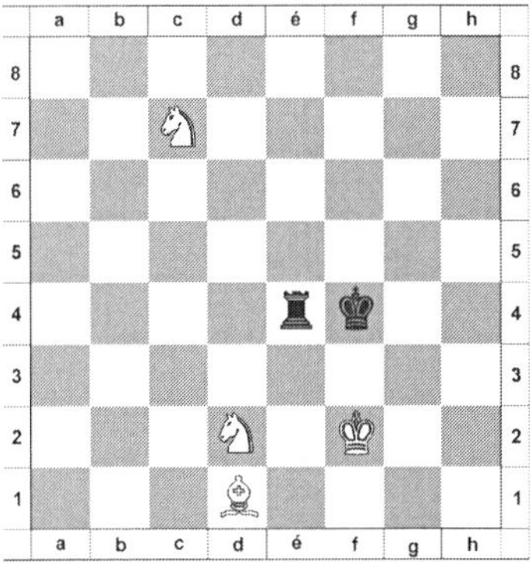

98
Eine Studie von Henri Rinck (1920). Schwarz am Zug verliert

Drei Leichtfiguren sind so stark wie zwei Türme; sie siegen daher normalerweise *gegen einen Turm*. Weiß zog gerade 1. Sb1– d2! und hat den Turm angegriffen. In der 4. Reihe sind dem Verfolgten nur noch zwei Felder übrig geblieben, wo er nicht sofort geschlagen wird – auf dem é-Weg sind es drei Felder:

1) 1. ... Té4–d4?; 2. Sc7–é6+ (Gabel), K~; 3. Sé6×Td4,
2) 1. ... Té4–b4?; 2. Sc7–d5+ (Gabel), K~; 3. Sd5×Tb4,
3) 1. ... Té4–é3?; 2. Sc7–d5+ (Gabel), K~; 3. Sd5×Té3,
4) 1. ... Té4–é7?; 2. Sc7–d5+ (Gabel), K~; 3. Sd5×Té7.

1. ...	**1. Té4 – é5!**

Hier findet der Turm auch keine Ruhe; ein zweiter Treibzug jagt ihn weiter:

2. Sd2 – c4	**2. ...**

Wie stark sind die drei Leichtfiguren! Der arme Turm hat in der 5. Reihe auch nur drei Felder:

1) 2. ... Té5–c5?; 3. Sc7–é6+ (Gabel), K~; 4. Sé6×Tc5,
2) 2. ... Té5–g5?; 3. Sc7–é6+ (Gabel), K~; 4. Sé6×Tg5.

2. ...	**2. Té5 – f5!(é4)**
3. Sc4 – d6	**3. ...**

Einfach entsetzlich!

1) 3 ... Tf5–f6?; 4. Sc7–d5+ (Gabel), K~; 5. Sd5×Tf6,
2) 3. ... Tf5–f8?; 4. Sc7–é6+ (Gabel), K~; 5. Sé6×Tf8.

Die Folgen von Tf5 – a5 werden wir gleich sehen.

3. ...	**3. Tf5 – é5!**
4. Ld1– f3!	**4. ...**

Der Textzug bringt den Nachziehenden in Zugzwang. Nach 4. ... Té5 – é1 schlägt Weiß nicht blindlings den Turm, weil nach 5. Kf2×Té1?, Kf4×Lf3 das Spiel remis ist. Der Anziehende vertreibt vorerst den König: 5. Sc7– d5+!, Kf4 – é5; 6. Kf2×Té1, Ké5×Sd6, und Weiß gewinnt.

4. …	4. **Té5 – a5**
5. **Sc7– é6+!**	5. **Kf4 – é5**
6. **Sd6 – c4+** (Gabel)	6. **Ké5 × Sé6**

7. **Sc4 × Ta5** und Weiß gewinnt.

b) Nach einer Mattdrohung

Es kommt auch vor, dass der König ein vom Springer gefährdetes Feld einnehmen muss, um ein Matt zu decken (Diagr. 99).

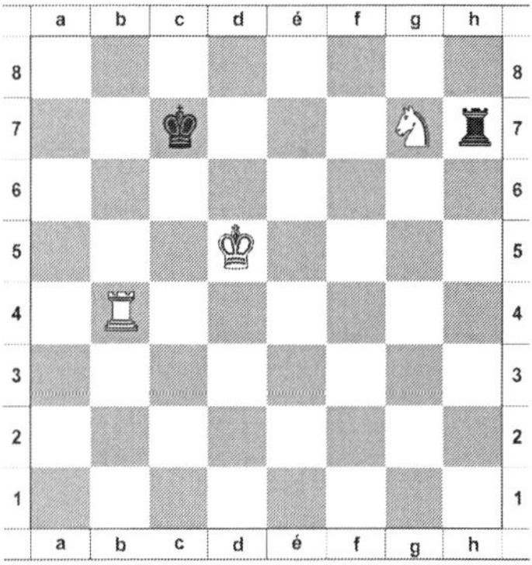

99
Endspiel von Samuel Isenegger (1949). Weiß am Zug gewinnt

1. **Sg7– é8+!**	1. **Kc7– c8!**

Nach 1. … Kc7– d7?; 2. Tb4 – b7+, Kd7 × Sé8; 3. Tb7 × Th7 ist Schwarz verloren. Ebenso nach 1. … Kc7– d8?; 2. Tb4 – b8+, Kd8 – é7(d7); 3. Tb8 – b7+.

2. **Sé8 – d6+**	2. **Kc8 – d8**
3. **Tb4 – b8+**	3. **Kd8 – d7**
4. **Tb8 – b7+**	4. **Kd7– d8**

Weiß muss sich jetzt vor 5. Tb7 × Th7?? patt hüten.

5. **Sd6 – f7+**	5. **Kd8 – c8**

Oder 5. ... Kd8 – é8; 6. Kd5 – é6! (Mattdrohung), Ké8 – f8; 7. Ké6 – f6. (Weiß erneuert die Mattdrohung. Falls jetzt Kf8 – g8?, dann 8. Tb7– b8#.) 7. ... Kf8 – é8; 9. Tb7– é7+!, Ké8 – f8; Té7– d7!. Schwarz muss den Turm für den Springer hergeben, weil nach 10. ... Kf8 – é8; 11. Td7– d8# folgte.

6. Kd5 – c6! 6. ...

Nur so kann Weiß gewinnen, da nach 6. Sf7– d6+?; Kc8 – d8; 7. Tb7 × Th7 Schwarz patt ist.

6. ... **6. Th7– g7**

Um auf g6 Schach zu bieten, aber es kommt nicht dazu.

7. Sf7– d6+ **7. Kc8 – d8**

8. Tb7– b8+ **8. Kd8 – é7**

9. Sd6 – f3+ Gabel.

Oder 6. ... Th7– h1; 7. Sf7– d6+!, Kc8 – d8; 8. Tb7– d7#.

c) Die Hinlenkung

Die Hinlenkung ist das Gegenstück zu der Ablenkung (Weglenkung). Der Zweck der Ablenkung ist es, das Verlassen des alten Feldes zu erzwingen. Das Ziel der Hinlenkung ist es, die Besetzung des neuen Feldes zu erreichen. Nur in dieser Bestrebung unterscheiden sich Ablenkung und Hinlenkung voneinander. Sonst sind sie wesensgleich: Gegnerische Steine werden *durch Zwangsmittel zur Bewegung genötigt.*

Diese Zwangsmaßnahmen sind mannigfach: der Treibzug (Angriff gegen eine Figur), das Treibschach (Angriff gegen den König), die Drohung (ein stiller Zug, der einen Angriff vorbereitet), darunter die Mattdrohung. Der Abtausch gehört auch zu den Lenkungen, der den Schutzstein zu ziehen zwingt. Ein beliebtes Mittel zur Lenkung gegnerischer Steine ist das Opfer. Ein eigener Stein wird absichtlich eingestellt, um den Feind auf das Opferfeld zu zwingen.

Die Vorbereitung einer Springergabel ist das beste Beispiel für die Hinlenkung. Eine feindliche Figur (oft der König) wird auf ein bestimmtes Feld gelenkt, um die Springergabel zu ermöglichen.

d) Turmopfer

1. Tc6 – d6+ (Diagr. 100) **1. Kd3 – c4**

Nicht 1. ... Kd3 – c2?; 2. Sé2 – d4+ (Familienschach).
Auch nicht 1. ... Kd3 – é4?; 2. Sé2 – c3+ (Familienschach).

2. Td6 – d4+ **2. Kc4 – b3**

Falls 2. ... Kc4 – c5, dann 3. Td4 – d5+!!, Kc5 × Td5; 4. Sé2 – c3+.

3. Td4 – d3+!! Räumungsopfer.

Wenn 3. ... Db5 × Td3?, so 4. Sé2 – c1+ (Familienschach), und wenn 3. ... Lh7 × Td3?, so 4. Sé2 – d4+ (Familienschach).

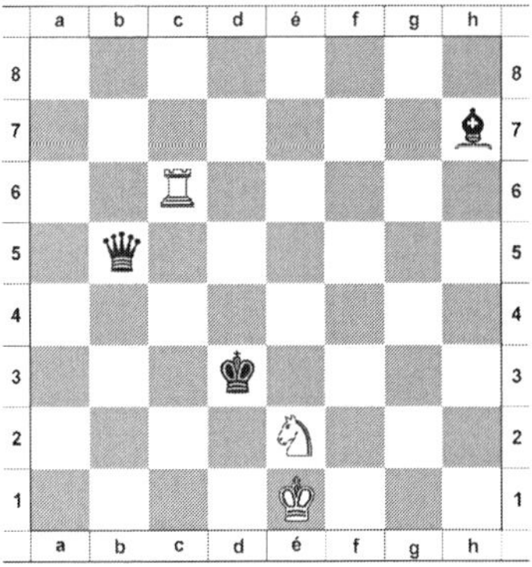

100
Aus einer Studie von Sehwers. Weiß am Zug hält Remis

Falls 3. ... Kb3 – b4, dann 4. Td3 – b3+!! Kb4 × Tb3; 5. Sé2 – d4+.

Ganz schlecht ist 3. ... Kb3 – a4(a2)? wegen 4. Sé2 – c3+, und auch 3. ... Kb3 – c2? wegen 4. Sé2 – d4+ (Familienschach).

1. Spiel

3. ...	**4. Kb3 – c4**
4. Td3 – c3?	4. ...

Der Turm verstellt das wichtige Feld c3 für den Springer. Richtig ist 4. Td3 – d4+!.

4. ...	**4. Kc4 – d5!**
5. Tc3 – d3+	**5. Kd5 – é5!**

und Schwarz gewinnt. Nach 5. ... Db5 × Td3?; 6. Sé2 – f4+ (oder 5. ... Lh7 × Td3?); 7. Sé2 – c3+ (Familienschach) kann Weiß das Spiel noch halten.

2. Spiel

3. ...	**3. Kb3 – b2!**
4. Td3 – d2+	**4. Kb2 – a3(a1)**

Falls 4. ... Lh7– c2, so 5. Td2 × Lc2+! Kb2 × Tc2; 6. Sé2 – d4+.
Nicht 4. ... Kb2 – b1?; 5. Sé2 – c3+ (Familienschach).
Auch nicht 4. ... Kb2 – b3?; 5. Sé2 – d4+ (Familienschach).

5. Td2 – a2+!	5. ...

Es hilft nun kein Ausweichen mehr, denn auf 5. ... Ka3 – b4 folgt 6. Ta2 – b2+, K~; 7. Tb2 × Db5. Schwarz ist gezwungen, das Opfer anzunehmen.

5. ...	**5. Ka3 × Ta2**
6. Sé2 – c3+	**6. K~**
7. Sc3 × Db5 =	Ein Prachtstück.

8. Kurzpartien mit Gabel

a) Läufergabel

25. Partie

Weiß: Rudolf Spielmann Schwarz: N. N.

Wien 1932

1. **é2 – é4**	1. **é7 – é5**
2. **Sg1 – f3**	2. **Sb8 – c6**
3. **Lf1 – b5**	3. **a7 – a6**
4. **Lb5 – a4**	4. **Sg8 – f6**
5. **Dd1 – é2**	5. ...

Gegen Sf6 × é4 gerichtet.

5. ...	5. **LfB – c5?!**

Der weiße Königsbauer ist gedeckt, und daher ist der Bauernraub nach dem Abtausch auf c6 fällig. Notwendig war also, entweder mit 5. ... b7 – b5 den Läufer abzudrängen oder aber den Bauern é5 mit d7 – d6 zu decken.

6. **c2 – c3**	6. ...

Weiß verzichtet auf den Bauernraub.

6. ...	6. **b7 – b5**

Eine weitere Ungenauigkeit. Besser war hier 6. ... Dd8 – é7.

7. **La4 – c2**	7. **d7 – d5?**

Verliert einen Bauern. Nach dem besseren 7. ... d7 – d6 würde Weiß einen Bauernsturm unternehmen, beginnend mit 8. b2 – b4, Lc5 – a7; 9. a2 – a4!.

8. **é4 × é5**	8. **Dd8 × d5**
9. **d2 – d4!**	9. **Lc5 – d6?**

Verliert eine Figur. Es war besser, mit 9. ... Lc5 – b6 den Bauern herzugeben und die Figur zu behalten.

10. **Lc2 – b3!**	10. **Dd5 – é4**

Das einzige Feld. Stände der Läufer auf b6, so könnte die Dame nach d8 flüchten.

11. Dé2×Dé4	**11. Sf6×Dé4**
12. Lb3–d5!	**12. ...**

Die Läufergabel. Einer der gleichzeitig angegriffenen, ungedeckten schwarzen Springer geht verloren.

b) Turmgabel

26. Partie

Weiß: Dr. Alexander Aljechin   Schwarz: Efim Bogoljubow

Triberg 1921

1. d2–d4	**1. Sg8–f6**
2. c2–c4	**2. é7–é6**
3. Sg1–f3	**3. b7–b6**
4. g2–g3!	**4. Lc8–b7**
5. Lf1–g2	**5. c7–c5!?**

Der Textzug will das weiße Zentrum zerstören. Am häufigsten wird hier 5. Lf8–é7, 6. 0–0, 0–0 gespielt.

6. d4×c5	**6. ...**

Vielleicht ist 6. d4–d5, é6×d5; 7. Sf3–h4! (oder g5) chancenreicher für Weiß, aber auch der Textzug ist gut.

6. ...	**6. Lf8×c5**
7. 0–0	**7. ...**

Dies ist zweifellos besser als 7. Sb1–c3, Sf6–é4!.

7. ...	**7. 0–0**
8. Sb1–c3	**8. d7–d5?!**

Danach kommt Weiß in Vorteil. Sicherer war, diesen Gegenstoß mit 8. ... Sb8–a6–c7 vorzubereiten.

9. Sf3–d4!	**9. ...**

Weiß fesselt den Bd5 und nutzt so die ungedeckte Stellung des schwarzen Flankenläufers b7 aus.

9. ... 9. Lc5×Sd4?

Dieser Abtausch fördert nur die weiße Entwicklung. Mit 9. ... Dd8 – d7! konnte Schwarz den Bd5 entfesseln, weil die Dame auf d7 den Flankenläufer b7 schützen würde.

10. Dd1×Ld4 10. Sb8 – c6

11. Dd4 – h4 11. d5×c4

So konnte Schwarz seinen Damenbauern loswerden, öffnete aber den d-Weg für den weißen Turm.

12. Tf1 – d1 12. Dd8 – c8

13. Lc1 – g5! 13. ...

Weiß hat eine überragende Angriffstellung und droht mit Lg5×Sf6 einen Bauern zu gewinnen und die schwarze Rochadestellung zu zerstören.

13. ... 13. Sf6 – d5

14. Sc3×Sd5 14. é6×Sd5

15. Td1×d5 15. Sc6 – b4

Auf diesen Zug hat sich Schwarz verlassen. Er wird aber sofort in seinen Erwartungen enttäuscht.

16. Lg2 – é4! (Diagr. 101)

Falls nun 16. ... g7 – g6, dann gewinnt Weiß durch 17. Lg5 – f6:

a) 17. ... Sb4×Td5; 18. Lé4×Sd5, Lb7×Ld5??; 19. Dh4 – h6, und Matt im nächsten Zug. (Schwarz muss also mit 18. ... Dc8 – f5 das Matt decken und den Lb7 preisgeben.)

b) 17. ... Dc8 – é6; 18. Dh4×h7+!!, Kg8×Dh7; 19. Td5 – h5+. (Der Bg6 ist gefesselt und kann den Turm nicht schlagen.) 19. ... Kh7 – g8; 20. Th5 – h8#.

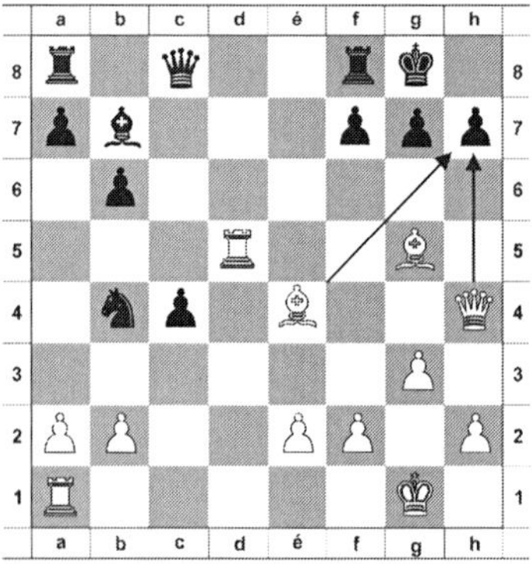

101
Es droht Dh4×h7#

16. ...	16. f7– f5
17. Lé4×f5	17. Tf8×Lf5
18. Td5 – d8+	18. ...

Die entscheidende Turmgabel. Schwarz gab auf, weil nach 18. ... Tf5 – f8; 19. Td8×Dc8, Ta8×Tc8; 20. a2 – a3 sein Spiel hoffnungslos ist.

c) Damengabel

27. Partie

1. é2 – é4	1. é7– é5
2. Sg1– f3	2. d7– d6
3. c2 – c3	3. ...

Bereitet den Vorstoß d2 – d4 vor und öffnet die Bahn der Dame nach a4. Stärker ist jedoch das sofortige 3. d2 – d4 oder 3. Lf1– c4.

3. ...	3. Sg8 – f6
4. Lf1– é2!	4. ...

Eine Falle. Der Springer soll zum Bauernraub verleitet werden.

4. ...	**4. Sf6×é4??**

Vorher musste 4. ... Sb8–c6 geschehen, um das folgende Damenschach auszuschalten.

5. Dd1–a4+	5. ...

Die Damengabel. Schwarz verliert den Springer é4.

28. Partie

1. é2–é4	**1. é7–é5**
2. Sg1–f3	**2. Sb8–c6**
3. Lf1–c4	**3. Lf8–c5**
4. c2–c3	**4. Sg8–f6**
5. d2–d4	**5. Ld5–b6?**

Notwendig war der Bauerntausch und nachher 6. ... Lc5–b4+.

6. d4×é5	**6. Sf6×é4?**
7. Dd1–d5!	7. ...

Wegen der Schäfermattdrohung verliert Schwarz den Springer. Notwendig war 6. ... Sf6–g4!, und falls 7. Dd1–d5, so Dd8–é7; 8. Lc1–g5, Dé7–é6, und Schwarz gewinnt entweder den Bd5 oder den Bf2.

7. ...	**7. Lb6×f2+**

Um zumindest einen Bauern für die Figur zu bekommen.

8. Ké1–f1	8. ...

Und Springer é4 ist verloren.

29. Partie

Weiß: Carl Carls — Schwarz: N. N.

Bremen 1925

1. c2 – c4	1. é7 – é5
2. Sb1 – c3	2. Sg8 – f6
3. g2 – g3	3. Sb8 – c6

Stärkere Fortsetzungen sind 3. ... c7 – c6 (um den weißen Flankenläufer zu bekämpfen) und 3. ... d7 – d5.

4. Lf1 – g2	4. Lf8 – b4
5. Sc3 – d5	5. Sf6 × Sd5
6. c4 × Sd5	6. Sc6 – d4?

Der Springer begibt sich in die Höhle des Löwen. Notwendig war 6. ... Sc6 – é7 oder 6. ... Sc6 – b8 nebst 7. ... c7 – c6.

7. é2 – é3!	7. ...

Jetzt würde nach 7. ... Sd4 – b5; 8. Dd1 – a4 Gabel folgen mit Erbeutung einer Figur. Aber auch nach dem folgenden Zug ergeht es ihm nicht besser.

7. ...	7. Sd4 – f5
8. Dd1 – g4	8. ...

Und entweder der Springer oder der Läufer fällt.

30. Partie

1. é2 – é4	1. é7 – é5
2. Sg1 – f3	2. Sb8 – c6
3. Lf1 – c4	3. d7 – d6

Stärker ist 3. ... Lf8 – c5 oder 3. ... Sg8 – f6.

4. d2 – d4!	4. Lc8 – é6??

Schwarz sieht die drohende Gabel, glaubt aber mit dem Angriff auf den Läufer den Schaden wettzumachen.

5. d4 – d5	5. Sc6 – a5

Weiß könnte jetzt auf Springerfang spielen: 6. Lc4 – d3, Lé6 – g4; 7. b2 – b4! Er wählt aber einen anderen Weg:

6. **d5×Lé6**	6. **Sa5×Lc4**
7. **é6×f7+**	7. **Ké8×f7**
8. **Dd1– d5+**	Erbeutet den Springer.

d) Springergabel

31. Partie

Weiß: N. N. Schwarz: B. Blumenfeld

Moskwa 1920

1. **é2 – é4**	1. **é7– é5**
2. **d2 – d4**	2. **é5×d4**
3. **Dd1×d4**	3. **Sb8 – c6**
4. **Dd4 – é3**	4. **Sg8 – f6**
5. **Lf1– c4**	5. **...**

Bessere Chancen bot 5. Sb1– c3 oder der kühne Vorstoß 5. é4 – é5.

5. **...**	5. **Sc6 – é5!**

Es wird eine schlaue Falle vorbereitet.

6. **Lc4 – b3**	6. **Lf8 – b4+**
7. **c2 – c3?**	7. **...**

Schwächt das Feld d3. Besser war 7. Lé1– d2. Jetzt zieht der Läufer mit Zeitgewinn zurück.

7. **...**	7. **Lb4 – c5!!**

Die Dame darf den kecken Läufer nicht schlagen wegen des Familienschachs Sé5 – d3+.

8. **Dé3 – g3?**	8. **...**

Richtig war 8. Dé3 – é2. Nicht 8. Dé3 – c5?? Sé5 – d3+.

8. **...**	8. **Lc5×f2+!!**

Weiß gab auf. Falls 9. Ké1×Lf2, so Sf6×é4+, und wenn 9. Dg3×Lf2, dann Sé5–d3+. In beiden Fällen verliert Weiß die Dame.

32. Partie

Weiß: Imre Fennesz Schwarz: N. N.

Lindenberg 1953

1. é2–é4	**1. é7–é5**
2. Sg1–f3	**2. d7–d5!?**

Das Mittelgambit im Nachzug. Nicht ganz korrekt, zudem gefährlich.

3. Sf3×é5!	**3. ...**

Auf 3. é4×d5 spielt Schwarz é5–é4!, aber nicht 3. ... Dd8×D5?; 4. Sb1–c3!.

3. ...	**3. f7–f6?**

Es ist immer gefährlich, die Todesschräge zu öffnen, wenn die feindliche Dame eingreifen kann. Am besten dürfte 3. ... Lf8–d6! sein. 4. d2–d4, d5×é4; 5. Lf1–c4, Ld6×Sé5! tauscht den gefährlichen Zentralspringer ab. 6. Dd1–h5 (Mattdrohung) Dd8–é7; 7. d4×Lé5 usw.

Nach dem Textzug verliert Schwarz zwangsläufig.

4. Dd1–h5+!	**4. Ké8–é7**

Nach 4. ... g7–g6; 5. Sé5×g6!, Lc8–g4; 6. Dh5×Lg4, h7×Sg6; 7. Dg4×g6+ verliert Schwarz drei Bauern.

5. Dh5–f7+	**5. Ké7–d6**
6. Df7×d5+	**6. Kd6–é7**
7. Dd5×Dd8+!	**7. Ké7×Dd8**

Durch den Damentausch lenkte Weiß den schwarzen König in eine Springergabel hinein.

8. Sé5–f7+	**8. Kd8–é8**
9. Sf7×Th8	**9. Lc8–é6!**

Verhindert den Befreiungszug Lf1–c4, und der Nachziehende kann durch 10. ... g7–g5 nebst Lf8–g7 den Springer erbeuten; aber auch in diesem Fall verlor er zwei Bauern und die Qualität.

33. Partie

Weiß: Ruy Lopez Schwarz: Leonardo da Cutri

Madrid 1575

1. é2–é4	**1. é7–é5**
2. f2–f4!?	**2. d7–d6**
3. Lf1–c4	**3. c7–c6**

Stärker ist 3. ... Sb8–c6 oder 3. ... Sg8–f6.

4. Sg1–f3	**4. Lc8–g4?**

Diese verfrühte Fesselung kostet zwei Bauern. Notwendig war 4. ... Sb8–d7.

5. f4×é5	**5. d6×é5**
6. Lc4×f7+!!	**6. Ké8×Lf7**
7. Sf3×é5+	**7. Kf7–é8**
8. Dd1×Lg4	**8. Sg8–f6?**

Wer würde glauben, dass dieser instinktive Angriffszug bereits die Partie kostet? Unerlässlich war 8. ... Sb8–d7.

9. Dg4–é6!	**9. Dd8–é7**

Freilich nicht 9. ... Lf8–é7??; 10. Dé6–f7# verstecktes Matt.

10. Dé6–c8+	**10. Dé7–d8**

Das Einzige. Dieses Partiechen illustriert die Kraft des Zentralspringers.

11. Dc8×Dd8+!	**11. ...**

Der Damentausch lenkt den schwarzen König in eine Springergabel.

11. ...	**11. Ké8×Dd8**

12. **Sé5 – f7+**	Schwarz gab auf.

Diese Partie wurde im ersten internationalen Schachturnier im Beisein des Königs Philipp II von Spanien gespielt.

34. Partie

Weiß: R. Polo Schwarz: Pasqualini

Ferrara 1923

1. **é2 – é4**	1. **é7 – é5**
2. **Sg1 – f3**	2. **d7 – d6**
3. **Lf1 – c4**	3. **...**

Energischer ist 3. d2 – d4, aber der Textzug ist auch genügend gut.

3. ...	3. **Lf8 – é7**
4. **d2 – d4**	4. **é5 × d4**

Gibt die Mitte auf. Stärker war die Fesselung 4. ... Lc8 – g4.

5. **Sf3 × d4**	5. **Sb8 – d7?**

Engt die ganze Königsstellung ein und ermöglicht eine hübsche Kombination. Notwendig war vorerst 5. ... Sg8 – f6 nebst Rochade.

6. **Lc4 × f7+!!**	6. **Ké8 × Lf7**
7. **Sd4 – é6!!**	7. **...**

Und dazu noch dieses zweite Figurenopfer. Schwarz darf den Springer nicht schlagen: 7. ... Kf7 × Sé6??; 8. Dd1 – d5+, Ké6 – f6; 9. Dd5 – f5#. Er versucht also, die Dame zu retten.

7. ...	7. **Dd8 – é8**
8. **Sé6 × c7**	8. **Dé8 – f8**

Schwarz muss den Turm hergeben. 8. ... Dé8 – d8? würde nach 9. Dd1 – d5+ sofort verlieren. 9. ... Kf7 – g6(f6); 10. Dd5 – f5#, oder 9. ... Kf7 – f8; Sc7 – é6+ erbeutet die Dame.

9. **Dd1 – h5+!**	9. **...**

Weiß erzwingt g7– g6 und bringt den König um das Fluchtfeld g6. Falls sofort 9. Dd1– d5+, so Kf7– g6, und die schwarze Dame deckt das Matt auf f5.

9. ...	**9. g7– g6**

Das Einzige. Wenn 9. ... Kf7– f6, dann 10. Dh5 – f5#.

10. Dh5 – d5+	**10. Kf7– f6**
11. Lc1– g5+!	**11. Kf6 – g7**
12. Sc7– é6+	

Schwarz gibt auf, da er die Dame verliert.

Der Spieß

Jeder Stein kann Gabelangriffe ausführen. Die übrigen Mehrangriffe sind dagegen das Privileg der *Linienfiguren.* Die Dame, der Turm und der Läufer werfen ihre Kraftstrahlen von einem Rand bis an den gegenüberliegenden Rand. Sie bedrohen daher oft zwei (oder mehrere) hintereinander stehende Steine. In diesem Falle ist natürlich nur der vordere Stein angegriffen, der die im Hintergrund stehenden Steine mit seinem Körper deckt. Wenn aber der erste Stein flieht, dann verlängern sich die Kraftstrahlen der Linienfigur, und es wird automatisch der zweite, der hintere Stein angegriffen. Also: *Die Linienfigur strahlt durch andere Steine,* und ihre Kraftwirkung bedroht jeden Feind, der in ihrer Linie steht.

Wie wird der Gegner auf einen solchen Linienangriff reagieren? – Er wird selbstverständlich die wertvollere Figur retten. Ist die unmittelbar angegriffene *vordere Figur wertvoller,* dann zieht sie weg und überlässt den hinteren Stein seinem Schicksal. Das ist der *Spieß.*

Auch wenn die beiden angegriffenen Figuren *gleichwertig* sind, haben wir es mit einem Spieß zu tun. Er hat dieselben Folgen wie die Gabel. Die Gabel ist ein Doppelangriff in zwei Richtungen, der Spieß ist ein *Doppelangriff in einer Richtung* gegen zwei hintereinander stehende Steine. König, Springer und Bauer können feindliche Steine *nicht* aufspießen.

1. Läuferspieß

In Diagr. 102 sind beide Türme aufgespießt. Ist ihre Bahn nicht verlegt, so können sie einander decken. Doch gewinnt der Läuferspieß gegen Türme die Qualität.

Falls man statt des Turmes einen Springer nach a5 stellt, dann verliert Schwarz nichts. Tb6 zieht nach a6 oder b5 und schützt den Springer.

Das Springerpaar statt der Türme in Diagr. 102 verteidigt sich leicht gegen den Läuferspieß. Ein Rössel springt nach c4, und das Schlimmste ist abgewehrt.

Diese Verteidigung geht nicht, falls Sie in Diagr. 103 statt des Königs und der Dame je einen Springer einsetzen. Wenn aber der erste Springer von f6 nach g5 gestellt wird, dann ist die Selbstverteidigung der Springer wieder möglich: Der eine Springer zieht nach é6 oder f7.

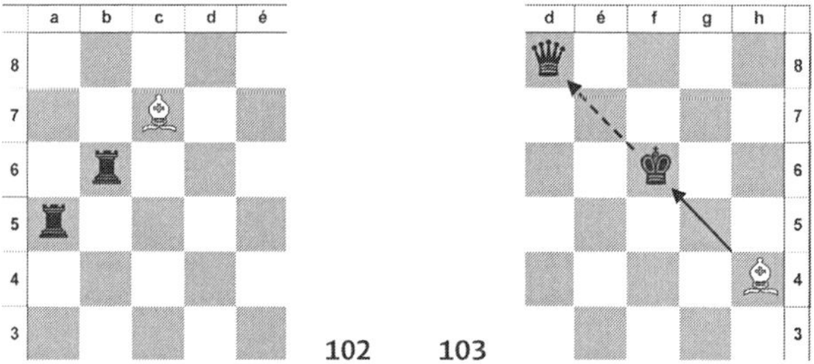

102 103

Zweimal Läuferspieß

Ein unerwarteter Läuferspieß kann auch von hinten erfolgen. Diagr. 103 zeigt den wichtigsten Spieß gegen König und Dame. Die Dame geht ohne den geringsten Ersatz verloren, da der König nicht imstande ist, sie mit einem Zuge zu decken. Steht aber die Dame unmittelbar hinter ihrem König auf dem Feld é7, dann erhält Schwarz wenigstens einen mageren Trost für die Dame in Form des Läufers.

a) Der aufgespießte Springer

Der Springer in Diagr. 104 hat nur ein Fluchtfeld: é7. Doch würde Weiß nur Remis erzielen, falls er mit 1. Lc1– a3? dem Springer dieses Feld verbieten wollte: 1. ... Ké5 – é6!; 2. Lg2 – h3+ (zu spät) Ké6 – f7, und Schwarz kann 3. ... Sg8 – é7 durchsetzen.

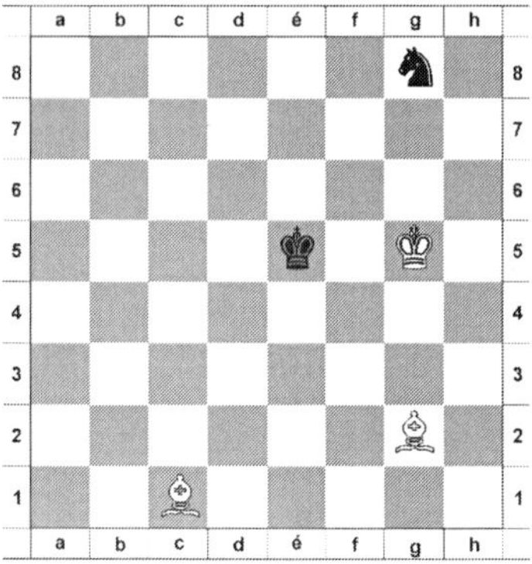

104
Ein Lehrendspiel von Havel (1924). Weiß am Zug gewinnt

1. Lg2 – h3! **1. ...**

Zwingt den König zu einem Umweg: 1. ... Ké5 – d6?; 2. Lc1– a3+, und nun auf 2. ... Kd6 – c7 erobert 3. Lh3 – é6 den Springer. Wenn ... Kd6 – d5 (oder é5), so 3. Kg5 – g6 ist es gleichfalls um den Springer geschehen.

1. ... **1. Sg8 – é7!**

2. Lc1– b2+ **2. Ké5 – d5**

Wenn 2. Ké5 – d6?, so entscheidet der Spieß: 3. Lb2 – a3+, Kd6 – d5 (c6 oder c7); 4. La3 × Sé7. – Der Läufer h3 verbietet dem König die Schutzfelder d7 und é6.

Auf 2. ... Ké5 – é4 gewinnt Weiß mit 3. Lh3 – g2+, Ké4 – d3 (oder é3); 4. Lg2 – b7! nagelt den Springer fest und erobert ihn mit 5. Lb2 – a3, Se–g8 und 6. Lb7– d5.

3. Lb2 – a3 **3. Sé7– c6**

Nach 3. ... Sé7– g8 folgt selbstverständlich 4. Kg5 – g6 usw.

4. Lh3 – g2+ (Diagr. 105)

Der König muss den Springer seinem Schicksal überlassen.

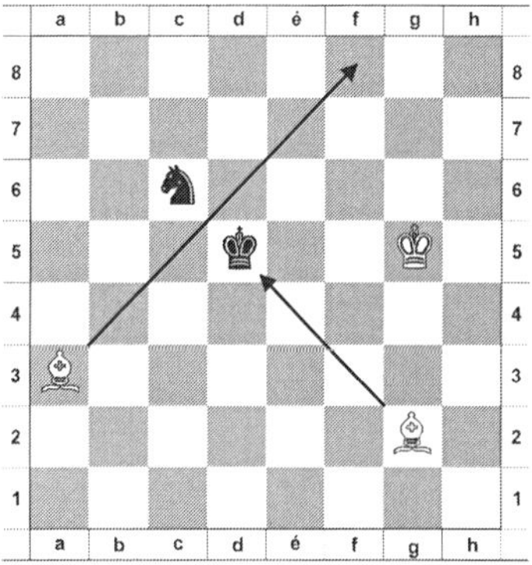

105
Der siegreiche Läuferspieß

4. ... **4. Kd5 – c4 (d4, é6)**

5. Lg2 × Sc6 und gewinnt.

b) Der aufgespießte Läufer

Eine recht verworrene Stellung (Diagr. 106). Nach 1. Lh5 × Sg6? Ké3 × Sf3 ist das Spiel remis.

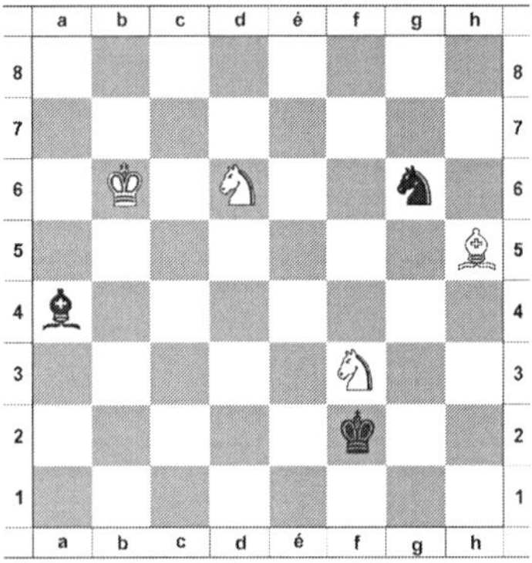

106
Aus einem Lehrendspiel von M. S. Liburkin (1933). Weiß am Zug gewinnt

1. **Sd6 – é4+**	1. **Kf2 – é3!**
2. **Lh5 × Sg6**	2. **Ké3 × Sf3**

Völlig aussichtslos ist 3. ... La5 – c2?;4. Sf3 – d2!, und die Übermacht von drei Leichtfiguren gegen eine gewinnt mühelos.

3. **Sé4 – c5!**	3. ...

Dieser Prachtzug versperrt dem Läufer die Fluchtfelder d7 und b3. Der Läufer hat nur ein einziges Fluchtfeld: d1.

3. ...	3. **La5 – d1**
4. **Lg6 – h5+** (Spieß)	4. **K~**
5. **Lh5 × Ld1**	und gewinnt.

c) Die aufgespießte Dame

Die Dame macht gegen drei Figuren Remis. Doch kann die Dame in ungünstigen Stellungen verloren gehen (Diagr. 107). Schwarz verliert wegen der ungünstigen Randstellung seiner Figuren (Diagr. 107). Weiß opfert den Turm, um mit der Turmgabel die Dame in einen Läuferspieß hineinzulenken.

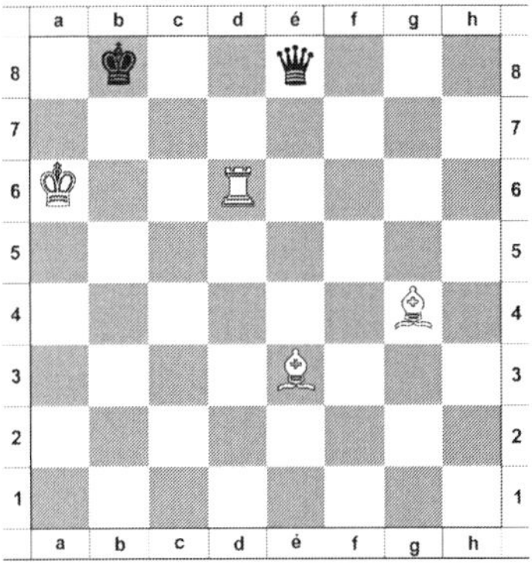

107
Ein Lehrendspiel von Horwitz (1833). Weiß am Zug gewinnt

1. **Td6 – d8+!!**	1. **Dé8 × Td8**

Nun muss nur noch auch der König mit einem Treibschach in den Läuferspieß hineingehetzt werden.

2. **Lé3 – a7+!**	2. ...

Nicht 2. Lé3 – f4+?, Dd8 – c7!; 3. Lf4 × Dc7, Kb8 × Lc7 =. Weiß bleibt nur ein Läufer übrig.

2. ...	2. **Kb8 – c7**

Nicht etwa 2. ... Kb8 – a8??; 3. Lg4 – f3+, Dd8 – d5;4. Lf3 × Dd5#.

3. **La7– b6+** (Spieß)	3. **Kc7– d6 (c6, b8)**

Der König muss die Dame preisgeben, da Läufer g4 die beiden möglichen Schutzfelder c8 und d7 beherrscht.

4. **Lb6 × Dd8**	Weiß gewinnt.

2. Turmspieß

Der abgebildete Turmspieß (Diagr. 108) ist in jeder Reihe rechts oder links, wie auch auf jedem Wege, von vorn und von hinten möglich. Ist der König aufgespießt, dann müssen zwischen dem König und seiner Dame mindestens zwei leere Felder sein. Nur so kann die Eroberung der Dame ohne Turmverlust erfolgen. In Diagr. 109 ist nach Ké1–f2 der angegriffene Turm geschützt. Der Spieß ist also wirkungslos.

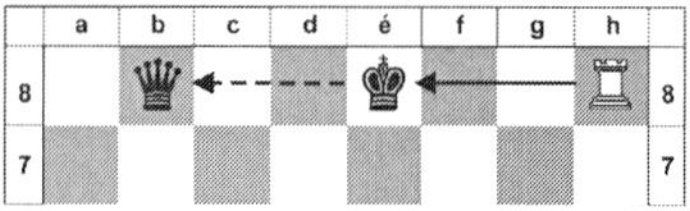

108
Der wirksame Spieß

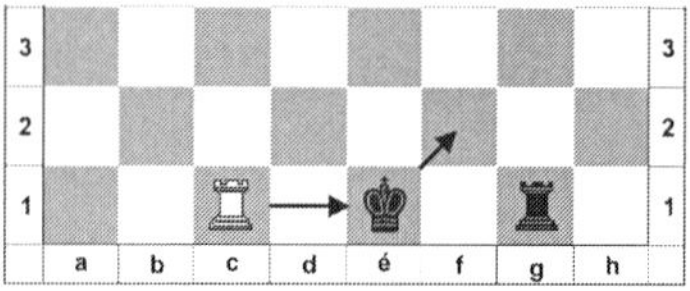

109
Der unwirksame Spieß

In dieser Hinsicht unterscheidet sich der Turmspieß von dem Läuferspieß. Bei dem Läuferspieß reicht es, wenn zwischen den beiden aufgespießten Steinen nur ein leeres Feld vorhanden ist (Diagr. 103).

a) Turm gegen Turm

Der Kampf der gleichlaufenden Türme liefert uns die treffendsten und einfachsten Beispiele zum Turmspieß. Das Endspiel Turm gegen Turm ist selbstverständlich remis. Stehen jedoch der feindliche König und sein Turm in derselben Reihe bzw. auf demselben Weg, dann wird oft ein unerwarteter Turmspieß die Entscheidung bringen.
Nehmen der König und sein Turm die Nachbarreihe (oder den Nachbarweg) ein, dann kann der König mittels eines

Treibschachs in den Turmspieß hineingelenkt werden (Diagr. 110).

1. Th6 – h8+!	**1. Ké8 – f7**

Der Turm hat den König in die 7. Reihe gejagt. Der König und sein Turm stehen auf derselben Reihe. Die Möglichkeit zu einem Turmspieß ist nun gegeben.

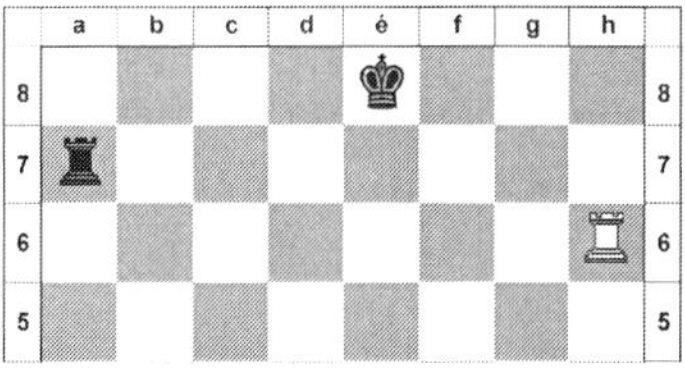

110
Eine Elementarwendung

2. Th8 – h7+ (Spieß)	**2. Kf7 – g6**
3. Th7 × Ta7	und gewinnt.

Stellen Sie den König in Diagr. 110 auf d8 (statt auf é8)!

1. Th6 – h8+	**1. Kd8 – c7!**
2. Th8 – h7+	**2. Kc7 – b6! (oder b8)**

Der Turmspieß ist unwirksam. Der König schützt seinen Turm. Statt des Turmes kann jeder andere beliebige schwarze Stein auf a7 stehen. An dem Verfahren ändert sich nichts. Es sei noch bemerkt, dass mit dem schwarzen König auf f8 die Kombination auch nicht geht: 1. Th6 – h8+, Kf8 – g7!. Der König verbietet dem Turm das Feld h7.

b) Zwei Türme gegen Turm

Natürlich gewinnt der Stärkere. Doch sind Damen und Türme „Remisfiguren". Solange der schwächere Turm sich auf dem Brett befindet, kann er noch einige Schnippchen schlagen.

Der Stärkere wird also bemüht sein, den vereinzelten Turm abzutauschen. Dies erfordert häufig geistreiche Manöver und geschickte Kniffe (Diagr. 111).

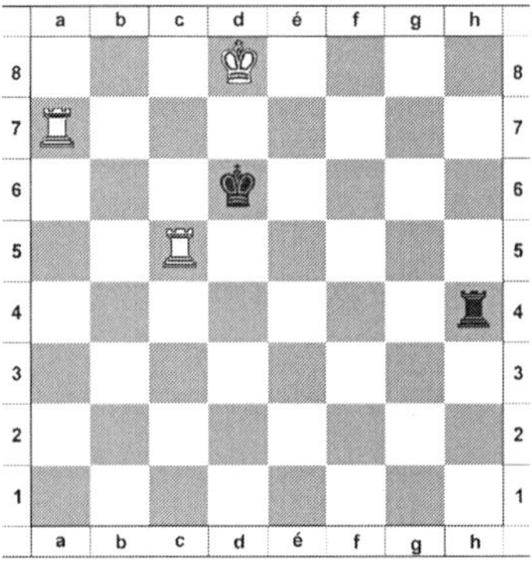

111
Ein Endspiel von Firdusi (1021). Weiß am Zug gewinnt

Schwarz droht 1. ... Th4 – h8#. Überdies steht der weiße Turm c5 ein. Zieht also Weiß den König oder 1. Ta7– a6, so folgt 1. ... Kd6 × Tc5=. Doch hat der Anziehende eine geheime Hilfsquelle:

1. Tc5 – h5!!	**1. ...**

Mit diesem Turmopfer deckt Weiß das Matt und lenkt den schwarzen Turm in die 5. Reihe. Schwarz muss das Opfer annehmen, da zugleich auch 2. Ta7– a6# droht.

1. ...	**1. Th4 × Th5**

Nun muss noch der schwarze König mit einem Treibschach ebenfalls in die 5. Reihe getrieben werden (doppelte Lenkung).

2. Ta7– a6+	**2. Kd6 – c5**
3. Ta6 – a5+ (Spieß)	**3. K~**
4. Ta5 × Th5	und gewinnt.

Man schreibt dieses geistreiche Endspiel dem Syrier Philipp Stamma zu, doch ist es viel älter und stammt wahrscheinlich von dem berühmten persischen Dichter Firdusi (oder Firdausi), der im 11. Jahrhundert lebte:

> *„Solang die Welt und die Jahre kreisen,*
> *Wird, der Verstand hat, meine Dichtung preisen.“*
> Firdusi – der Glänzende

c) Zwei Türme gegen Dame

Stellen Sie in Diagr. 111 statt des schwarzen Turmes die schwarze Dame auf h3 (nicht auf h4)!

1. **Tc5 – h5!**	1. **Dh3 – f1**

Die Dame verhindert das Matt auf a6. Die Annahme des Turmopfers verliert genau so, wie wir es gesehen haben: 1. ... Dh3 × Th5; 2. Ta7– a6+, Kd6 – c5; 3. Ta6 – a5+, K~; 4. Ta5 × Dh5.

2. **Ta7– a6+!!**	2. ...

Schwarz muss dieses zweite Opfer annehmen, weil das Schach anders nicht zu decken ist.

2. ...	2. **Df1 × Ta6**
3. **Th5 – h6+**	3. **K~**

Nun folgte der Turmspieß von der anderen Seite.

4. **Th6 × Da6**	und gewinnt.

1. **Ta2 – g2+** (Diagr. 112)	1. **Kg8 – f8!**

Nicht 1. ... Kg8 – h7??; 2. Tf1– h1+, Dé8 – h5; 3. Th1 × Dh5#.

2. **Kf6 – g5(+)**	2. **Kf8 – g7!**

Falls 2. ... Kf8 – é7?, so gewinnt der Spieß 3. Tg2 – é2+, K~; 4. Té2 × Dé8 usw.

3. Kg5 – f4(+)	3. Kg7 – f8
4. Kf4 – g3(+)	4. Kf8 – g7
5. Kg3 – f2(+)	5. Kg7 – f8
6. Kf2 – g1(+)	6. ...

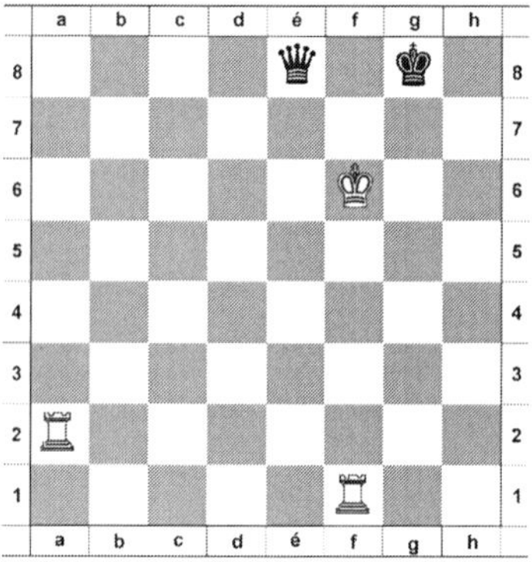

112
Eine Studie von Henri Rinck (1917). Weiß am Zug gewinnt

Der weiße König versteckte sich hinter seinem Turm, und der schwarze Herrscher muss seinen Leidensweg zu einem vernichtenden Spieß antreten.

6. ...	6. Kf8 – é7
7. Tg2 – é2+ (Spieß)	7. Ké7 – d8

Nach 7. ... Ké7 – d7?; 8. Tf1 – d1+ verliert Schwarz die Dame ohne jedweden Ersatz.

8. Té2 × Dé8	8. Kd8 × Té8 usw.

3. Damenspieß

Einen besonderen Damenspieß gibt es eigentlich nicht. Die Dame spießt die feindlichen Steine entweder auf Turmart oder auf Läuferart auf.

a) Ein einfacher Trick

Nach dem verlockenden 1. Lh4 – f6+? (Diagr. 113) sichert Schwarz mit 1. ... Kc3 – b4! das Remis und vermeidet die folgenden Fallen:

1) 1. ... Df4×Lf6?; 2. Da2–a1+ (Spieß), K~; 3. Da1×Df6,

2) 1. ... Kc3–d3?? wegen 2. Da2–é2#.

1. Da2 – a3+!	**1. Kc3 – d4**

Nicht 1. ... Kc3 – c4?; 2. Da3 – a4+ (Spieß), K~; 3. Da4×Df4 usw.

2. Da3 – b4+!	**2. ...**

Das ungenaue 2. Da3 – a4+? Kd4 – é5(é3) ergibt nur ein Remis. Die Dame soll auf ein schwarzes Feld gehen. Wir werden gleich sehen, warum.

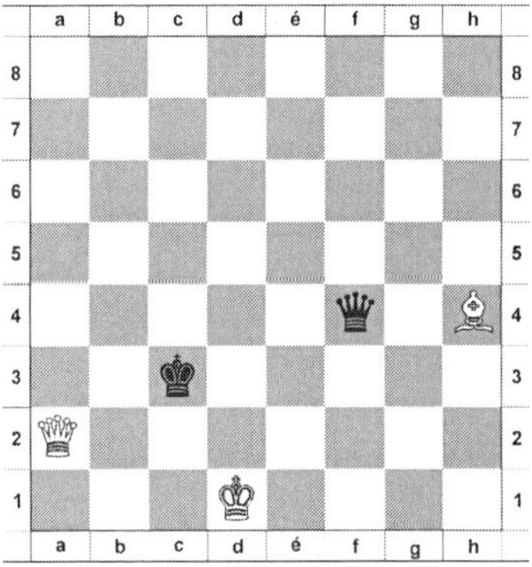

113
Ein Lehrendspiel von Prof. Dr. L. Prokes (1930). Weiß am Zug gewinnt

1. Spiel

2. ...	**2. Kd4 – é5**
3. Lh4 – g3!!	3. ...

Der Zweck des Läuferopfers ist die Ablenkung der Dame. Bei schrägem Spieß soll mindestens ein leeres Feld zwischen dem König und seiner Dame sein. Sonst ist der Spieß unwirksam.

3. ...	**3. Df4×Lg3**
4. Db4 – b8+	4. ...

Deshalb musste die Dame im 2. Zug auf b4 gehen. Stände sie auf a4, so wäre nun ein Spieß unmöglich.

4. ...	**4. K~**
5. Db8×Dg3	und gewinnt.

2. Spiel

2. ...	**2. Kd4 – é3**
3. Lh4 – g5!!	3. ...

Nicht 3. Db4 – d2+?, Ké3 – é4!=; (3. ... Ké3 – f3??; 4. Dd2 – é2#).

3. ...	**3. Df4×Lg5**
4. Db4 – d2+	**4. K~**
5. Dd2×Dg5	und gewinnt.

b) Zwingendes Turmopfer

1. Té2 – é6+!	1. ...

Turmgabel als Räumungsopfer. Mit Tempogewinn öffnet der Turm die Schräge f1– a6 für die Dame. Es ist klar, dass Schwarz nicht ablehnen kann. Nach einem Königszug würde er selbst mittels 2. Té6×Tf6 seinen Turm in aussichtsloser Lage einbüßen. (1. ... Kc6 – d5??; 2. Df1– c4#.)

1. ...	**1. Tf6×Té6**

Nun aber gewinnt der siegreiche Feldzug der Dame gegen die unbeholfene schwarze Übermacht.

2. Df1– a6+	**2. Kc6 – d5**

Offensichtlich das Einzige. Nach 2. ... Kc6 – d7? folgt der Spieß 3. Da6 – b7+, K~; 4. Db7×Dg7 mit Gewinn.

3. Da6 – c4+! **3. Kd5 – d6!**

Nicht 3. ... Kd5 – é5?; 4. Dc4 – c3+ (Spieß), K~; 5. Dc3 × Dg7.

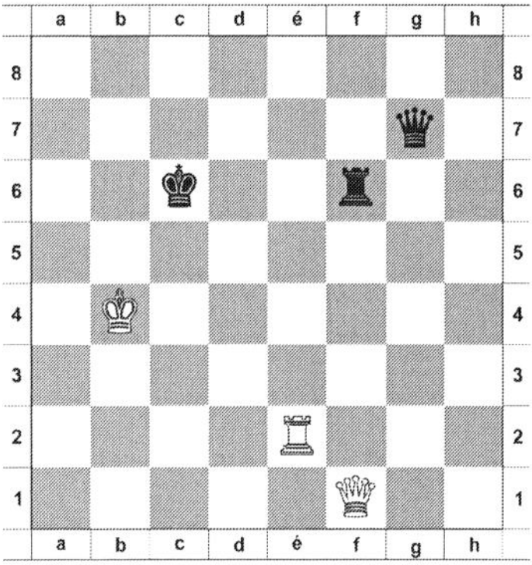

114
Ein Lehrendspiel von Alexej A. Troitzky. Weiß am Zug gewinnt

4. Dc4 – c5+! 4. ...

Die Dame verbietet dem König das Feld é7 und lässt ihm nur eine einzige Antwort:

4. ... **4. Kd6 – d7**

Es ist wichtig, dass der König auf d7 fern von seiner Dame steht. Nach dem vorhergehenden 4. Dc4 – a6?, Kd6 – é7 würde Weiß verlieren, z. B. 5. Da5 – a7+, Ké7 – f8. Der König schützt seine Dame und macht den Spieß unwirksam.

5. Dc5 – a7+ (Spieß) **5. K~**

Jetzt kann der König seine Dame auf keine Weise schützen.

6. Da7 × Dg7 6. ...

Einfach und lehrreich.

4. Kurzpartien mit Spieß

a) Läuferspieß

35. Partie

1. é2 – é4	1. é7 – é5
2. Lf1 – c4	2. Sg8 – f6!
3. Sg1 – f3	3. Sf6 × é4
4. Sb1 – c3	4. ...

Dieses Gambit ist stärker als 4. Sf3 × é5, d7 – d5!.

4. ...	4. Sé4 × Sc3!?

Schwarz versucht, den Mehrbauern zu behaupten. Sicherer wäre allerdings 4. ... Sé4 – f6!; 5. Sf3 × é5, d7 – d5! mit gutem Spiel.

5. d2 × Sc3	5. d7 – d6?
6. Sf3 × é5!!	6. d6 × Sé5
7. Lc4 × f7+!	7. Ké8 – é7
8. Lc1 – g5+	8. ...

Nach diesem Spieß verliert Schwarz die Dame.

b) Turmspieß

36. Partie

Weiß: W. von Holzhausen — Schwarz: N. N.

Magdeburg 1920

1. é2 – é4	1. é7 – é5
2. Sg1 – f3	2. Sb8 – c6
3. Lf1 – b5	3. a7 – a6
4. Lb5 – a4	4. Sg8 – f6
5. 0 – 0	5. Lf8 – é7
6. Dd1 – é2	6. 0 – 0?

Dieser lehrreiche Fehler kostet einen Bauern. Es sollte schon jeder N. N. wissen, dass, falls Weiß in der Spanischen Eröffnung seinen Bé4 deckt, der Bauernraub fällig ist, und Schwarz entweder 6. ... b7– b5 oder 6. ... d7– d6 spielen muss.

7. **La4×Sc6**	7. **d6×Lf6**
8. **Sf3×é5**	8. **Dd8–d4**

Schwarz beabsichtigt, mit gleichzeitigem Angriff gegen den weißen Springer und den weißen Königsbauern den verlorenen Bauern zurückzugewinnen.

9. **Sé5–f3**	9. **Dd4×é4?**

Schwarz verfolgt hartnäckig seinen Plan und kümmert sich nicht darum, dass ihn der Rückgewinn des Bauern eine Figur kosten würde.

10. **Dé2×Dé4**	10. **Sf6×Dé4**
11. **Tf1–é1**	Der Turmspieß.
11. **...**	11. **f7–f5**
12. **d2–d3**	

Falls der Springer zieht, dann folgt 13. Té1×Lé7 mit Gewinn.

37. Partie

Weiß: Brix Schwarz: Krylow

Fernpartie 1946

1. **é2–é4**	1. **c7–c5**
2. **d2–d4**	2. **é7–é6**

Am besten spielt hier Schwarz 2. ... c5×d4!.

3. **Sg1–f3**	3. **c5×d4**
4. **Sf3×d4**	4. **Sg8–f6**
5. **Sb1–c3**	5. **Lf8–b4**

Schwarz fesselt den Springer, um d7– d5 vorzubereiten.

6. **é4 – é5**	6. **Sf6 – d5**
7. **Dd1– g4**	7. **Ké8 – f8**

Nach 7. ... 0 – 0?; 8. Lc1– h6! würde Schwarz die Qualität einbüßen, da er das drohende Matt nur mit 8. ... g7– g6 abwenden kann.

8. **a2 – a3**	8. **Dd8 – a5?**

Gespielt in der irrigen Annahme, dass der Bauer a3 gefesselt sei und den Läufer nicht schlagen könne. Es war 8. ... Lb4 – a5 geboten.

9. **a3 × Lb4!!**	9. ...

Falls jetzt 9. ... Da5 × Ta1??, dann 10. Sd4 – b3! Damenfang.

9. ...	9. **Da5 × b4**
10. **Ta1– a4**	10. **Db4 – c5??**

Schwarz übersieht den folgenden doppelten Turmspieß. Es sollte natürlich 10. ... Db4 – é7 oder 10. ... Db4 – b6 geschehen.

11. **Ta4 – c4**	11. ...

Der erste Spieß. Hier gab Schwarz auf.

11. ...	11. **Dc5 – a5(b6)**
12. **Tc4 × Lc8+** Der zweite Spieß.	
12. ...	12. **Kf8 – é7**
13. **Tc8 × Th8**	und gewinnt.

c) Damenspieß

38. Partie

Weiß: Berthold — Schwarz: Kreutzahler

Berlin 1941

1. **é2 – é4**	1. **é7– é5**
2. **d2 – d4**	2. **é5 × d4**
3. **c2 – c3!?**	3. **d4 × c3**

4. **Lf1– c4**	4. **c3×b2**
5. **Lc1×b2**	5. **d7– d6**

Um mit Lc8 – é6 den gefährlichen weißen Angriffsläufer c4 zum Abtausch zu zwingen und auch Sg8 – f6 vorzubereiten. Der Textzug ist gut. Doch ist auch das Rückopfer 5. ... d7– d5! besser.

6. **Sg1– f3**	6. **...**

Am aussichtsreichsten ist es, mit 6. f2 – f4! die Entwicklung der schwarzen Dame zu erschweren (6. ... Dd8 – h4?; 7. g2 – g3!).

6. **...**	6. **Lc8 – g4?**

Wieder die übereilte Fesselung. Notwendig war, mit 6. ... Sb8 – c6 den möglichen Vormarsch é4 – é5 zu vereiteln und nach 7.0 – 0, Lc8 – é6! zu spielen. Nun verdirbt Weiß die schwarze Rochade und gewinnt einen Bauern zurück.

7. **Lc4×f7+!!**	7. **Ké8×Lf7**
8. **Sf3 – é5+!**	8. **...**

Weiß darf sich diese Frechheit erlauben, da Bd6 gefesselt ist.

8. **...**	8. **Kf7– é8**
9. **Sé5×Lg4**	9. **Sg8 – f6?**

Ermöglicht eine hübsche Schlusskombination. Schwarz müsste den Textzug mit 9. ... Sb8 – d7 vorbereiten.

10. **Sg4×Sf6**	10. **g7×Sf6**
11. **Dd1– h5+**	11. **Ké8 – é7?**

Nach 11. ... Ké8 – d7; 12. Dh5 – f5+, Kd7– é8+; 13. Lb2×f6 gewinnt Weiß die Qualität und einen Bauern. (Oder 12. ... Kd7– c6; 13. Sb1– a3!.)
Droht Df5 – b5#.) Der Textzug ist aber noch schlechter.

12. **Lb2×f6+!!**	12. **...**

Aufgegeben, weil das Läuferopfer die Dame erbeutet.

12. ... 12. Ké7×Lf6

13. Dh5 – h4+ Damenspieß.

13. ... K~; 14. Dh4×Dd8 und gewinnt.

5. Turm-Läufer-Zusammenspiel

Zur Krönung unserer Erörterungen bringen wir noch eine an ein Wunder grenzende Kombination. Turm und Läufer miteinander wetteifernd, bieten sich als Opfer an, um einen Spieß gegen den anderen zu ermöglichen.

1. Ta5 – a8!! **1. Dg8 – a2!**

Sie darf den kecken Turm nicht nehmen, weil sie nach 1. ... Dg8×Ta8 dem Spieß 2. Lh5 – f3+ zum Opfer fiele: 2. ... K~; 3. Lf3×Da8.

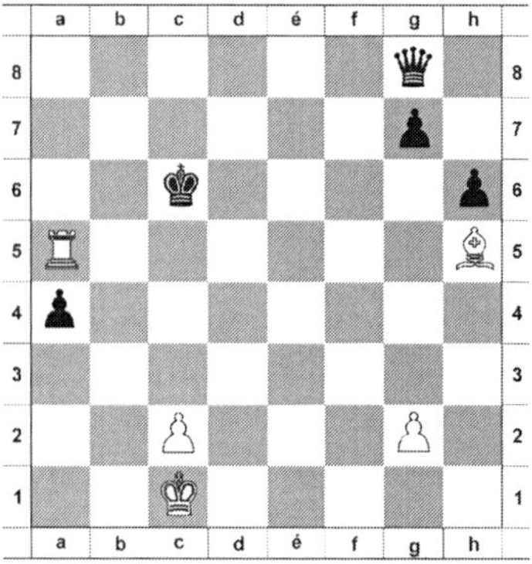

115
Ein Kunstendspiel von Henri Rinck (1903). Weiß am Zug gewinnt

Trotz des scheinbar mächtigen Bereiches hat die Dame keine andere Wahl. Wenn 1. ... Dg8 – d5?, so folgt die tödliche Fesselung 2. Lh5 – f3.

Falls 1. ... Dg8 – é6?, dann entscheidet der Spieß 2. Ta8 – a6+. Nach 1. ... Dg8 – c4? kommt der Spieß von hinten 2. Ta8 – c8+.

2. **Ta8 × a4!!**	2. **Da2 – g8**

Auch das zweite Turmopfer muss abgelehnt werden, denn auf 2. ... Da2 × Ta4? folgt 3. Lh5 – é8+, also nochmals ein Spieß. 3. ... K~; 4. Lé8 × Da4.

3. **Ta4 – a8!!**	3. **Dg8 – h7**

Nach dem dritten Turmopfer hat die gehetzte Dame ihr letztes Zufluchtfeld betreten. Hier findet sie aber auch keine Ruhe. Jetzt kommt der andere Plagegeist, der Läufer, an die Reihe:

4. **Lh5 – g6!!**	4. **Dh7 × Lg6**

Das vierte und letzte Hineinziehungsopfer muss angenommen werden.

5. **Ta8 – a6+** (Spieß)	5. **K~**
6. **Ta6 × Dg6**	Der Zauber der Opfer.

Die Fesselung

Der geneigte Leser hat an zahlreichen Beispielen gesehen, wie groß der Unterschied zwischen Gabel und Spieß ist. Doch werden die beiden häufig in einen Topf geworfen. Noch ärger ist es, wenn man den Spieß mit der Fesselung zusammenmengt. So ähnlich die beiden auch aussehen, sind doch ihre Auswirkungen grundverschieden. Es führt zu Unklarheiten, Missverständnissen und Halbwissen, falls man versäumt, haarscharf zu unterscheiden.

Die Fesselung ist der Doppelangriff einer *Linienfigur* gegen zwei hintereinanderstehende Steine – ebenso wie der Spieß. Ist die vordere angegriffene Figur wertvoller als der hintere Stein (oder sind die beiden gleichwertig), dann handelt es sich um einen Spieß. Bei der Fesselung dagegen versteckt sich die *wertvollere* angegriffene *Figur* hinter einem minderwertigeren Stein. Während beim Spieß die vordere wertvollere Figur flüchtet und den hinteren Stein seinem Schicksal überlässt, ist es bei der Fesselung umgekehrt: Der *vordere* minderwertige *Stein verharrt* trotzt der Lebensgefahr an *seinem Standort,* um die hintere wertvollere Figur mit dem eigenen Körper zu decken.

Bei der Fesselung kommen drei Darsteller vor:

1) der Fesseler (der Angreifer),
2) der gefesselte Feind und
3) der gefährdete wertvolle Stein im Hintergrund.

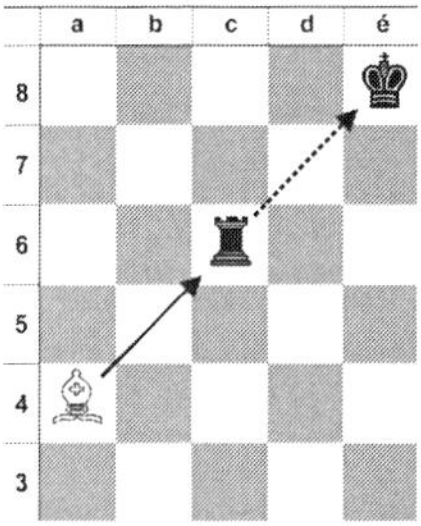

116

117

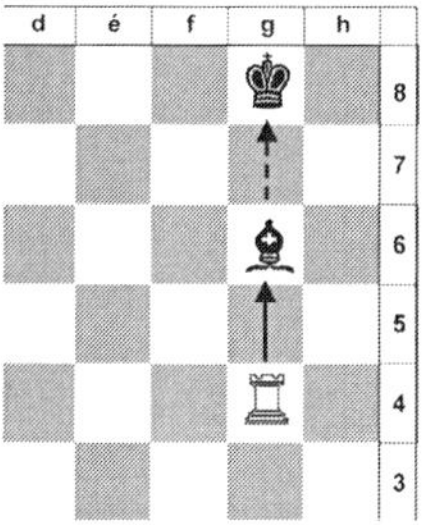

Echte Fesselung: Der schwarze Turm und der Läufer dürfen nicht ziehen

In den Diagrammen 116 und 117 sind der *weiße* Läufer und Turm Fesseler. Der *schwarze* Turm und Läufer sind gefesselt, und hinter ihnen steht der gefährdete König.

Auch die Dame kann fesseln, und zwar sowohl auf Läuferart wie auch auf Turmart. Sie können also statt des weißen Läufers oder Turmes die weiße Dame in den Diagrammen 116 und 117 einsetzen.

Es ändert nichts an der Fesselung, falls Sie den schwarzen Turm oder Läufer mit einem schwarzen Springer vertauschen. Die Dame oder der Bauer können auch gefesselt werden, *nicht* aber *der König*, weil er ja den Spielregeln zufolge nicht im Schach verbleiben darf.

1. Fesselungsarten

a) Echte und unechte Fesselung

Ist der König gefährdet, dann ist die Fesselung echt. Das ist so zu verstehen, dass der schwarze Turm und der Läufer in den Diagrammen 116 und 117 nicht ziehen dürfen; die Spielgesetze verbieten es, weil dadurch der König in ein Schach geriete. Manche Autoren benutzen oft die Begriffe „absolute Fesselung“ oder „unbedingte Fesselung“. Dies sind auch gute und zutreffende Benennungen.

118 119

Unechte Fesselung: Der Springer und der Bauer dürfen ziehen

In Diagr. 118 ist der Turm gefährdet und in Diagr. 119 die schwarze Dame.

Dies sind *unechte Fesselungen,* weil der gefesselte Springer und der Bauer *wegziehen dürfen.* Freilich ist ein solcher Zug mit großen Verlusten verbunden; doch ist er gestattet und kann häufig als Opfer durchgeführt werden.

Die unechte Fesselung wird auch „relative“ oder „bedingte Fesselung“ genannt.

b) Vollfesselung und Halbfesselung

Bisher sahen wir lauter Vollfesselungen. Der gefesselte Stein darf nicht wegziehen, weil er die im Hintergrund stehende Figur gefährden würde. Die Diagramme 116 und 117 zeigen die echte Vollfesselung, die Diagramme 118 und 119 die unechte Vollfesselung.

Statt „Vollfesselung“ werden auch die Begriffe „Ganzfesselung“, „vollkommene Fesselung“ oder auch „Punktfesselung“ gebraucht. Die Benennung „Punktfesselung“ stammt von Dr. Erwin Voellmy. Sie will uns sagen, dass der gefesselte Stein an einen gewissen Punkt, an ein gewisses Feld, gebunden ist und dieses Feld nicht verlassen darf.

Eine Vollfesselung entsteht dann, wenn der Fesseler und der gefesselte feindliche Stein *verschiedene Gangart, verschiedene Bewegungsweise* haben. Fesselt z. B. der Turm den Springer oder den Läufer, dann ist immer eine Vollfesselung vorhanden. Ebenso kommt es zu einer Vollfesselung, falls der Läufer den Turm oder den Springer fesselt.

Eine Halbfesselung entsteht, falls der Fesseler und die gefesselte Figur die *gleiche Gangart* haben, z. B. wenn der Turm den Turm oder der Läufer den Läufer fesselt.

Die Halbfesselung wird auch teilweise Fesselung genannt. Dr. Voellmy benutzt den Begriff „Linienfesselung“, um kundzutun, dass die halbgefesselte Figur entlang der Fesselungslinie ziehen oder sogar den Fesseler schlagen darf.

In Diagr. 120 (Seite 218) ist der schwarze Turm halbgefesselt. Er kann trotz der Fesselung nach b6 ziehen oder den weißen Turm schlagen. Zieht er aber entlang der 7. Reihe, dann geht die Dame verloren.

120

Unechte Halbfesselung

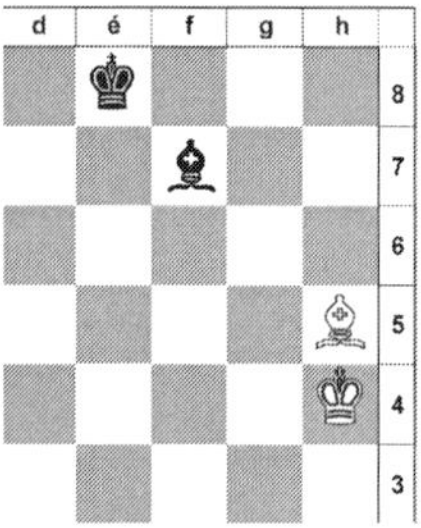

121

Echte Halbfesselung

In Diagr. 121 ist der schwarze Läufer halbgefesselt. Er kann trotz der Fesselung nach g6 laufen oder den weißen Läufer schlagen. Der schwarze Läufer darf die Schräge é8 – h5 nicht verlassen, weil so der schwarze König einem Schach des weißen Läufers ausgesetzt würde.

Der Springer kann nur vollgefesselt sein, die Dame nur halbgefesselt werden. Die Vollfesselung ist eine Fesselung ohne Gegenstrahlung, während bei der Halbfesselung der gefesselte Stein Gegenstrahlen wirft und den Fesseler eventuell schlagen darf.

2. Auswirkungen der Fesselung

Die Fesselung kann verschiedenartig wirken. Am häufigsten führt sie zur Eroberung des gefesselten Steines. Das ist die sogenannte *Raubfesselung.*

Es ist vielleicht noch unangenehmer, dass die Fesselung nicht nur den gefesselten Stein, sondern sämtliche Steine lahm legt, die den gefesselten Stein schützen. Das ist die *Lahmfesselung.*

Eine dritte Wirkung der Fesselung ist, dass der *gefesselte Stein seine Strahlung verliert*, den Schutz und Angriff aufgibt, die von ihm vorher gedeckten Steine und Felder ohne Deckung lässt.
Das ist die Hauptwirkung, die bei jeder Fesselung auftritt. Eine wichtige Ausnahme von dieser Regel ist, dass *ein Schach durch Fesselung nicht unterbunden werden kann.* Der Gegner muss auch das Schachgebot einer gefesselten Figur respektieren und decken.

3. Raubfesselungen mit Läufer

a) Läuferpaar gegen Springer

Wie wird der Springer in die Fesselung gezwungen (Diagr. 122)?

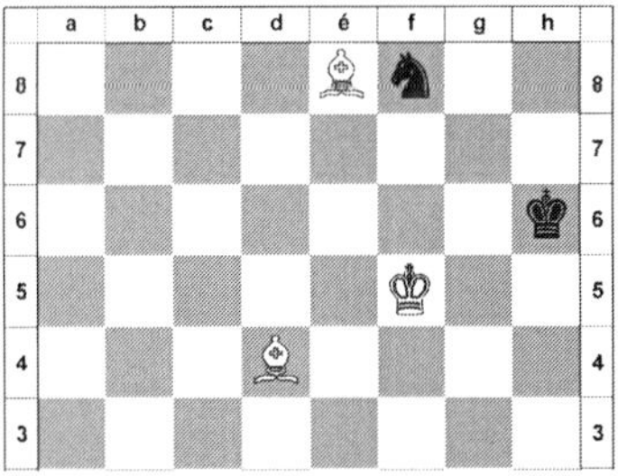

122
Schluss einer Studie von Kling und Horwitz (1851). Weiß am Zug gewinnt

1. Kf5 – f6! **1. Sf8 – h7+!**

Mit 1. ... Kh6 – h7? würde Schwarz den Springer selbst patt stellen und seine sofortige Erbeutung ermöglichen: 2. Ld4 – c5, Kh7– g8; 3. Lé8 – f7+! (drängt den König ab), K~; 4. Lc5 × Sf8 und gewinnt.

2. Kf6 – f7	**2. Sh7– g5+**

Nicht 2. ... Kh6 – h5?(g5?); 3. Kf7– g7(+)! erbeutet den Springer.

3. Kf7– g8!	**3. ...**

Mit dem interessanten Königsmarsch von f5 bis g8 gelang es Weiß, den schwarzen König patt zu stellen. Nur der Springer kann ziehen.

3. ...	**3. Sg5 – f3** (é6 oder é4)
4. Ld4 – é3+	**4. Sf3 – g5**

Der Springer muss selbst in die Fesselung gehen, weil das Schach anders nicht zu decken ist. Nun ist Schwarz patt. Weiß gibt daher das Feld h7 für den schwarzen König frei und bringt ihn in Zugzwang.

5. Kg8 – f8!	**5. Kh6 – h7**

Der schutzlos gewordene Springer kann nun geschlagen werden.

6. Lé3×Sg5	**6. Kh7– h8**
7. Lé8 – d7	**7. Kh8 – h7**
8. Ld7– f3+	**8. Kh7– h8**
9. Lg5 – f6#	

b) Läuferpaar und Springer gegen Turm

Die große Übermacht gewinnt mit einer lehrreichen Wendung (Diagr. 123). Läuferpaar und Springer gewinnen leicht gegen den Turm. Hier ist aber der Springer von den Seinigen abgeschnitten und eingesperrt. Gelingt es dem Nachziehenden, den Springer zu nehmen oder den Turm für zwei Leichtfiguren abzutauschen, dann ist das Spiel remis. Weiß will daher den Springer retten.

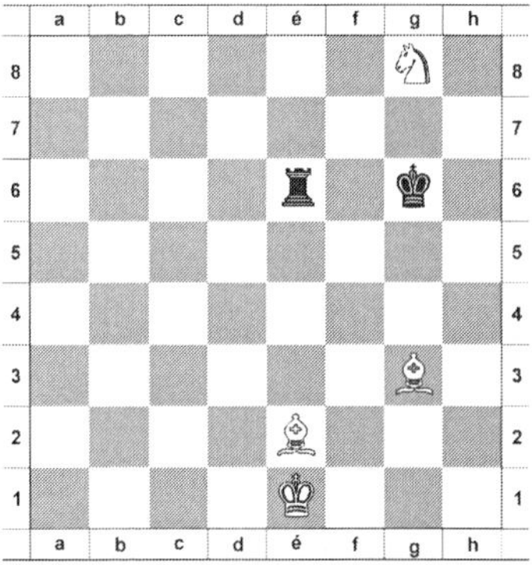

123
Eine Studie von A. M. Belenky (1957). Weiß am Zug gewinnt

1. Ké1– f2! 1. ...

Der König geht vor allem aus der Fesselung, um den Lé2 bewegungsfähig zu machen. 1. Lg3 – h4? reicht nicht aus wegen 1. Kg6 – f7!, und der Königsläufer kann nicht auf c4 fesseln, da er ja selbst gefesselt ist: 2. Sg8 – é7, Té6xxSé7; 3. Lh4xxTé7, Kf7xxLé7 =.

1. ... **1. Kg6 – g7**

Oder 1. ... Té6 – é8?; 2. Lé2 – h5+!! (Hineinziehungsopfer), Kg6 × Lh5; 3. Sg8 – f6+, K~; 4. Sf6 × Té8, und Weiß gewinnt.

2. Lé2 – b5! 2. ...

Mit dem überstürzten 2. Lé2 – c4?, Té6 – é8! würde Weiß den sicheren Gewinn verscherzen, da der Turm im nächsten Zug den Springer nimmt und Schwarz zwei Figuren für den Turm bekommt. Der Anziehende verhindert also Té6 – é8 mit dem Textzug.

2. ... **2. Kg7 × Sg8**

Schwarz sieht die kommende Fesselung, doch hoffte er mit dem König Hilfe zu leisten und für den Turm den Läufer zu bekommen.

3. Lb5 – c4	**3. Kg8 – f7**

Nun spielt Weiß nicht 4. Lc4 × Té6? Kf7 × Lé6=, sondern:

4. Lg3 – h4!! (Diagr. 124)

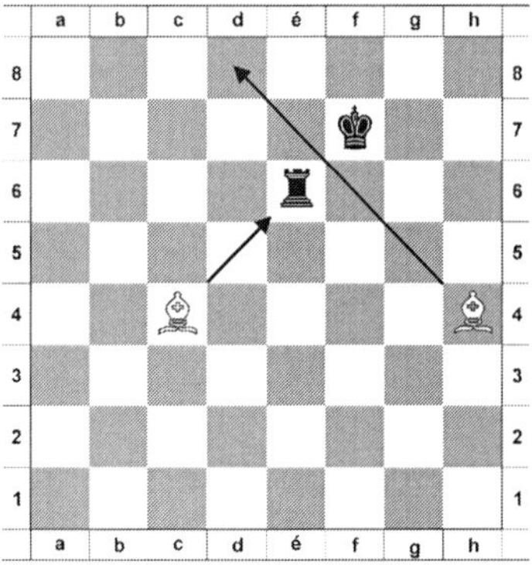

124
Eroberung des gefesselten Turmes mittels des Zugzwanges

Ein weiterer Beitrag zum Thema: Kreuzangriff der Läufer. Lh4 macht die beiden in Frage kommenden Schutzfelder é7 und f6 für den König unzugänglich. Schwarz befindet sich überdies in Zugzwang. Der König muss weichen und den Turm preisgeben.

4. ...	4. K~
5. Lc4 × Té6	und gewinnt.

c) Turm und Läufer gegen Läufer und Springer

Die schwarzen Figuren stehen sehr ungünstig in Diagr. 125.

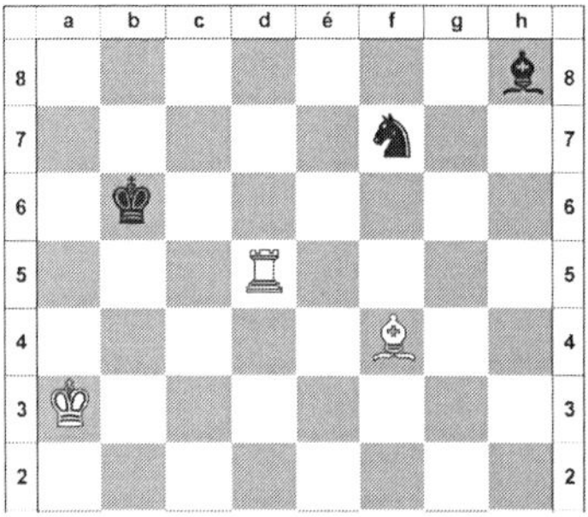

125
Ein Lehrendspiel von Henri Rinck (1924)
Weiß am Zug gewinnt

1. Td5 – f5! 1. Sf7– d8

Das ist das einzige Feld, wo der Springer nicht sofort geschlagen wird. Jetzt kommt aber eine Turmgabel:

2. Tf5 – f8 2. Sd8 – é6!

Mit dieser Gegengabel versucht Schwarz seine angegriffene Figuren zu retten. Er hätte beinahe Recht behalten, aber der Pechvogel, der schwarze König, steht zu seinem Unglück auf einem schwarzen Feld, sodass Weiß ein rettendes Läuferschach präsentieren kann. – Die Lehre daraus: *Ist nur ein gegnerischer Läufer vorhanden, soll der König möglichst die Felder der Läuferfarbe meiden.*

3. Lf4 – é3+! 3. Lh8 – d4!

Dem sofortigen Läuferverlust ist nur auf diese geistreiche Art auszuweichen. Der schwarze Läufer gerät in eine Fesselung, aber es ist nur eine Halbfesselung, die unter Umständen mit dem Schlagen des weißen Läufers aufgehoben werden kann. Weiß gewinnt nur durch einen rücksichtslosen Angriff gegen den Schutzspringer.

1. Spiel

4. **Tf8 – é8?**	4. **Ld4 – c5+!**

Nicht etwa 4. ... Ld4 × Lé3?; 5. Té8 × Sé6+ (Gabel), K~; 6. Té6 × Lé3.

5. **Ka3 – a4**	5. ...

Lé3 × Lc5+, Sé6 × Lc5=

5. ...	5. **Sé6 – c7**
6. **Té8 – b8+**	6. **Kb6 – a7=**

2. Spiel

4. **Tf8 – f6!**	4. ...

Der Springer ist gefesselt. Der gefesselte schwarze Läufer deckt nur scheinbar das Feld f6. „Man zeige Mannesmut und setze seine eigene Figur unerschrocken auf ein solchermaßen ›gedecktes‹ (?) Feld. ... Der gefesselte Stein ist ja machtlos! Und gehört es nicht zu den allerschönsten Tugenden des Bürgers, Mut zu zeigen, da, wo keine Gefahr droht“ (Aaron Nimzowitsch).

4. ...	4. **Ld4 – c5+**

Schlägt er den weißen Läufer, so gewinnt die Gabel 5. Té8 × Sé6+.

5. **Lé3 × Lc5+**	5. **Kb6 × Lc5**

Das ist des Pudels Kern: Das gefesselte Ross kann sich nicht rühren.

6. **Tf6 × Sé6**	und gewinnt.

d) Dame und Läufer gegen Dame

1. **Lb7– d5+** (Diagr. 126)	1. **Kf7– g7!**

Nicht 1. ... Kf7– é8?; 2. Ld5 – c6!. Die Fesselung erbeutet die Dame.

2. **Dc5 – d4+**	2. **Kg7– f8!**

Falls 2. ... Kg7– h7?; so 3. Dd4 – h4+, Kh7– g7; 4. Dh4 – h6#.

3. Dd4 – f6+ **3. Kf8 – é8**

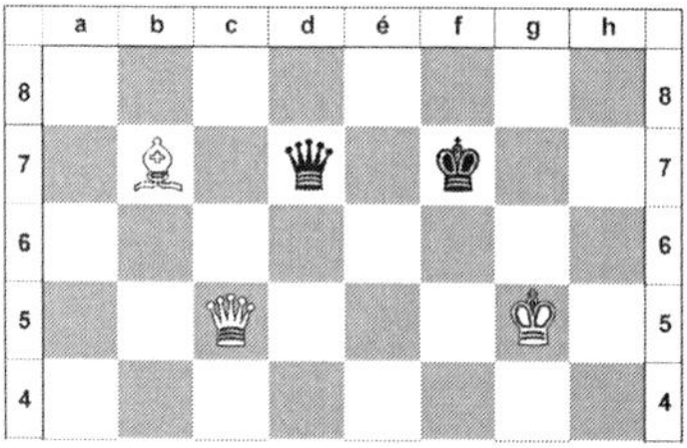

126
Aus einer Studie von Henri Rinck (1903). Weiß am Zug gewinnt

4. Ld5 – c6 4. ...

Die entscheidende Fesselung, noch dazu gekoppelt mit Zugzwang.

4. ... **4. Dd7 × Lc6**

5. Df6 × Dc6+ und gewinnt.

4. Raubfesselungen mit Turm

a) Turm gegen Springer

Auf drei Arten kann der Turm gegen den Springer gewinnen: durch Abschneiden der Fluchtfelder (Springerfang), durch Fesselung und durch Zugzwang. In Diagr. 127 kann er die Fesselung erzwingen.

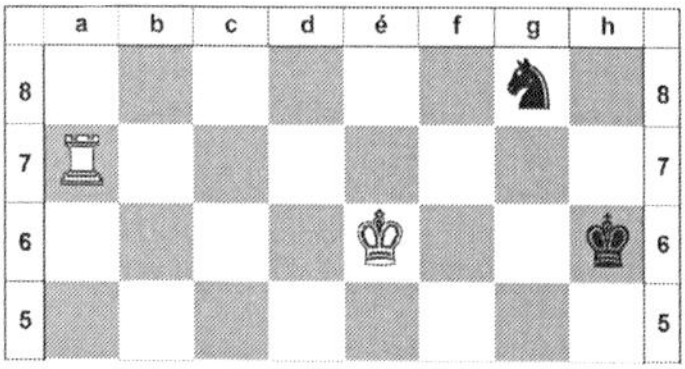

127
Weiß am Zug erzwingt Fesselung und gewinnt

1. Ké6 – f3!	1. ...

Der Springer kann nicht ziehen, ohne geschlagen zu werden. Der Textzug schneidet dem schwarzen König die Fluchtfelder g6 und g5 ab. Er muss in die Opposition gehen.

1. ...	1. Kh6 – h5

Nun zwingt ein Turmschach den Springer in die Fesselung:

2. Ta7 – h7+	2. Sg8 – h6+
3. Kf5 – f6	3. ...

Dazu kommt noch der Zugzwang. Der König muss den Springer preisgeben.

3. ...	3. Kh5 – g4(h4)
4. Th7×Sh6	und gewinnt.

b) Turmpaar gegen Turmpaar

Die folgende instruktive Studie zeigt, wie unter Umständen ein Turm den feindlichen Turm fesseln und mit der Hilfe des anderen Turmes erbeuten kann (Diagr. 128). Der schwarze König hat soeben eine neuerstandene Dame geschlagen.

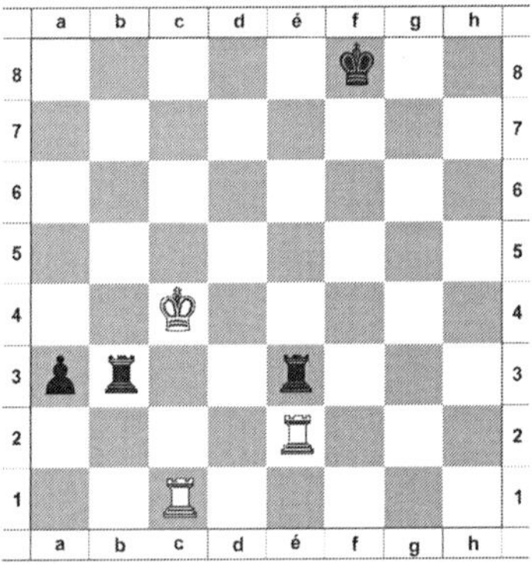

128
Aus einer Studie von Dr. A. Mandler und F. König. Weiß am Zug gewinnt

1. Tc1– f1+! 1. ...

Schwarz ist verloren:

1) Mit 1....Kf8–é7? ist der schwarze Turm automatisch gefesselt und wird durch 2. Tf1–é1! erbeutet.
2) Ebenso verbietet sich die Selbstfesselung 1....Té3–f3? wegen 2. Té2 – f2! ebenfalls mit Turmverlust.

1. ... **1. Kf8 – g7**

2. Té2 – g2+! 2. ...

Nicht 2. Tf1– g1?; Kg7– f6!, und der schwarze König eilt seinem gefährdeten Turm zur Hilfe: 3. Tg1– f1+, Kf6 – é5; 4. Tf1– é1, Ké5 – é4=.

2. ... **2. Kg7– h6**

Den Untergang beschleunigen würde 2. ... Té3 – g3?; 3. Tf1– g1!.

3. Tf1– h1+! 3. ...

Nicht 3. Tg2 – h2+? Kh6 – g5!=. Die Türme sollen den König an den Rand drängen.

3. ... **3. Té3 – h3**

Es gibt kein Pardon mehr. Nur diese Selbstfesselung des Turmes kann das Schach decken.

4. Tg2 – h2! 4. ...

Erledigt! Schwarz hat nur zwei Racheschachs. Wenn 4. ... Th3×Th2; 5. Th1×Th2+ (Tempogewinn mit Schachgebot), 5. ... K~; 6. Kc4×Tb3 und gewinnt. Zum Unglück des Nachziehenden ist der Tb3 vom weißen König bedroht, und Schwarz kann diesen Angriff nicht abwenden.

4. ... **4. Tb3 – c3+**

5. Kc4 – b4 **5. Tc3 – b3+**

6. Kb4 – a4! 6. ...

Nebst Turmgewinn. Th3 ist zweimal angegriffen, aber nur einmal geschützt, und auch Tb3 steht weiterhin im Schlagbereich des weißen Königs. – Selbst die Halbfesselung kann häufig zum Verhängnis werden.

c) Turm und Läufer gegen Läufer und Springer

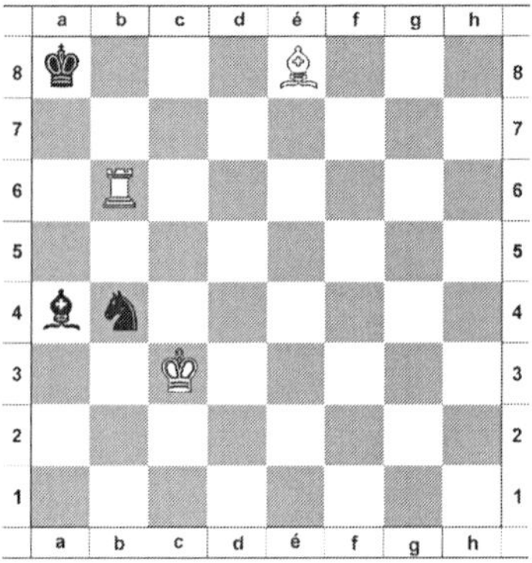

129
Schluss einer Studie von M. S. Liburkin (1930). Weiß am Zug gewinnt

Mit 1. Lé8×La4? kann Weiß nicht gewinnen, weil er nach der Gabel 1. ... Sb4 – d5+ den Turm einbüßt. Nur Remis ergibt 1. Tb6 – é6?, Sb4 – d5+; 2. K~, Sd5 – c7 Gabel nebst Verlust der Qualität.

1. Lé8 – f7! **1. ...**

Falls jetzt der Springer zöge (z. B. 1. ... Sb4 – c6), so würde Weiß mit der Gabel 2. Tb6 – a6+ den Läufer erbeuten.

1. ... **1. La4 – é8!!**

Weiß darf das Opfer nicht annehmen, weil er nach 2. Lf7×Lé8? wegen der Gabel 2. ... Sb4 – d5+; 3. K~, Sd5×Tb6 die Qualität verliert.

2. Kc3×Sb4 **2. Lé8×Lf7**

3. Tb6 – h6! **3. ...**

Die Gegenkombination. Weiß droht, mit 4. Th6 – h8+, Ka8 – b7; 5. Th8 – h7 den Läufer zu fesseln und zu erobern. Aus diesem Grunde kommt Schwarz nicht zu dem lebensrettenden Befreiungszug Ka8 – b7. Er muss den Läufer ziehen, aber wohin? Nach 3. ... Lf7– é8? oder 3. ... Lf7– g8? wird das Leben des Läufers mit der Fesselung 4. Th8 – h8 ausgelöscht. Auch 3. ... Lf7– a2? verliert den Läufer nach der Gabel 4. Th6 – a6+. Der Läufer hat nur ein Feld:

3. ...	**3. Lf7– d5**

Der Läufer steht scheinbar vorteilhaft in der Mitte. Doch nutzt Weiß die ungünstige Eckstellung des schwarzen Königs erbarmungslos aus. Mit einem Angriff auf den Läufer gewinnt der weiße König ein wichtiges Tempo zur Annäherung.

4. Kb4 – c5!	**4. Ld5 – é4**
5. Kc5 – b6 mit undeckbarem Matt.	

d) Turm und Springer gegen Läufer und Springer

Schwarz hat gerade einen Läufer geschlagen (Diagr. 130). Weiß kann nur dann gewinnen, wenn es ihm gelingt, die Figur zurückzuerobern.

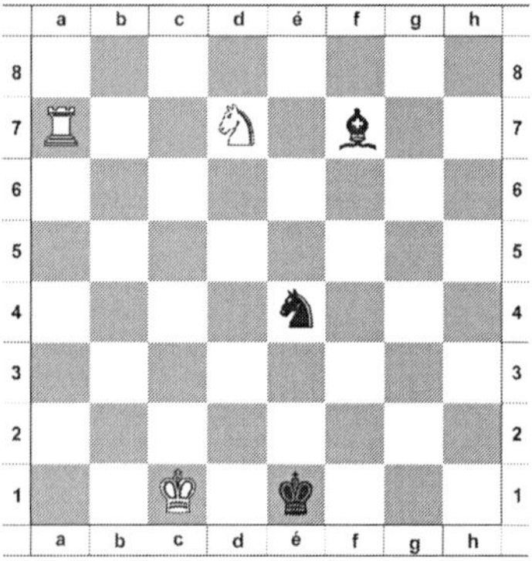

130
Aus einer Studie von T. B. Gorgiew (1930). Weiß am Zug gewinnt

1. Sd7– f6!! **1. Sé4 – g5!**

Fehlerhaft wäre 1. ... Sé4 × Sf6?; 2. Ta7– é7+! (Zwischenschach):

1) 2. ... Ké1–f2; 3. Té7 × Lf7 (Fesselung) K~; 4. Tf7 × Sf6 usw.?,
2) 2. ... Lf7–é6 (Selbstfesselung); 3. Té7 × Lé6+ (Gabel), K~; 4. Té6 × Sf6 und gewinnt.
3) 2. ... Sf6–é4 (eine andere Selbstfesselung); 3. Té7 × Sé4+, Ké1– f2; 4. Té4 – f4+ (Gabel), K~; 5. Tf4 × Lf7 mit Gewinn.

Schlecht ist auch 1. ... Sé4 – d6? wegen 2. Ta7– d7 (Gabel) mit Figurenverlust.

2. Ta7– é7+! **2. ...**

Nicht etwa 2. Sf6 – h7? Sg5 × Sh7; 3. Ta7– é7+, Lf7– é6!!, und Schwarz rettet eine Figur, die ihm zum Remis genügt.

1. Spiel

2. …	2. **Lf7– é6**
3. **Sf6 – é4!**	3. …

Falls 3. Sf6 – h7?, dann Sg5 × Sh7=.

3. …	3. **Sg5 × Sé4**
4. **Té7 × Lé6** (Fesselung)	4. **K~**
5. **Té6 × Sé4**	und gewinnt.

2. Spiel

2. …	2. **Ké1– f2**
3. **Sf6 – h7!!**	3. **Sg5 × Sh7**
4. **Té7 × Lf7+** (Gabel)	4. **K~**
5. **Tf7 × Sh7**	und gewinnt.

5. Raubfesselungen mit Dame

Die Raubfesselungen gehören hauptsächlich zum Arsenal des Läufers und des Turmes. Mit der Dame kann man auch Fesselungen vornehmen. Doch wird die Königin zu Fesselungen seltener verwendet.

6. Lahmfesselungen

Die Raubfesselungen führen zur Erbeutung des gefesselten Steines. Häufig wird es jedoch vorteilhafter sein, die gefesselte Figur zu schonen, statt sie zu schlagen. Dies wird besonders dann der Fall sein, wenn an der Verteidigung der gefesselten Figur starke feindliche Kräfte gebunden sind. Es können dann tödliche Lähmungserscheinungen auftreten.

a) Steigerung der Figurenkraft

Die Lahmfesselung ist das beste Mittel zur Steigerung der Kraft des Fesselers. Diagr. 131 veranschaulicht die Wirkung der Lähmung.

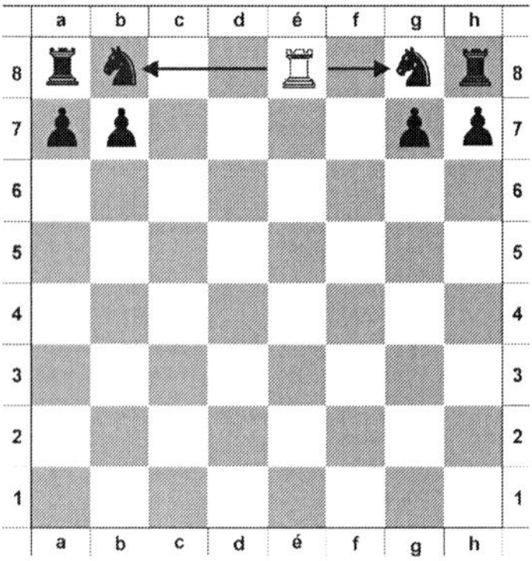

131
Der weiße Turm legt zwei schwarze Türme und zwei Springer lahm

Durch die Lahmfesselung ist die Kraft des weißen Turmes über das Dreifache gesteigert worden; er hat ja zwei feindliche Türme und zwei Springer zu völliger Unbeweglichkeit verdammt.

b) Heldentat eines Läufers

Die folgende lehrreiche Studie des französischen Komponisten Comte J. de Villeneuve Esclapon zeigt, wie es zu einer lähmenden Fesselung kommt (Diagr. 132).

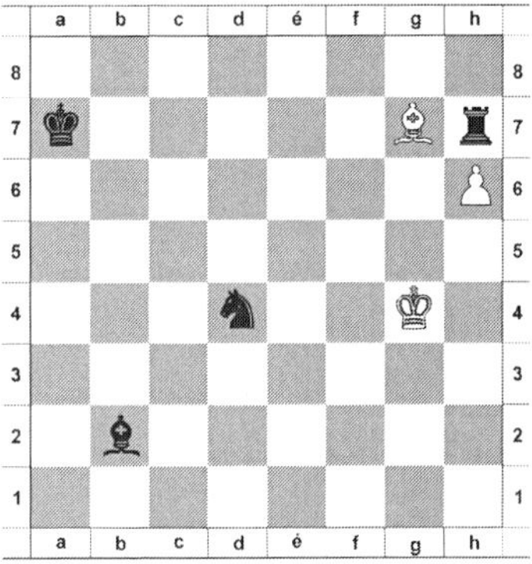

132
Eine Studie von Comte J. de Villeneuve Esclapon. Weiß am Zug hält Remis

1. **Kg4 – h5!**	1. ...

Weiß droht mit 2. Kh5 – g6 die Qualität zu erobern und den Bauern umzuwandeln.

1. ...	1. **Sd4 – f5!**

Der schwarze Läufer und Springer waren durch die Fesselung gelähmt. Mit diesem Läuferopfer macht Schwarz den gefährlichen Freibauern unschädlich und hofft, nach der Abwicklung den Springer zu behaupten. Turm und Springer werden schon den feindlichen Läufer niederringen!

2. **Lg7 × Lb2!**	2. ...

Nicht 2. Kh5 – g6?, Th7 × Lg7; 3. h6 × Tg7, Sf5 × g7, und Schwarz gewinnt.

2. ...	2. **Th7 × h6+**
3. **Kh5 – g5**	3. **Th6 – h2**

Dieser Gegenangriff sollte den Springer retten. Unzulänglich wäre 3. ... Th6 – b6?. Denn nach 4. Lb2 – é5!, Sf5 – é7 fesselt 5. Lé5 – d4 den Turm.

4. **Lb2 – é5**	4. **Th2 – f2**

Der angegriffene Turm schützt den Springer. Alles scheint in bester Ordnung zu sein.

5. Lé5 – f4!	**5. ...**

Unterbricht die Schutzstrahlen des Turmes. Der Springer ist erneut ungedeckt. Es droht 6. Kg5×Sf5=. **5. ... 5. Sf5 – d4**

6. Lf4 – é3	**6. Tf2 – f5+**

Dieses Turmmanöver rettet auch den gefesselten Springer.

7. Kg5 – g4	**7. Tf3 – d5**
8. Kg4 – f4	**8. Ka7 – b6**

Die Hilfe des Königs ist unentbehrlich. Ginge er aus der Fesselung etwa mit 8. ... Ka7 – a6(b7)?, um den Springer das Abspringen zu ermöglichen, dann würde Weiß mit der Gabel 9. Kf4 – é4! eine Figur erobern.

9. Kf4 – é4	**9. Kb6 – c5**

Wohl getan! Das Rössel ist gerettet! Es bleibt nur noch die lästige Fesselung abzuschütteln, um mit der Übermacht zu siegen.

10. Ké4 – d3!	**10. ...**

Nimmt dem schwarzen König das Feld c4. Es gibt keine Möglichkeit, den Springer zu entfesseln. Der Läufer pendelt unerschütterlich zwischen é3 und g1. Der weiße König rührt sich nicht vom Fleck.

Zieht der schwarze König oder verlässt der Turm den d-Weg, dann schlägt der Läufer unverzüglich den Springer.

c) Ein Läufer bändigt das Turmpaar

In folgendem Endspiel erreicht der Läufer den Gipfelpunkt seiner Leistungsfähigkeit (Diagr. 133).

Beide Läufer stehen ein. Die Aufgabe ist, sie zu retten.

1. Sd5 – b6+	**1. Ka8 – b8**
2. Lh4 – g3+	**2. Sb7 – d6**

Nur durch Opfern des Springers war das Schach zu decken. Der Nachziehende hat jedoch gute Gegenchancen, im Trüben zu fischen.

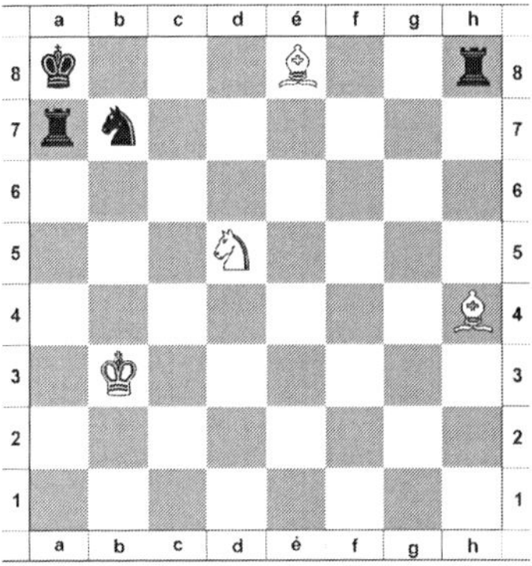

133
Eine Studie von A. S. Gurwitsch (1927). Weiß am Zug hält Remis

3. Lg3×Sd6+	**3. Kb8 – b7**

Zwei weiße Figuren stehen ein. Da kann man gewiss auch eine Kleinigkeit einheben.

4. Lé8 – d7!!	**4. Kb7×Sb6**
5. Ld6 – é5	**5. ...**

Mit der Doppeldrohung 6. Lé5×Th8 und 6. Lé5 – d4+ (Spieß). Schwarz pariert beide Drohungen.

5. ...	**5. Th8 – h4!**
6. Lé5 – g3	**6. ...**

Es droht 7. Lg3×Th4 und 7. Lg3 – f2+.

6. ...	**6. Th4 – d4!**
7. Lg3 – f2! (Fesselung)	**7. Ta7×Ld7**
8. Kb3 – c3	**8. Kb6 – c5**

Ein Turm ist gefesselt, der König und der andere Turm an seine Verteidigung gebunden.

9. Lf2 – g1! (oder é3!) (Diagr. 134)
Die Fesselung erhöht die Wirkungskraft der eigenen Figuren und schränkt die Macht des Gegners ein. Der Läufer ist hier so stark wie das Turmpaar, und die gelähmte schwarze Übermacht ist völlig unbeholfen.
Der Läufer wuchs zu übernatürlicher Größe heran, und sein Wert in dieser Stellung entspricht etwa dem Wert einer Dame.

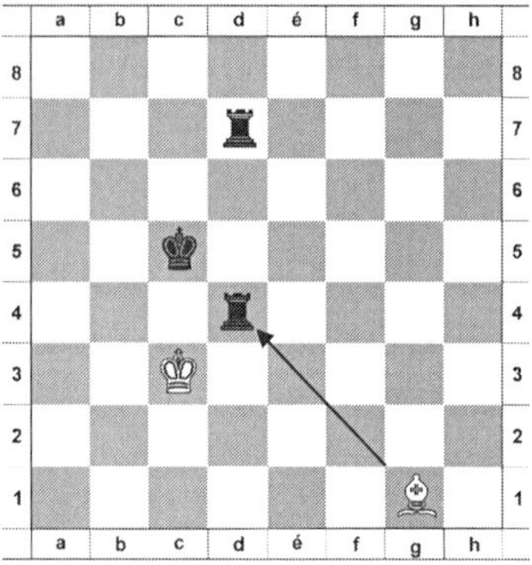

134
Die unglaubliche Leistung: Ein Läufer lähmt das Turmpaar

Wir sehen nun klar den Unterschied zwischen Raubfesselung und Lahmfesselung. Das Schlagen des Turmes würde zwar die Qualität einbringen, aber in dieser Lage die Partie verloren gehen, weil Schwarz mit dem übrig gebliebenen Turm matt setzen würde. Dieser „Qualitätsgewinn" wäre ein Unsinn. Würden Sie eine Dame für einen Turm herschenken? Es ist also ratsam, die dauernde Lähmung der feindlichen Kräfte aufrechtzuerhalten und den Läufer zwischen g1 und é3 pendeln zu lassen, statt selbstmörderisch zu schlagen.

7. Die gewaltsame Entfesselung

a) De Légals Matt

39. Partie

Weiß: Kermuy de Légal — Schwarz: St. Brie

Paris 1750

1. é2 – é4	1. é7 – é5
2. **Lf1 – c4**	2. **d7 – d6**
3. **Sg1 – f3**	3. **Lc8 – g4**

Die Fesselung ist unecht, da nur die Dame dahinter steht und nicht der König. Diese Fesselung kann unter Umständen durch ein Springerschach oder mit einer Mattdrohung gewaltsam abgeschüttelt werden, wobei häufig der ungedeckte Lg4 erbeutet werden kann.

4. **Sb1 – c3**	4. **g7 – g6?**

Schwarz will den Königsläufer flankenentwickeln. Doch findet dieser Zug eine geniale Erwiderung. Es war noch immer 4. ... Sg8 – f6 oder 4. ... Sb8 – c6 gegeben, was die folgende Opferkombination verhindert hätte.

5. **Sf3 × é5!!**	5. ...

Weiß wirft ein Mattnetz mit drei Leichtfiguren aus, und zu diesem Zweck opfert er die Dame.

5. ...	5. **Lg4 × Dd1??**

Schwarz sieht die drohende Gefahr nicht und nimmt das Danaergeschenk an. Das kleinere Übel war 5. ... d6 × Sé5; 6. Dd1 × Lg4.

Auch nach 5. ... Lg4 – é6!; 6. Lc4 × Lé6, f7 × Lé6; 7. Sé5 – f3, Lf8 – g7 hat Schwarz einen Bauern eingebüßt.

Nach dem Textzug kündigte Weiß ein Matt in zwei Zügen an:

6. **Lc4×f7+**	6. **Ké8–é7**
7. **Sc3–d5#**	(Diagr. 135)

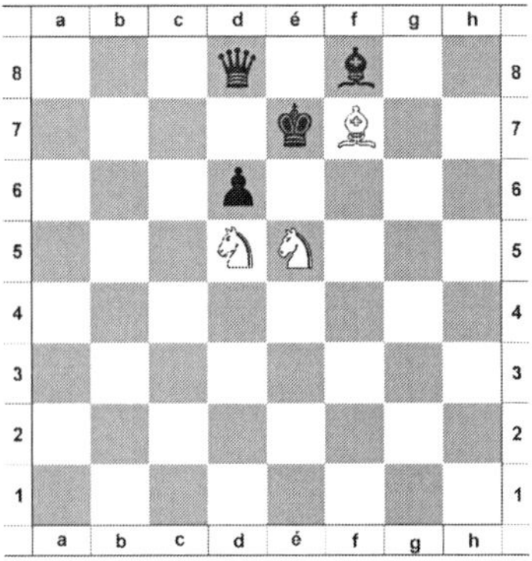

135
De Légals Matt
(oder Seekadettenmatt)

40. Partie

Weiß: André Chéron Schwarz: Jeanloz

Leysin 1929

1. **é2–é4**	1. **é7–é5**
2. **Sg1–f3**	2. **Sb8–c6**
3. **Lf1–c4**	3. **d7–d6**
4. **Sb1–c3**	4. **Lc8–g4**
5. **h2–h3!**	5. ...

Ein verschmitzter Vorbereitungszug. Ein Bockschuss wäre stattdessen das sofortige 5. Sf3×é5?? wegen Sc6×Sé5!. Nicht nur die Mattdrohung auf f7 wäre aufgehoben, sondern auch der vorgeprellte Lg4 gedeckt, und Weiß verlöre den Springer.

5. ...	5. **Lg4–h5?**

Der Abtausch war besser als dieser unüberlegte Rückzug.

6. **Sf3×é5!!**	6. **Lh5×Dd1??**

Katastrophal. Nach 6. ... Sc6 × Sé5!; 7. Dd1 × Lh5, Sé5 × Lc4; 8. Dh5 – b5+!~; 9. Db5 × Sc4 würde Schwarz nur einen Bauern verlieren.

7. **Lc4 × f7+**	7. **Ké8 – é7**
8. **Sc3 – d5#**	(Diagr. 135)

b) Die Variante des Matts von de Légal

In de Légals Originalfassung setzen zwei Springer und ein Läufer matt. Es ist aber auch umgekehrt möglich – also ein Matt mit dem Läuferpaar und einem Springer.

41. Partie

Weiß: Taylor — Schwarz: N. N.

London um 1860

1. **é2 – é4**	1. **é7 – é5**
2. **Lf1 – c4**	2. **Sg8 – f6**
3. **Sg1 – f3**	3. **Sf6 × é4**
4. **Sb1 – c3!?**	4. **Sé4 × Sc3**

Schwarz nimmt das Gambit an, aber durch die Öffnung der Läuferschräge erreicht Weiß einen gewaltigen Entwicklungsvorsprung.

5. **d2 × Sc3**	5. **d7 – d6?**

Ungünstig, weil nun Weiß mit 6. Sf3 – g5! zumindest den geopferten Bauern zurückgewinnen könnte. Notwendig war daher der hässliche Deckungszug 5. ... f7 – f6!.

6. **0 – 0**	6. ...

Weiß droht mit 7. Sf3 × é5!!, d6 × Sé5?; 8. Lc4 × f7+. Falls jetzt 8. ... Ké8 × Lf7, so 9. Dd1 × Dd8, und wenn 8. ... Ké8 – é7, dann 9. Lc1 – g5+ gleichfalls mit Damengewinn.

6. ...	6. **Lc8 – g4?**

Es ist meistens gefährlich, den feindlichen Königsspringer mit einem ungedeckten Läufer zu fesseln.

7. Sf3×é5!!	**7. Lg4×Dd1⁇**

Nach 7. ... Lg4–é6 könnte Schwarz noch lang Widerstand leisten.

8. Lc4×f7+	**8. Ké8–é7**
9. Lc1–g5#	(Diagr. 136)

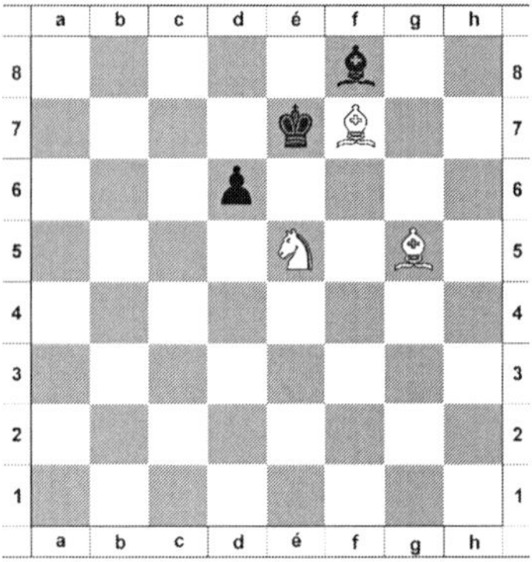

136
De Légals Matt in einem anderen Gewand

De Légals Matt ist auch mit Schwarz als Sieger möglich. Dazu ein Partiechen, das Alexander von Petroff in Warschau 1844 gewann:

1. é2–é4, é7–é5; 2. Sg1–f3, Sg8–f6; 3. Sf3×é5, Sb8–c6!?; 4. Sé5×Sc6, d7×SC6; 5. d2–d3, Lf8–c5; 6. Lc1–g5?, Sf6×é4!!; 7. Lg5×Dd8⁇, Lc5×f2+; 8. Ké1–é2, Lc8–g4#.

8. Kurzpartien mit Fesselung

a) Läuferfesselung

42. Partie

Weiß: Dr. Siegbert Tarrasch Schwarz: Efim Bogoljubow

Göteborg 1920

1. d2 – d4	1. Sg8 – f6
2. c2 – c4	2. é7 – é6
3. Sg1 – f3	3. b7 – b6

Schwarz beabsichtigt, mit dem Flankenläufer auf b7, den Vorstoß é2 – é4 zu verhindern.

4. Lc1 – g5	4. ...

Der Textzug bietet keinen Vorteil. Stärker ist das Gegen-Fianchetto 4. g2 – g3 oder auch 4. é2 – é3.

4. ...	4. Lc8 – b7
5. é2 – é3	5. h7 – h6!
6. Lg5 – h4?	6. ...

Das ist aber falsch. Notwendig war 5. Lg5 × Sf6 oder 5. Lg5 – f4.

6. ...	6. Lf8 – b4+!
7. Sb1 – d2?	7. ...

Der Figurenverlust war nur durch 7. Sb1 – c3, Lb4 × Sc3! oder mit 7. Sf3 – d2, 0 – 0! zu verhindern, aber auch dann steht Schwarz besser.

7. ...	7. g7 – g5

Schwarz entfesselt den Sf6, um mit Sf6 – é4 auf Figurengewinn zu spielen.

8. Lh4 – g3	8. g5 – g4!

Vertreibt den Sf3, der den anderen Springer verteidigt.

9. Sf3 – é5	9. Sf6 – é4

Weiß verliert den gefesselten Sd2. Er muss 10. Dd1– c2 spielen, um nicht noch mehr zu verlieren.

b) Turmfesselung

Die kürzeste Form der Turmfesselung geschah in der folgenden

43. Partie

Weiß: J. H. Blake Schwarz: N. N.

England (um 1900)

1. **é2 – é4**	1. **é7 – é5**
2. **f2 – f4!?**	2. **d7 – d6**

Eine stärkere Form der Ablehnung des Gambits ist 2. ... Lf8 – c5, die die weiße Rochade erschwert.

3. **Sg1 – f3**	3. ...

Weiß droht, mit f4 × é5 einen Bauern zu erbeuten.

3. ...	3. **Dd8 – é7?**

Die richtige Verteidigung ist 3. ... Sb8 – c6. Die Dame verstellt ohne Not den Königsläufer und hindert die Entwicklung.

4. **Lf1 – c4**	4. **é5 × f4**
5. **0 – 0!**	5. ...

Eine Falle. Weiß lädt die schwarze Dame zu einer Bauernspeise ein.

5. ...	5. **Dé7 × é4??**

Ein primitiver Reinfall. Am besten war 5. ... Lc8 – é6!.

6. **Tf1 – é1**	6. ...

Schwarz gab auf, da er wegen der Fesselung die Dame verliert.

44. Partie

Weiß: Dr. László Orbán | Schwarz: Herbert Witt

Neureichenau 1947

1. é2 – é4	**1. é7 – é5**
2. Sg1 – f3	**2. Sb8 – c6**
3. Lf1 – b5	**3. Sg8 – f6**
4. 0 – 0!	**4. Sf6 × é4**

Andere Möglichkeiten sind 4. ... Lf8 – é7 und 4. ... d7 – d6.

5. d2 – d4 | **5. ...**

Der Textzug ist stärker als 5. Tf1 – é1, Sé4 – d6!.

5. ... | **5. é5 × d4!?**

Riskant. Sicherer ist 5. ... Lf8 – é7 oder 5. ... Sé4 – d6. Nun würde nach 6. Tf1 – é1, d7 – d5! folgen. Weiß wählt daher eine andere Fortsetzung:

6. Sf3 × d4 | **6. Sc6 × Sd4?**

Verliert kostbare Zeit, da die weiße Dame mit Tempo ins Spiel kommt. Noch immer 6. ... Lf8 – é7 oder 6. ... Sé4 – d6 besser.

7. Dd1 × Sd4 | **7. Sé4 – d6?**

Nun sollte aber 7. ... Sé4 – f6 geschehen, um den Bg7 vor der weißen Dame zu schützen. Nach diesem Fehler geht es schnell bergab.

8. Tf1 – é1+ | **8. Lf8 – é7**

Der Läufer muss sich fesseln lassen und den Bg7 preisgeben.

9. Dd4 × g7	**9. Th8 – f8**
10. Lc1 – h6	**10. Sd6 × Lb5**
11. Dg7 × Tf8#	

c) Damenfesselung

45. Partie

Weiß: A. Rabinowitsch — Schwarz: G. J. Lewenfisch

Moskau 1927

1. **é2 – é4**	1. **Sg8 – f6**
2. **é4 – é5**	2. **Sf6 – d5**
3. **Sg1 – f3**	3. ...

Andere Möglichkeiten sind 3. d2 – d4, 3. c2 – c4, 3. Lf1 – c4, 3. Sb1 – c3.

3. ...	3. **d7 – d6**
4. **Lf1 – é2?**	4. ...

Führt zu Schwierigkeiten. Notwendig war 4. d2 – d4!.

4. ...	4. **Sd5 – f4!**
5. **Lé2 – f1⁇**	5. ...

Damit verliert Weiß zwei Tempi, und Schwarz erhält die Möglichkeit zu einem starken Angriff. Es sollte selbstverständlich 5. 0 – 0 geschehen.

5. ...	5. **d6 × é5**
6. **Sf3 × é5?**	6. ...

Stärker war das erzwungene Bauernopfer 6. d2 – d3! nebst Abtausch des unangenehmen schwarzen Zentralspringers 7. Lc1 × Sf4. Nun bricht das weiße Spiel wie ein Kartenhaus zusammen.

6. ...	6. **Dd8 – d5!**

Doppelangriff gegen den Springer und den Bg2.

7. **Sé5 – f3**	7. **Dd5 – é4+**

Die Kraft des schwarzen Zentralspringers. Weiß kann nicht das Schach mit der Dame decken.

8. **Lf1 – é2**	8. **Sf4 × g2+**
9. **Ké1 – f1**	9. **Lc8 – h3**
10. **d2 – d3**	10. **Sg2 – h4(+)!!**

11. Kf1– é1 **11. ...**

Nach 11. Kf2 – g2 würde 11. Dé4 – g4# folgen.

11. ... **11. Sh4×Sf3#**

Der Läufer ist nämlich gefesselt und kann den Springer nicht nehmen.

9. Doppelfesselung

Die Doppelfesselung besteht aus zwei echten Fesselungen. Wenn die einfache Fesselung schon erdrückend ist, eine Doppelfesselung wirkt meistens vernichtend (Diagr. 137).

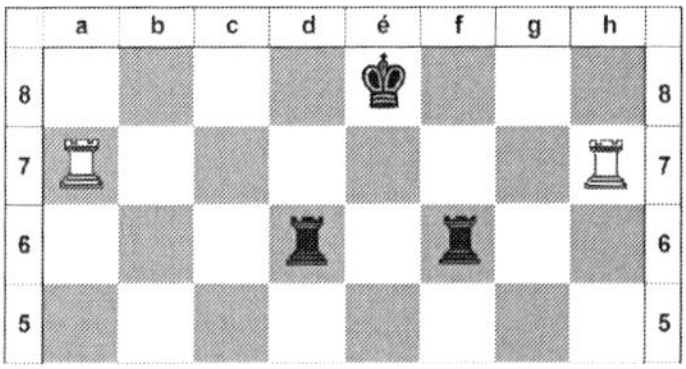

137
Eine vernichtende Doppelfesselung

1. Ta7– a8+ **1. Td6 – d8**

Die erste Fesselung war erzwungen. Ebenso die zweite:

2. Th7– h8+ **2. Tf6 – f8**
3. Ta8×Td8+ **3. Ké8×Td8**
4. Th8×Tf8+

und Weiß gewinnt.

46. Partie

Weiß: N. N. Schwarz: H. E. Bird

London um 1870

1. é2 – é4 **1. é7– é5**
2. d2 – d4 **2. é5×d4**

3. **Sg1–f3**	3. **Sb8–c6**
4. **Sf3×d4**	4. **Dd8–h4**
5. **Sd4–b5?!**	5. **Lf8–c5!?**

Schwarz kümmert sich nicht um die Drohung Sb5×c7+, sondern spielt auf Gegenangriff und droht Matt auf f2.

6. **Dd1–f3**	6. **Sg8–f6**
7. **Sd5×c7+**	7. **Ké8–d8**

Weiß erbeutet zwar den Bauern und Turm, aber Schwarz nützt die Gelegenheit zur Entwicklung seiner Streitkräfte.

8. **Sc7×Ta8**	8. **Th8–é8!**
9. **Lf1–d3**	9. **Sf6×é4**
10. **0–0?**	10. **...**

Auch 10. Lc1–é3, Sé4×f2! war nicht viel besser, aber mit 10. Ld3×Sé4! konnte Weiß den Spieß umdrehen. Es ist eine gute Strategie, Angriffsfiguren abzutauschen. Nach dem Textzug geht es bald bergab.

10. **...**	10. **Sé4×f2!!**
11. **Tf1×Sf2**	11. **Té8–é1+**
12. **Ld3–f1**	12. **...**

Durch das Springeropfer ist Weiß in eine fürchterliche Doppelfesselung geraten. Sowohl der Turm wie auch der Läufer sind gefesselt, und der unentwickelte weiße Damenflügel kann dem König nicht helfen.

12. **...**	12. **Sc6–d4!**
13. **Df3×f7**	13. **Sd4–é2+**

Die gefesselten weißen Figuren können den Eindringling nicht nehmen.

14. **Kg1–h1**	14. **Sé2–g3+!**

Nun ist der Bauer h2 gefesselt, und der König muss zurück.

15. **Kh1–g1**	15. **Té1×Lf1#**

10. Kreuzfesselung

„Der stärkste Angriff im Schach ist das Abzugschach, der stärkste Zug der Mattzug, das schwierigste Endspiel das Bauernendspiel und das schönste Kombinationsbild – die Kreuzfesselung!“ (Kurt Richter).

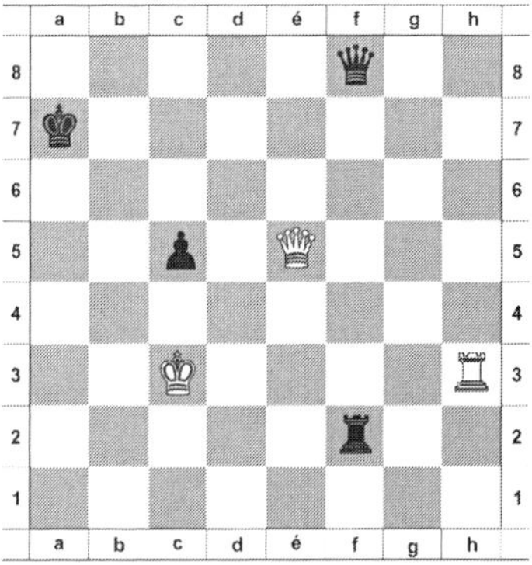

138
Aus einer Studie von André Chéron nach Kling und Horwitz (1957)

1. Th3 – h7+! **1. Tf2 – f7**

Es bleibt ihm nichts anderes übrig, als mit dem Turm in die Selbstfesselung zu gehen 1. ... Ka7 – a8?; 2. Dé5 – d5+, Ka8 – b8; 3. Dd5 – b7#.

Wenn 1. ... Ka7 – b6(a6)?, so 2. Dé5 – é6+, Kb6 – b5; 3. Th7 – b7+, Kb5 – a5?; 4. Tb7 – a7+, Ka5 – b5; 5. Dé6 – a6#.

2. Dé5 – f6!! (Diagr. 139)

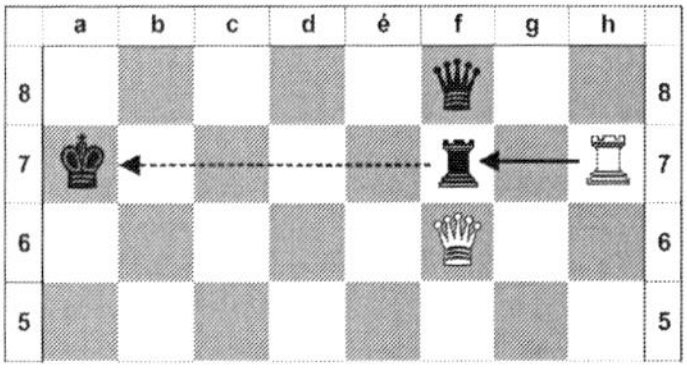

139
Die gerade Kreuzfesselung

Nur unentschieden ergibt 2. Dé5 – f5(f4?) wegen 2. ... Df8 – h8+!! (gewaltsame Sprengung sämtlicher Fesseln); 3. Th7 × Dh8 (sonst Turmverlust) 3. ... Tf7 × Df5(f4)=.

2. ...	**2. Tf7 × Th7**

Jetzt geht 2. ... Df8 – h8?? nicht mehr wegen 3. Th7 × Tf7+, Ka7 – b8; 4.Df6 × Dh8#.

3. Df6 × Df8	Weiß gewinnt.

Weiß und Schwarz haben gleichzeitig Damen umgewandelt, und nun ist Weiß am Zuge (Diagr. 140).

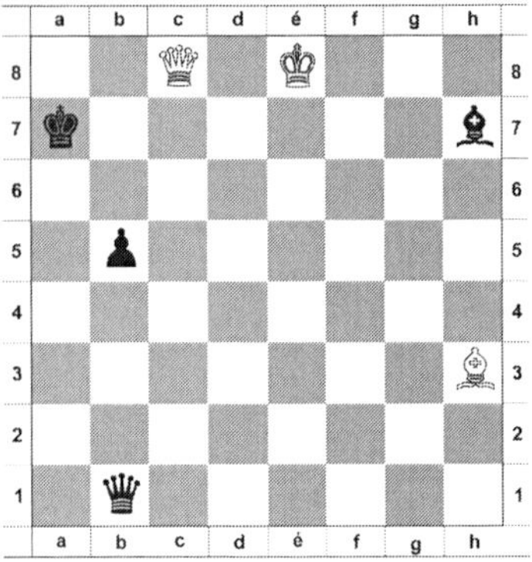

140
Aus einem Endspiel von Alexej A. Troitzky (1927)

1. Dc8 – c7+	**1. Ka7 – a8!**

Nicht etwa 1. ... Ka7 – a6?? wegen 2. Lh3 – c8#.

2. Lh3 – g2+	**2. Lh7 – é4**

Anders kann das Schach nicht abgewendet werden.

3. Dc7 – h7!!	(Diagr. 141)

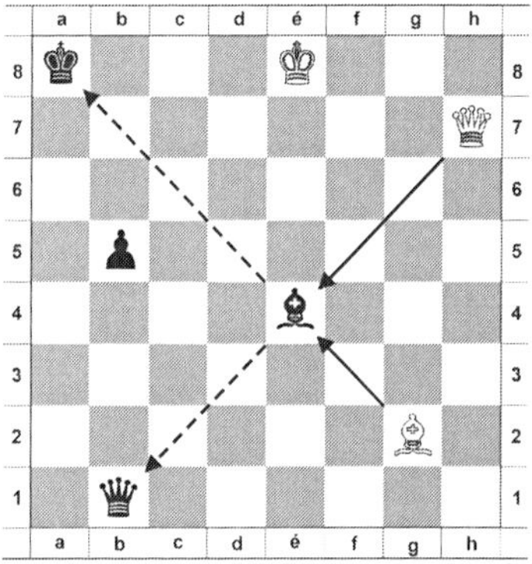

141
Die schräge Kreuzfesselung

Schwarz kann die Dame nicht schlagen, weil sein Läufer gefesselt ist. Falls 3. ... Lé4×Lg2?, so 4. Dh7×Db1, und Weiß gewinnt. Wenn 3. ... Db1–é1(b4), dann 4. Lg2×Lé4+, Ka8–b8; 5. Dh7–b7#.

3. ...	**3. Ka8–b8**
4. Lg2×Lé4	4. ...

Droht 5. Dh7–b7#.

4. ...	**4. Db1×Lé4+**
5. Dh7×Dé4	und gewinnt.

Neben der geraden und schrägen Kreuzfesselung gibt es noch eine dritte Abart, die aus einer geraden und aus einer schrägen Fesselung zusammengesetzt ist (gemischte Kreuzfesselung).

Der Abzug – aufgedeckter Angriff

Die bisher behandelten Doppelangriffe – die Gabel, der Spieß und die Fesselung – wurden jeweils von einer Figur ausgeführt. An der Vorbereitung dieser Doppelangriffe nahmen oft auch andere Steine teil, aber der Schlussangriff war immer die Sache eines einziges Steines.

Zum *aufgedecktem Angriff* – kurz „Abzug" genannt – sind allemal *zwei Steine* notwendig:

1) die im Hintergrund lauernde Linienfigur – die *Drohfigur*,
2) der vorn stehende *Sperrstein* oder *Tarnstein*, der abzieht und den Angriff der Drohfigur aufdeckt.

Die Drohfigur und der Sperrstein bilden gemeinsam die *Batterie.*

Die *Linienfiguren strahlen* auch *durch eigene Steine.* Befindet sich ein feindlicher Stein in der verstellten Strahlung der Linienfigur, dann ist er bedroht und gefährdet. Der gefährdete Feind ist noch nicht angegriffen. Falls aber der Sperrstein abzieht, dann enthüllt er plötzlich die Drohfigur. Es kommt zu einer Explosion, denn die bisher getarnte Batterie der Linienfigur speit unerwartet todbringendes Feuer gegen den armen gefährdeten Stein. *Die Drohfigur greift* den Feind *an, ohne selbst gezogen zu haben*; das ist der Abzugangriff oder aufgedeckte Angriff.

Drohsteine können nur *Linienfiguren* sein – also die Dame, der Turm und der Läufer. *Jeder beliebige Stein* kann den *Sperrstein* spielen – nur die Dame nicht, da sie sofort in alle Richtungen wirkt.

1. Der einfache aufgedeckte Angriff

In Diagr. 142 ist der Läufer die Drohfigur, der den schwarzen König bedroht. Der Läufer hat den König nicht angegriffen, weil seine Bahn von dem eigenen Springer getarnt ist. Der Springer ist der Sperrstein.
Zieht der Tarnstein (der Springer) ab, verlängert sich die Strahlung der Drohfigur (des Läufers) automatisch, und der Läufer greift den schwarzen König an, z. B. 1. Sd4 – f3(+). Das ist ein *einfacher Abzugangriff*. Es ist ein völlig harmloser Fall: Der König zieht aus dem Schach.

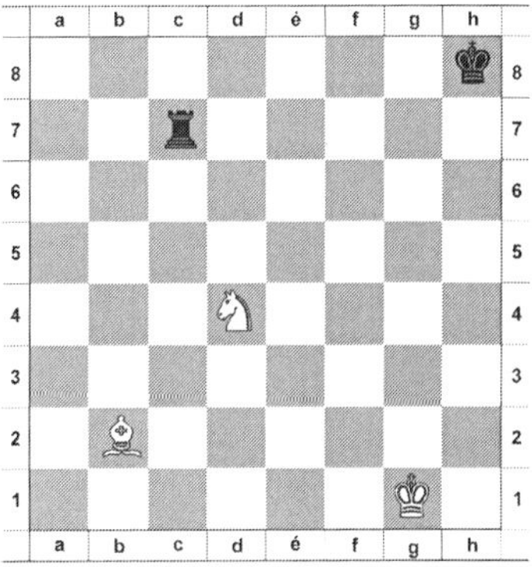

142
Weiß droht mit einem aufgedeckten Angriff

2. Der Abzug-Doppelangriff

Viel wirksamer ist es, falls der Sperrstein nicht nur abzieht, sondern auch einen feindlichen Stein angreift: 1. Sd4 – é6(+)!. Das ist der aufgedeckte Doppelangriff. Die Drohfigur (der Läufer) greift den einen Feind (den König) an und der Sperrstein (der Springer) den zweiten Feind (den Turm).

Schwarz ist machtlos gegen diesen Angriff. Nach etwa 1. ... Tc7– g7+ folgt 2. Sé6 × Tg7, und Weiß gewinnt. In beiden Fällen geschah ein *Abzugschach* oder *aufgedecktes Schach.* Nicht der Springer, der gezogen hat, gab Schach, sondern der Läufer (die Drohfigur), der nicht gezogen hat.

3. Das Abzugmatt (aufgedecktes Matt)

Am gefährlichsten ist es, wenn sich der König in verstellter Strahlung einer feindlichen Linienfigur befindet. Dann ist jeder Abzug des Sperrsteines mit einem aufgedeckten Schach verbunden. In ungünstigen Fällen kann das Schach nicht abgewehrt werden, und es kommt zu einem plötzlichen Abzugmatt.

47. Partie

Weiß: Arnous de Riviere — Schwarz: N. N.

Nantes um 1860

1. d2 – d4	1. f7– f3
2. é2 – é4!?	2. f5 × é4
3. f2 – f3	3. ...

Genauer ist, vorher den schwarzen Gambitbauern anzugreifen: 3. Sb1– c3!, Sg8 – f6 und erst nachher den Bauern mit 4. f2 – f3 endgültig zu opfern.

3. ...	3. é4 × f3
4. Sg1 × f3	4. ...

Durch das Bauernopfer öffnete Weiß Schrägen für seine Läufer sowie den f- und é-Weg für die Türme.

4. ...	4. d7– d5
5. Sf3 – é5	5. ...

Es droht bereits 6. Dd1–h5+, g7–g6; 7. Sé5×g6!!. Schwarz muss diese Drohung verhindern:

5. ...	5. **Sg8–f6**
6. **Lc1–g5**	6. **Sb8–d7**
7. **Lg5×Sf6**	7. **Sd7×Lf6**
8. **Lf1–d3**	8. **c7–c5**
9. **0–0!?**	9. ...

Weiß opfert den zweiten Bauern, um den Turm ohne Zeitverlust auf dem offenen f-Weg einzusetzen.

9. ...	9. **c5–c4?**

Schwarz verliert zu viel Zeit mit Bauernzügen. Erheblich besser war 9. ... Dd8–b6!. Der Textzug wird glänzend widerlegt.

10. **Tf1×Sf6!!**	10. ...

Dieses Qualitätsopfer ist stärker als die Flucht des angegriffenen Läufers nach é2, wo der Läufer recht unwirksam stehen und außerdem die Bahn der Dame verstellen würde.

10. ...	10. **c4×Ld3**

Die schwarzen Figuren sind völlig unentwickelt.

Es ist klar, dass 10. ... é7×Tf6; 11. Dd1–h5+ schnell verlieren würde, z. B. 11. ... Ké8–é7; 12. Dh5–f7+. Er glaubt, mit der Beseitigung des gefährlichen Läufers längeren Widerstand leisten zu können, doch kommt er vom Regen in die Traufe.

11. **Dd1–h5+**	11. **g7–g6**
12. **Tf6×g6!!**	12. ...

Der Turm opfert sich erneut. Schwarz darf das Opfer nicht annehmen, weil nach 12. ... h7×Tg6??; 13. Dh5×g6# verstecktes Matt folgt.

Er öffnet daher seinem König ein Fluchtfeld:

12. ...	12. **Dd8–c7**

13. Tg6 – d6(#)!!

Oder 12. ... Lf8 – g7; Tg6 – f6(#)!!.
Bzw. 12. ... é7– é6; 13. Tg6 × é6##!!.

4. Das Abzugschach (aufgedecktes Schach)

Das Abzugschach ist auch dann gefährlich, wenn es nicht gerade zum Matt führt. Das Abzugschach schafft fast immer einen Vorteil. Der Sperrstein kann sich die tollkühnsten Züge erlauben. Er darf sich einstellen, ohne Gefahr zu laufen, geschlagen zu werden – denn der Gegner ist verpflichtet, vor allem das aufgedeckte Schach des Drohsteines abzuwehren. Das Abzugschach ist ein geeignetes Mittel zur Steigerung der Figurenkraft. Dem Sperrstein steht ohne Rücksicht auf die gegnerischen Kräfte sein ganzer Bereich zur Verfügung. Die Leistungsfähigkeit des Sperrsteines wird auf Maximalhöhe gesteigert.

a) Der König als Sperrstein

In Diagr. 143 heißt es richtig abwickeln, richtig abtauschen! Nach 1. Tf7 × Ld7?, Ta1 × Lc1 geriete Weiß wegen den gefährlichen schwarzen Freibauern in eine Verluststellung.

1. Tf7 × Sf1! **1. ...**

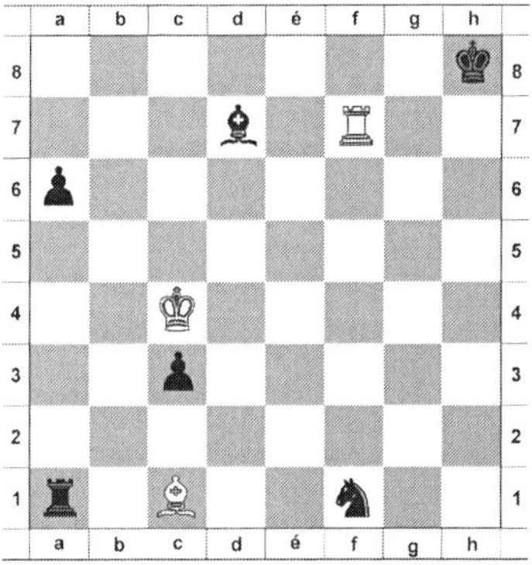

143
Ein Lehrendspiel von F. Amelung (1904). Weiß am Zug macht Remis

Die große Überraschung: Weiß schlägt den Springer, obwohl er nach dem folgenden Läuferspieß den Turm verliert und so die Qualität einbüßt.

1. ...	**1. Ld7– b5+!**
2. Kc4×c3	**2. Lb5×Tf1**
3. Lc1– b2!	3. ...

Das war die weiße Kombination. Der Anziehende hat einen gefährlichen Freibauern erbeutet, und jetzt droht er, mit einem Abzugschach den Turm zu gewinnen. Der Läufer ist die Drohfigur, und der König der Sperrstein.

3. ...	**3. Ta1– b1(a2)!**

Nach anderen Erwiderungen verliert Schwarz den Turm ohne Gegenwert:

1) 3. ... Ta1–d1?; 4. Kc3–c2(+), K~; 5. Kc2×Td1,
2) 3. ... Ta1–é1?; 4. Kc3–d2(+), Té1–é5; 5. Lb2×Té5+,
3) 3. ... Ta1–a4?; 4. Kc3–b3(+), Ta4–d4; 5. Lb2×Td4+,
4) 3. ... Ta1–a5?; 4. Kc3–b4(+), K~; 5. Kb4×Ta5.

4. Kc3 – c2(+)	**4. Tb1×Lb2+**

5. Kc2×Tb2 =

Nach 3. ... Ta1– a2; 4. Kc3 – b3(+), Ta2×Lb2+, 5. Kb3×Tb2= kommt dasselbe heraus.

Jetzt ist eine bekannte Remisstellung entstanden. Schwarz ist nicht imstande, den Bauern umzuwandeln, weil sein weißfeldriger „falscher" Läufer das schwarze Umwandlungsfeld a1 nicht beherrscht. Der weiße Herrscher pendelt kaltblütig zwischen b2 und a1, und die schwarze Übermacht kann ihn aus der Ecke nicht vertreiben.

b) Der Springer als Sperrstein

Das folgende lehrreiche Beispiel zeigt, wie der Läufer im Abzugbereich des Springers zappelt (Diagr. 144).

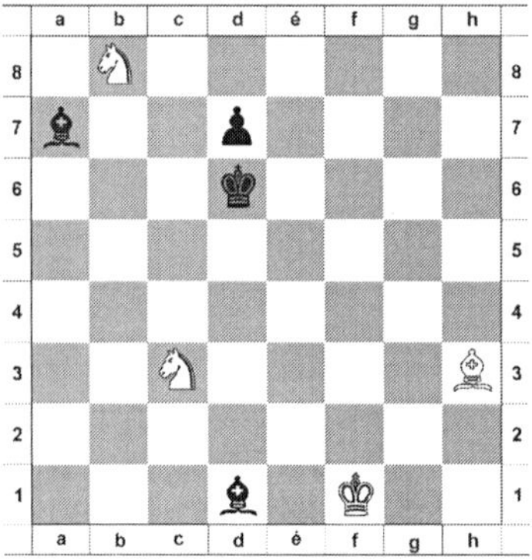

144
Aus einer Studie der Gebrüder Saryschew (1948). Weiß am Zug gewinnt

1. Sc3 – b5+!	**1. Kd6 – c5**
2. Sb5 × La7	**2. Kc5 – b6**
3. Sa7– c8+	**3. Kb6 – c7 (b7)**

Weiß kann die Zurückeroberung der Figur nicht verhindern. Falls 4. Kf1– é1?, so Kc7 × Sb8!=. Weiß gibt daher die Figur so zurück, dass der schwarze König mit dem Schlagen in ein Abzugschach geriete.

4. Sb8 × d7!	**4. Kc7 × Sc8**

Der riesige Abzugbereich des Springers. Von der 3. bis zur 8. Reihe beherrscht er sämtliche weißen Felder, ausgenommen das einzige Feld b5. In dem auf das Abzugschach folgenden Zug kann der Springer insgesamt 21 weiße Felder besetzen oder die dort stehenden Steine schlagen. Die Gewalt des Abzugspringers erreicht die Kraft der Dame!

5. Kf1– é1!	**5. Ld1– c2**

Das ist das einzige Feld, das dem armen Läufer übrig bleibt. Falls 5. ... Ld1– f3?, so 6. Sd7– é5(+)!. Oder 5. ... Ld1– h5?; 6. Sd7– r6(+)!. Oder 5. ... Ld1– b3(a4)?; 6. Sd7– c5(+)!, und im nächsten Zug nach der Königsflucht schlägt ihn der erbarmungslose Springer.

Nur die 1. und 2. Reihe ist außerhalb des Springerbereiches – überdies auch die Felder b5, f5 und h3. Der verfolgte schwarze Läufer könnte lediglich das Feld f5 erreichen, falls ihn der weiße Läufer daran nicht hinderte. Auch die rettende Nähe seines Königs bleibt ihm verwehrt. Die Verfolgung geht weiter.

6. Ké1– d2	**6. Lc2 – b1**

Falls 6. ... Lc2 – é4(h7)?, so 7. Sd7– f6(+)!.

Wenn 6. ... Lc2 – g6?, so 7. Sd7– é5(+), und der Läufer fällt.

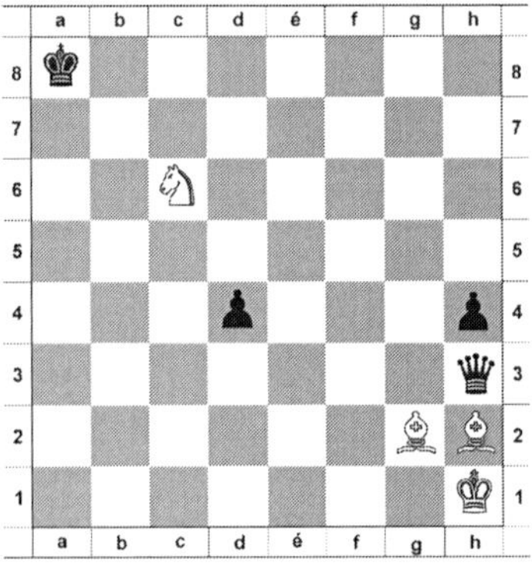

145
Eine Studie von Henri Rinck (1927). Schwarz am Zug verliert

7. Kd2 – c1	**7. Lb1 – a2**
8. Kc1 – b2	**8. ...**

Nach 8. ... La2 – c4(d5) gewinnt 9. Sd7 – b6++!.
Auf 8. ... La2 – f7 folgt 9. Sd7 – é5(+)!.
Oder 8. ... La2 – g8; 9. Sd7 – f6(+)! mit Eroberung des Läufers.
Selbst die stolze Dame muss den Abzugspringer fürchten (Diagr. 145). Weiß zog gerade 1. Ld5 – g2!, um die Dame zur Erklärung zu zwingen.

1. ...	**1. Dh3 – é3!**

Das ist wohl das einzige Feld, das ihr von dem mächtigen Damenbereich übrig bleibt. Der Springer beherrscht die weißen Felder:

1) 1. ... Dh3–g4(d7)?; 2. Sc6–é5(+)!,
2) 1. ... Dh3–f5(é6)?; 2. Sc6 × d4(+)!,
3) 1. ... Dh3–c8?; 2. Sc6–é7(+)!,
4) 1. ... Dh3–d3?; 2. Sc6–b4(+)!
5) 1. ... Dh3–b3?; 2. Sc6 × d4(+)!,

6) 1. ... Dh3-c3(a3); 2. Sc6×d4(+)!, Ka8–a7; 3. Sd4–b5+ (Gabel).

2. Sc6×d4(+)! **2. ...**

Nach 2. Lh2 – g1?, Dé3 – é1(h6)! flüchtet die Dame aus dem Springerbereich, und Weiß kann nicht mehr gewinnen: 3. Sc6×d4(+), Ka8 – b8! und nicht 3. ... Ka8 – a7?. (Der König darf sich keinem Abzugschach aussetzen.)

2. ... **2. Ka8 – a7**

3. Lh2 – g1! **3. ...**

Die gefürchtete Hinterstellung. Jetzt sind die schwarzen Felder gefährlich geworden:

1) 3. ... Dé3–d2(c1)?; 4. Sd4–b3(+)!;
2) 3. ... Dé3–f4(g5)?; 4. Sd4–é6(+)!;
3) 3. ... Dé3–h6?; 4. Sd4–f5(+)!;
4) 3. ... Dé3–é1?; 4. Sd4–c2(+)!;
5) 3. ... Dé3–é5(é7)?; 4. Sd4–c6++!;
6) 3. ... Dé3–c3(a3)?; 4. Sd4–b5++!;
7) 3. ... Dé3–g3?; 4. Sd4–f5(+)!.

Schwach ist auch 3. ... Dé3 – d3; 4. Sd4 – c6++, Ka7– a6(b7, a8); 5. Sc6 – b4+ (Familienschach).

3. ... **3. Dé3 – é8**

4. Sd4 – b5++ **4. Ka7– b8**

Wenn 4. ... Ka7– a6?, so 5. Sb5 – c7+ (Familienschach).

5. Lg1– a7+ (oder h2+) **5. ...**

Dieses Treibschach zwingt den König in ein Familienschach hinein.

5. ... **5. Kb8 – c8**

6. Sb5 – d6+ und gewinnt.

c) Der Läufer als Sperrstein

Nun sehen wir vor allem, wie der Abzugläufer den gleichfarbigen feindlichen Läufer einfängt (Diagr. 146).

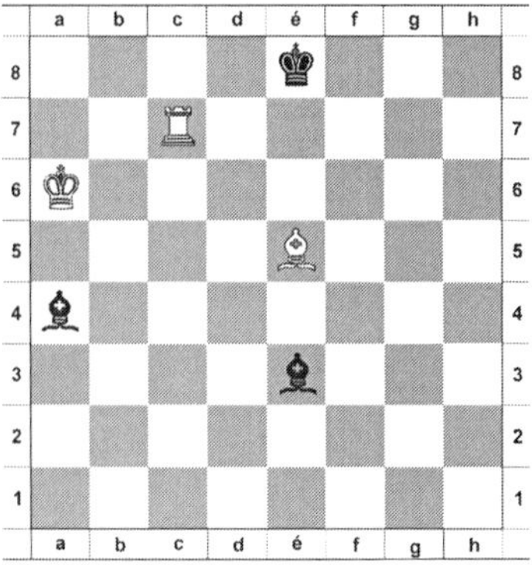

146
Eine Studie von Henri Rinck (1924).
Weiß am Zug gewinnt

1. Tc7– c4	**1. La4 – d7!**

Es geht auch 1. ... La4 – d1, nicht aber 1. ... La4 – b3? wegen der Gabel 2. Tc4 – c3, die einen Läufer kostet.

2. Tc4 – é4!	**2. ...**

Die Hinterstellung. Der Turm ist zum Drohstein, und der weiße Läufer zum Sperrstein geworden. Der schwarze Läufer é3 steht auf verlorenem Posten; wohin er nur zieht, wird er durch Abzugschach erbeutet:

1) 1. ... Lé3–c5; 2. Lé5–d6(+)!;
2) 1. ... Lé3–f2; 2. Lé5–g3(+) oder 2. Lé5–d4(+);
3) 1. ... Lé3–g1; 2. Lé5–h2(+) oder 2. Lé5–d4(+);
4) 1. ... Lé3–g5; 2. Lé5–f6(+)!;
5) 1. ... Lé3–h6; 2. Lé5–g7(+) oder 2. Lé5–f4(+);
6) 1. ... Lé3–d2; 2. Lé5–c3(+) oder 2. Lé5–f4(+);
7) 1. ... Lé3–c1; 2. Lé5–b2(+) oder 2. Lé5–f4(+).

Was bleibt dem Nachziehenden bei diesen düsteren Aussichten zu tun? – Schachgebote, solange es nur geht.

2. …	2. **Ld7 – c8+**
3. **Ka6 – a5!**	3. …

Nach 3. Ka6 – b5, Lc8 – d7+; Kb5 – c4?, Ld7 – é6+! würde Schwarz recht behalten und den Lé3 aus seiner gefährdeten Lage retten.

3. …	3. **Lé3 – d2+**
4. **Lé5 – c3(+)!**	4. …

Das gefürchtete Kreuzschach (gekreuztes Schach). Der Läufer ist verloren.

4. …	4. **K~**
5. **Lc2×Ld2**	und Weiß gewinnt.

d) Der Turm als Sperrstein

Die folgende Studie des Italieners R. Bianchetti ist ein häufig gedrucktes Schulbeispiel, eindrucksvoll in seiner Einfachheit.

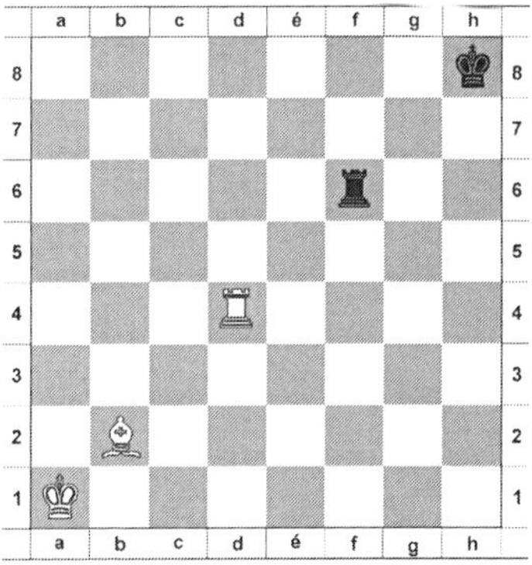

147
Eine Studie von Rinaldo Bianchetti (1925). Schwarz am Zug verliert

Weiß zog gerade 1. Lc1– b2! und stellte den Nachziehenden vor unlösbare Probleme. Der Schlüsselzug ist eine „Hinterstellung“; der Läufer stellte sich hinter den eigenen Turm, um den schwarzen Turm und König aus dem Hinterhalt zu bedrohen, die sich nun in der verstellter Läuferstrahlung befinden. Der Läufer ist somit zur Drohfigur geworden. Die schwarzen Figuren müssen stets mit einem gefährlichen Abzug des Sperrsteines – des weißen Turmes – rechnen, der plötzlich die Läuferstrahlung aufdeckt.

Weiß droht, mit 2. Td4 – f4! oder 2. Td4 – d6! eine Abzugfesselung herbeizuführen und zugleich den schwarzen Turm zweimal anzugreifen.

Völlig aussichtslos ist dagegen 1. ... Kh8 – g7?, weil der König des doppelt angegriffenen Turm nur einmal verteidigen kann.

Es hilft auch nichts, wenn der König aus der Läuferstrahlung flüchtet. Nach 1. ... Kh8 – g8?; 2. Td4 – g4+!, Kg8 – f7; Lb2×Tf6, Kf7×Lf6 verliert Schwarz die Qualität und wird matt gesetzt.

Der Spiegelzug 1. ... Kh8 – h7? führt zu demselben traurigen Ergebnis nach 2. Td4 – d7+!, Kh7– g6; 3. Lb2×Tf6, Kg6×Lf6.

Schwarz muss also den Turm ziehen:

1. Spiel

1. ...	1. **Tf6 – a6+**
2. **Td4 – a4(+)!**	2. **K~**
3. **Ta4×Ta6**	und gewinnt.

Das Spiegelspiel 1. Tf6 – f1+ ist auch nicht besser und wird ebenfalls mit dem Kreuzschach 2. Td4 – d1(+)! widerlegt. 2. ... Tf1– f6; 3. Lb2×Tf6 und gewinnt.

2. Spiel

Selbst ein Angriff gegen die Drohfigur (gegen den weißen Läufer) kann die Gefahr nicht bannen:

1. …	1. **Tf6 – f2**
2. **Td4 – d2(+)!**	2. **Tf2 – f6**
3. **Lb2 × Tf6+**	und gewinnt.

Oder das Spiegelspiel 1. … Tf6 – b6; 2. Td4 – b4(+)!, K~; 3. Tb4 × Tb6, und Weiß gewinnt.

3. Spiel

1. …	1. **Tf6 – f7**
2. **Td4 – h4++!**	2. **Kh8 – g8**

Das Doppelschach kann nur durch Königsflucht abgewendet werden.

3. **Th4 – h8#**

Oder 1. … Tf6 – g6; 2. Td4 – d8++!, Kh8 – h7; 3. Td8 – h8#.

4. Spiel

1. …	1. **Tf6 – h6!**

Der schwarze Turm will in der Nähe seines Königs bleiben, damit sie einander decken können. Der Turm verhindert zwar ein Turmschach auf dem h-Weg, nicht aber das Abzugschach des Läufers!

2. **Td4 – g4(+)!**	2. …

Der Textzug lässt dem Nachziehenden nur eine einzige Erwiderung zu:

2. …	2. **Kh8 – h7**
3. **Tg4 – g7+**	3. …

Der Zweck dieses Schachgebotes ist, den König wieder in die Ecke zurückzudrängen, wo er einem weiteren Abzugschach ausgesetzt wird.

3. …	**3. Kh7–h8**

a)

4. Ka1–b1!!	4. …

Dieser prächtige Tempozug stellt den Zugzwang her. Der schwarze König ist patt gestellt. Der Turm muss also ziehen. Wohin aber der dem Tode geweihte Turm ziehen mag, überall wird er durch ein Abzugschach erobert. Z. B.

1) 4. … Th6–h1+; 5. Tg7–g1(+)!;
2) 4. … Th6–h2; 5. Tg7–g2(+)!;
3) 4. … Th6–h3; 5. Tg7–g3(+)!;
4) 4. … Th6–a6; 5. Tg7–a7(+)!;
5) 4. … Th6–b6; 5. Tg7–b7(+)!, Tb7×Lb2+; 6. Kb1×Tb2 gewinnt.

4. …	**4. Th6–h7!**
5. Tg7–g1(+)	

Oder 5. Tg7–g6(+).

Nicht jedoch 5. Tg7–a7(+)? oder 5. Tg7–f7(+)? wegen Kh8–g8!=.

5. …	**5. Th7–g7**
6. Lb2×Tg7+! und gewinnt.	

Weiß vermeidet die Falle 6. Tg1×Tg7??. Patt.

b)

4. Ka1–a2?	4. …

Weiß kann nur mit 4. Ka1–b1!! gewinnen. Nach dem Textzug hat Schwarz eine nette Remiskombination.

4. …	**4. Th6–a6+**
5. Ka2–b1	5. …

Offensichtlich schlecht ist 5. Ka2–b3?, Ta6–b6+; 6. Kb3–c2, Tb6×Lb2+!; 7. Kc2×Tb2, Kh8×Tg7#.

5. ...	**5. Ta6 – a1+!!**

Nach 6. Lb2×Ta1?? oder 6. Kb1×Ta1?? ist Schwarz patt.

6. Kb1– c2	**6. Ta1– c1+!**

Weicht der weiße König nach rechts ab, verfolgt ihn der Turm mit Schachgeboten über das ganze Schachbrett.

7. Kc2 – b3	**7. Té1– c3!+**

Nach 8. Lb2×Tc3 ist Schwarz patt. Nach einem Königszug sichert Schwarz mit 8. ... Kh8×Tg7 das Remis.
Ähnlich verläuft das Spiegelspiel 1. ... Tf6 – f8!;2. Td1– d7(+)!, Kh8 – g8; 3. Td7– g7+, Kg8 – h8; 4. Ka1– a2!!. (Nicht 4. Ka!–b!? Tf8 – f!+!.) 4. ... Tf8 – g8!; 5. Tg7– a7(+), Tg8 – g7; 6. Lb2×Tg7+! gewinnt.
Warum ist das eine Mal 4. Ka1– b1! gut und ein anderes Mal 1. Ka1– a2!?
Der weiße König muss so ziehen, dass das etwaige Schachgebot des schwarzen Turmes mit dem Abzugschach des weißen Turmes abgewehrt wird. Der schwarze Turm kann also auf sämtlichen Feldern des f- und h-Weges, der 6. und 8. Reihe abgefangen werden. *Der Abzugsbereich des Turmes beträgt insgesamt 27 Felder, das entspricht der Maximalkraft der Dame!*

5. Die Zwickmühle

Bekanntlich kann man im Mühlespiel mit Aufziehen und gleichzeitigem Zuziehen einer sogenannten Zwickmühle dem Gegner schwere Verluste zufügen. Dasselbe kommt auch im Schachspiel vor.

a) Der Turm als Mahlstein

Es folgt eine etwas abgeänderte Stellung aus einer internationalen Turnierpartie, in der ein Weltmeister unter Donner und Blitzschlag durch die Todesmühle zermahlen wurde (Diagr. 148).

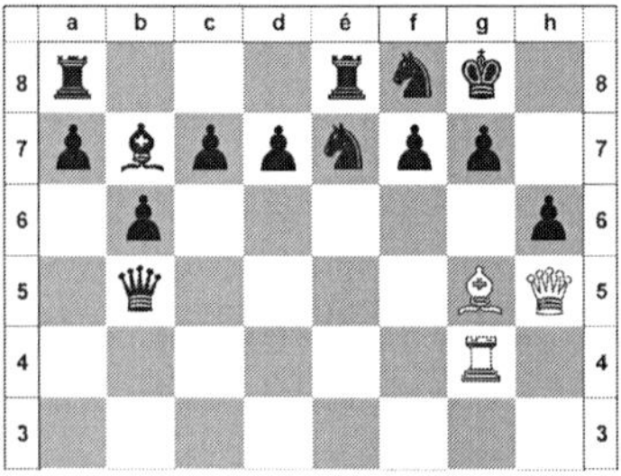

148
Weiß am Zug opfert die Dame, um eine Zwickmühle aufzubauen

1. Lg5 – f6!!	1. Db5 × Dh5
2. Tg5 × g7+	2. Kg8 – h8

Das ist die Zwickmühle. Der König steht im Abzugbereich des Läufers. Der weiße Läufer ist das Getriebe in der Mühle und der weiße Turm der Mahlstein. Jetzt erst beginnt die Zwickmühle zu mahlen.

3. Tg7 × f7(+)	3. ...

Der Turm kann nicht geschlagen werden, weil das Abzugschach abgewehrt werden muss. Die Kombination beruht auf wiederholte Tempogewinne durch aufgedecktes Schach.

3. ...	3. Kh8 – g8
4. Tf7 – g7+	4. Kg8 – h8

Die Zwickmühle wird abwechselnd auf- und zugemacht wie im Mühlespiel. Bei jedem zweiten Zug wird ein feindlicher Stein geschlagen – jeweils in Begleitung eines Abzugschachs.

5. Tg7×Sé7(+)	5. Kh8–g8
6. Té7–g7+	6. Kg8–h8
7. Tg7×d7(+)	7. Kh8–g8
8. Td7–g7+	8. Kg8–h8
9. Tg7×c7(+)	9. Kh8–g8
10. Tc7–g7+	10. Kg8–h8
11. Tg7×Lb7(+)	11. Kh8–g8
12. Tb7–g7+	12. Kg8–h8

Mitunter wird es ratsam sein, den Eckbauern zu schonen, um dem schwarzen Turm keine Bahn zu öffnen. Hier wird aber auch der Bauer a7 genommen.

13. Tg7×a7(+)	13. Kh8–g8
14. Ta7–g7+	14. Kg8–h8

Schade, dass keine schwarzen Steine sich unten auf dem g-Weg befinden! Der Turm könnte sie nacheinander auf dieselbe Art alle verspeisen, wie die der 7. Reihe. Es ist jedoch noch ein fetter Bissen da: die Dame. Die holen wir jetzt auch!

15. Tg7–g5(+)!	15. Kh8–h7
16. Tg5×Dh5	16. Kh7–g6!
17. Th5–h3	17. Kg6×Lf6

Es gelang ihm, den tüchtigen Läufer zurückzugewinnen – aber nur in diesem Falle. In der Regel steht ja der Läufer auf b2, sodass ein ähnlicher Rückgewinn unmöglich ist.

18. Th3×h6+	18. K~
19. Th6×b6	19. ...

Weiß hat die in das Geschäft investierte Dame zurückerobert und Läufer gegen Läufer eingetauscht. Die Zwickmühlen-GmbH stellt ihre Schlussbilanz auf, die als Reingewinn einen Springer und sieben Bauern aufweist!

b) Der Springer als Mahlstein

Der geeignetste Mahlstein in der Zwickmühle ist zweifelsohne der Turm. Doch kann unter Umständen auch ein Springer oder selbst ein Läufer den Mahlstein spielen (Diagr. 149).

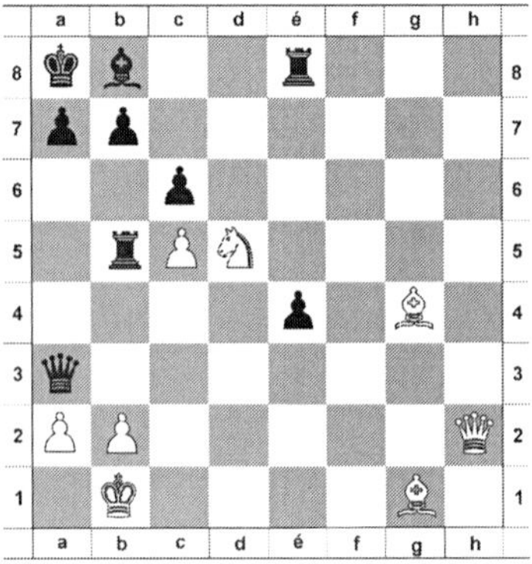

149
Eine Stellung von Dermenon (1861). Weiß am Zug gewinnt

1. Dh2×Lb8+!	**1. Ka8×Db8!**

NIcht 1. ... Té8×Db8?? wegen 2. Sd5 – c7 (ersticktes Matt)

2. Lg1– h2+	**2. Kb8 – a8**
3. Sd5 – c7+	**3. Ka8 – b8**

Nun ist auch diese Zwickmühle zum Mahlen bereit. Der Läufer h2 ist das Getriebe und der Springer der Mahlstein.

4. Sc7×Té8(+)	**4. Kb8 – a8**
5. Sé8 – c7+	**5. Ka8 – b8**
6. Sc7×Tb5(+)	**6. Kb8 – a8**
7. Sb5×Da3	**7. ...**

Die Tätigkeit der Springer-Läufer-Zwickmühlengesellschaft war äußerst ertragreich: Sie gewann die Dame zurück und brachte nebst dem Läufer zwei Türme ein.

c) Der Läufer als Mahlstein

Schwarz hat zwar einen großen materiellen Vorteil errungen, doch Läufer a3 verhinderte die Rochade, und der schwarze König steht gefährdet am Rand. Weiß muss allerdings noch den Königsläufer und den Turm mit Tempo mobilisieren, um die feindliche Übermacht nicht zum Zuge kommen zu lassen (Diagr. 150).

1. **Ld3 – b5+**	1. **Ké8 – d8**
2. **0 – 0 – 0+!**	2. ...

Man kann auch mit der Rochade Schach bieten. Hier würde 2. Ta1– d1+? nur Remis ergeben, wie wir noch sehen werden.

2. ...	2. **Kd8 – c8**
3. **Lb5 – d7+**	3. **Kc8 – d8**

Auch die dritte Zwickmühle ist mahlbereit. Der weiße Turm bildet das Getriebe und der Läufer d7 den Mahlstein.

4. **Ld7 × f5(+)**	4. **Kd8 – é8**
5. **Lf5 – d7+**	5. **Ké8 – d8**
6. **Ld7 × Tg4 (+)**	6. **Kd8 – é8**
7. **Lg4 × Dh5**	7. ...

Hätte Weiß im 2. Zug statt der Rochade 2. Ta1– d1+? gezogen, so dürfte der Läufer nicht die Dame schlagen und müsste sich mit Dauerschach begnügen; sonst würde der schwarze h-Bauer mit Schach zur Dame gehen und könnte das Spiel gewinnen.

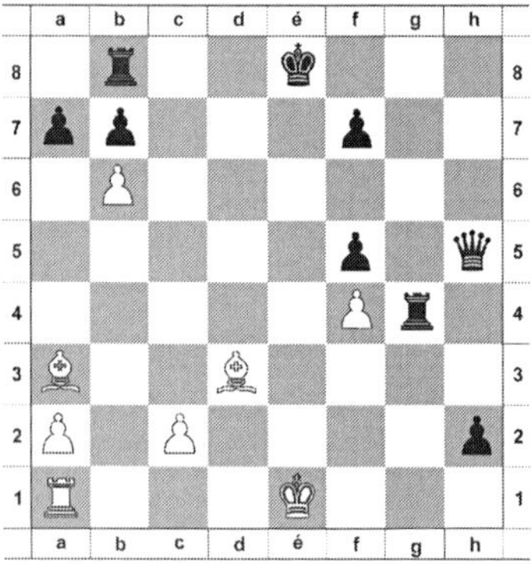

150
Eine Stellung von Dermenon (1861). Weiß am Zug gewinnt

Die Zwickmühle ist stets ein lohnendes Geschäft. Auch jetzt zermalmte sie die feindliche Dame, den Turm und einen Bauern. Es gab nichts mehr zu mahlen. Doch unter günstigen Umständen könnte der Läufer alles zermalmen, was es auf den beiden Schrägen a4 – é8 und h3 – c8 gab, und zum Schluss noch einmal eine außerhalb stehende Figur – wie hier die Dame – vernichten.

6. Der Schachabzug

Beim Abzugschach greift die entlarvte Linienfigur den König an, während der Sperrstein einen anderen Feind überfällt. Es kann jedoch auch umgekehrt geschehen: Der Sperrstein bietet Schach und zugleich deckt er den Angriff des Drohsteines gegen eine andere gegnerische Figur auf. Das ist der Schachabzug.

Der Schachabzug kann auch großen Schaden anrichten. In der Regel erreicht der Schachabzug nur selten die Wucht des

Abzugschachs. Der Sperrstein nämlich kann sich beim Abzugschach je nach Belieben einstellen, nicht immer aber beim Schachabzug.
Ein Schachabzug mit dem König als Sperrstein ist undenkbar, da ja die Könige einander nicht angreifen können.

a) Mit dem Läufer

In Diagr. 151 zog Weiß gerade 1. Tf5 – b5+!, um nach 1. ... Kb8 – a7?; 2. Tb5 – a5+, Ka7– b8; 3. Ta5 – a8# zu gewinnen.

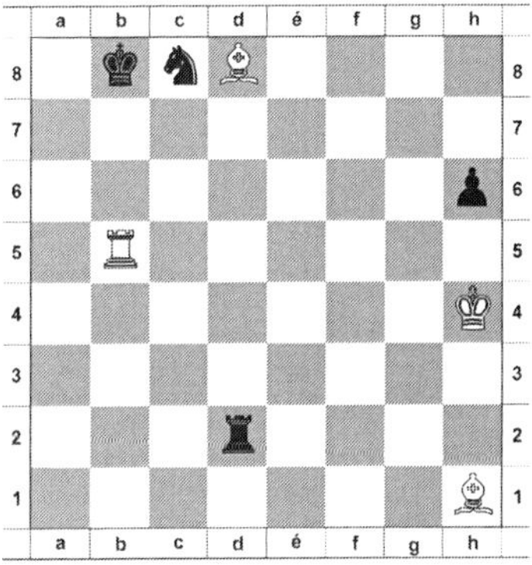

151
Eine Studie von A. A. Troitzky (1934). Schwarz am Zug verliert

Schwarz entschließt sich daher zum Springeropfer, in der berechtigten Hoffnung, durch die Turmgabel auf h2 einen Läufer zu erbeuten.

1. ...	1. **Sc8 – b6!**
2. **Ld8 × Sb6!**	2. ...

Nicht 2. Tb5 × Sb6+? Kb8 – c8!=.

2. ...	2. **Td2 – h2+**
3. **Kh4 – g4!**	3. ...

Der König beherrscht die Felder h3 – h4 – h5. Nicht 3. Kh4 – g3?= wegen des Luftlochs auf h5.

3. …	**3. Th2×Lh1**
4. Lb6 – g1(+)!	**4. Kb8 – c7**
5. Tb5 – b1	5. …

Der schwarze Turm ist eingesperrt. Der König versucht, ihm zur Hilfe zu eilen.

5. …	**5. Kc7– d7!**

Der König muss die schwarzen Felder – die Felder des Läufers – meiden. Nach 5. … Kc7– d6? entscheidet sofort der Schachabzug Lg1– c5+!.

6. Tb1– é1	6. …

Der Beginn einer seltsamen Zurückdrängung. Da der schwarze König die schwarzen Felder wegen des Schachabzugs nicht betreten darf, landet er bald am Brettrand!

6. …	**6. Kd7– c6**
7. Té1– d1	**7. Kc6 – b5**
8. Td1– c1	**8. Kb5 – a4**
9. Tc1– b1	9. …

Der schwarze Herrscher ist am Ende seines Lateins. Er muss ein schwarzes Feld betreten, wonach sein Turm mit einem Schachabzug des Läufers erbeutet wird.

9. …	**9. Ka4 – a5**
10. Lg1– b6+	**10. Ka5 – a6**

(Schachabzug)

11. Tb1×Th1	**11. Ka6×Lb6**

Weiß gewinnt. Oder 9. … Ka4 – a3; 10. Lg1– c5+, K~; 11. Tb1×Th1.

b) Mit dem Turm

Weiß konnte nicht verhindern, dass Schwarz einen Bauern in eine Dame umwandelt. Doch am Zug kann er das Spiel sofort entscheiden:

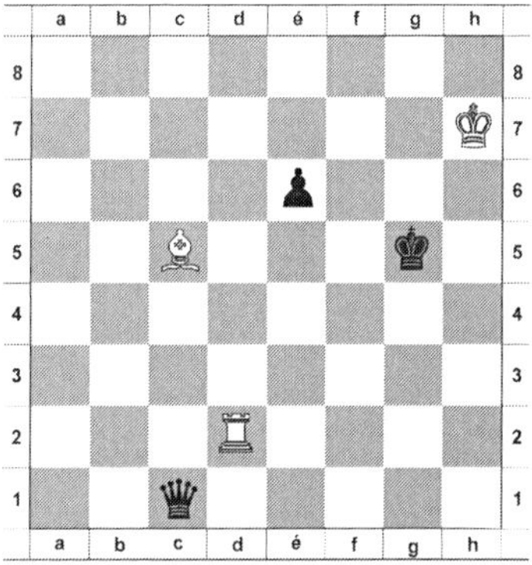

152
Schluss einer Studie von Samuel Isenegger (1961). Weiß am Zug gewinnt

1. Lc5 – é3+!	**1. ...**

Die Hinterstellung. Der Läufer ist zum Drohstein geworden und der Turm zum Sperrstein.

1. Spiel

1. ...	**1. Kg5 – h4(g4)**
2. Td2 – d4+	**2. K~**

(Schachabzug)

3. Lé3 × Dé1

Nicht 2. Td2 – h2+?, Kh4 – g3!=; 3. Lé3 × Dc1, Kg3 × Th2 Remis.

2. Spiel

1. ...	1. **Kg5 – h5(f5)**
2. **Td2 – h2+**	2. ...

(Schachabzug)

Jetzt kann nämlich der König den Turm nicht angreifen. Ebenso würde nach 1. ... Kg5 – f5; 2. Td2 – f2+ folgen, nicht aber 2. Td2 – d5+⁇, é6 × Td5;Lé3 × Dc1=.

2. ...	2. **K~**
3. **Lé3 × Dc1**	und gewinnt.

c) Mit dem Springer

48. Partie

Weiß: N. N. Schwarz: Herbert Wilke

Neureichenau 1949

1. **é2 – é4**	1. **é7 – é5**
2. **Sg1 – f3**	2. **Sb8 – c6**
3. **Lf1 – b5**	3. **f7 – f5!?**

Dieses Gambit ist bedeutend stärker nach vorhergehenden 3. ... Lf8 – c5; 4. c2 – c3, und erst jetzt 4. ... f7 – f5!?.

4. **Lb5 × Sc6?**	4. ...

Stärker ist die Annahme des Gambits 4. é4 × f5. Mit dem Textzug will Weiß einen Bauern erbeuten.

4. ...	4. **d7 × Lc6**
5. **Sf3 × é5**	5. **Dd8 – d4!**
6. **Dd1 – h5+?**	6. ...

Diese Kombination ist meistens gut, hier kann aber Schwarz den Angriff abschlagen.

6. ...	6. **g7 – g6**
7. **Sé5 × g6**	7. **Sg8 – f6**
8. **Dh5 – h4**	8. **Sf6 – g4!!**

Schwarz geht zum Gegenangriff über und opfert die Qualität. Nimmt Weiß das Opfer an, dann gewinnt Schwarz das notwendige Tempo zu einer nahe liegenden, aber doch eindrucksvollen zweizügigen Schachabzug-Kombination (Diagr. 153).

9. Sg6×Th8?	9. Dd4×é4+
10. Ké1– f1(d1)	10. Sg4 – é3+!
11. ~	11. Dd4×Dh4

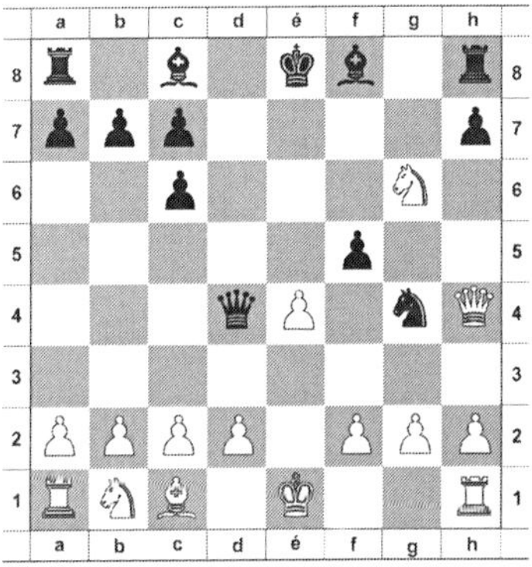

153
Tempogewinn durch Qualitätsopfer

In der Diagrammstellung ist auch 9. f2 – f3? falsch wegen 9. ... h7×Sg6; aber mit 9. Sg6 – f4!, Dd4×é4+; 10. Sf4 – é2 kann Weiß das Spiel halten.

7. Das Doppelmatt

Oft überfallen der Sperrstein und Drohstein den König gemeinsam:

1) der Sperrstein bietet einen *Schachabzug* und
2) zugleich deckt er das *Abzugschach* der Drohfigur auf.

So entsteht ein *Doppelschach*, das im Grunde genommen aus zwei gleichzeitigen Schachgeboten besteht:
Schachabzug+ Abzugschach = Doppelschach
Das Doppelschach ist – neben den Mattzug – der durchaus stärkste Angriff des königlichen Spiels. In ungünstigen Randstellungen wird der König durch Doppelschach nicht selten matt gesetzt. Das ist das *Doppelmatt*, oder nach einer etwas bombastischen Benennung aus dem romantischen Zeitalter: „Doppelabzugschachmatt". Das Doppelmatt ist besonders geeignet, um die Eigenschaften des Doppelschachs zu beobachten.

49. Partie

Weiß: Emil Josef Diemer Schwarz: N. N.

Trier 1955 Simultanvorstellung

1. d2 – d4	**1. d7 – d5**
2. é2 – é4!?	**2. d5 × é4**
3. Sb1 – c3	**3. é7 – é5!?**

Das Gegengambit. Gut ist auch die Verteidigung 3. ... Sg8 – f6.

4. Sc3 × é4	**4. é5 × d4**

Die andere Möglichkeit ist 4. ... Dd8 × d4.

5. Lf1 – b5+	**5. c7 – c6?!**

Gerade diesen Zug wollte Weiß provozieren, da der angegriffene weiße Läufer auf ein besseres Feld gelangt. Besser ist daher 5. ... Sb8 – c6.

6. Lb5 – c4	**6. Lc8 – é6?!**

Ein weiterer schwacher Zug. Besser war 6. ... Lf8 – é7, um Sé4 – g5 zu verhindern.

7. Dd1 – é2!?	**7. ...**

„Einfacher war 7. Lc4×Lé6! Aber ich hatte so das Gefühl, dass er sich nach

7. … 7. **Lé6×Lc4??**

in einem Zuge matt setzen lassen würde!" (E. J. Diemer). Es war selbstverständlich 7. … Dd8–d7 notwendig.

8. Sé4–f6## (Diagr. 154)

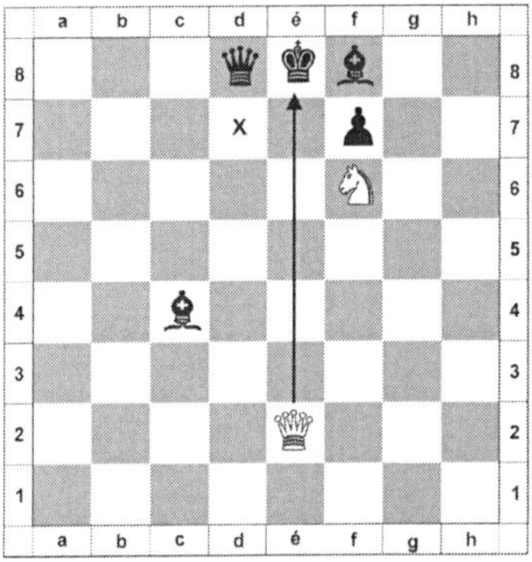

154
Das Doppelmatt

a) Vier wichtige Lehren

1) Der Nachziehende – sowie vor ihm und nach ihm Tausende und abermals Tausende von Schachfreunden – machte den Fehler, dass er glaubte, das drohende Doppelschach mit einem Angriff gegen die weiße Dame unterbinden zu können (7. … Lé6×Lc4).
Daraus ziehen wir die erste Lehre: Ein Angriff gegen den Drohstein kann nur ein einfaches Abzugschach verhindern, nicht aber ein Doppelschach.
2) Bezeichnend ist, dass sowohl der Drohstein (die weiße Dame) wie auch der frühere Sperrstein, der Springer f6,

beim Mattsetzen einstehen. Doch kann weder der eine noch der andere geschlagen werden. Schlägt Schwarz die Dame, so bietet der Springer weiter Schach und umgekehrt. Das ergibt die zweite Lehre: Ein Doppelschach kann nicht durch Schlagen abgewendet werden.

3) Stellen Sie statt des weißen Springers in Diagr. 154 einen weißen Läufer auf é4. Weiß am Zuge spielt

   8. Lé4×c6##

   Würde der Läufer allein Schach bieten, dann könnte Schwarz mit Sb8–d7 oder Dd8–d7 das Schach abdecken. Falls allein die weiße Dame den König angegriffen hätte, so könnte Schwarz sogar auf drei Arten abwenden: Lf8–é7, Sg8–é7 und Dd8–é7. Jetzt geht es aber nicht. Unterbricht Schwarz die Angriffslinie der Dame, so bietet der Läufer weiter Schach und umgekehrt.

Die dritte Lehre lautet also: Ein Doppelschach kann mit Dazwischenziehen nicht abgewendet werden.

4) Einem Schachgebot kann in der Regel auf drei Arten begegnet werden: durch Flucht, Schlagen und Deckung. Die beiden letzten fallen beim Doppelschach fort: Wir folgern daraus: *Ein Doppelschach kann nur durch die Flucht des Königs abgewehrt werden.*

b) Nur vier Mattbilder

Ersetzen Sie die weiße Dame in Diagr. 154 durch einen weißen Turm auf é2! Und was sehen wir? Es ergibt ebenso ein Doppelmatt.

Weder zum Doppelschach noch zum Doppelmatt ist die Kraft der Dame notwendig. Es genügt die Kraft des Turmes oder des Läufers.

Beim Doppelmatt und Doppelschach spielt *die Dame* lediglich die Rolle eines *dritten Turmes* oder *dritten Läufers*. Ein spezielles Doppelmatt oder ein besonderes Doppelschach mit der Dame gibt es nicht.

I. Es gibt nur zwei Mattbilder mit dem *Turm als Drohfigur:*
   1) *Springer* als Sperrstein (z. B. Diagr. 154),
   2) *Läufer* als Sperrstein (z. B. Lc6 oder Lb5 statt Sf6).

II. Auch der *Läufer* kann die Drohfigur spielen:
   3) mit *Turm* als Sperrstein,
   4) mit *Springer* als Sperrstein.

Bauen Sie die folgende Stellung auf:
Weiß: Kg1, Té5, Lb2 Schwarz: Kh8, Dh7, Tb8, Tc8

1. Té5 – é8##

c) Die Läufer-Turm-Batterie

50. Partie

Weiß: S. Nimzowitsch Schwarz: Ryckoff

Pernau 1902

1. é2 – é4	**1. é7 – é5**
2. Sg1 – f3	**2. Sb8 – c6**
3. Lf1 – b5	**3. Sg8 – f6**
4. 0 – 0!	**4. ...**

Ein Bauernopfer im Interesse der schnellen Figurenentwicklung. Die passiven Verteidigungen 4. d2 – d3 und 4. Dd1 – é2 erleichtern die Aufgabe des Nachziehenden.

4. ...	**4. d7 – d6**

Die Annahme des Gambits 4. ... Sf6 × é4; 5. d2 – d4! führt zu einem spannungsgeladenen, abwechslungsreichen Kampf.

5. d2 – d4!	**5. ...**

Zu ruhigerem Spiel führen die Fortsetzungen 5. Tf1–é1 und 5. Dd1–é2.

5. ... **5. Sf6×é4?**

Die nachträgliche Annahme des Gambits verliert eine Figur. Notwendig war die Aufhebung der Fesselung durch 5. ... Lc8–d7.

6. d4–d5 **6. a7–a6**

Jetzt würde Schwarz nach 7. Lb5×Sc6? nebst Abtausch oder nach 7. Lb5–a4?, b7–b5 aufatmen können. Weiß hat jedoch eine sehr starke Fortsetzung zur Verfügung:

7. Lb5–d3! **7. ...**

Und beide schwarze Springer sind angegriffen.

7. ... **7. Sé4–f6?**

Dieser zweite Fehler ermöglicht einen schnellen Schluss. Schwarz konnte die Figur mit 7. ... Sc6–é7! retten.

8. d5×Sc6 **8. é5–é4**

Auf diesen Zug hat sich Schwarz verlassen.

9. Tf1–é1! **9. d6–d5**
10. Ld3–é2!! **10. ...**

Gibt den erbeuteten Springer zurück und stellt die Turm-Läufer-Batterie in Feuerbereitschaft.

10. ... **10. é4×Sf3**
11. c6×b7! **11. Lc8×b7**

Ermöglicht das Doppelmatt, aber 11. ... f3×Lé2; 12. b7×Ta8(D) ist ebenfalls völlig hoffnungslos.

12. Lé2–b5##

8. Das Doppelschach

Das Doppelschach ist eine tödliche Waffe. Wenn es auch nicht immer zugleich ein Doppelmatt ist, ist doch meistens das Doppelschach der Anfang vom Ende.

51. Partie

Weiß: Pál Gayssler — Schwarz: N. N.

Prag 1928

1. é2 – é4	**1. é7 – é5**
2. Sg1 – f3	**2. Sb8 – c6**
3. Lf1 – c4	**3. Lf8 – c5**
4. d2 – d3	**4. Sg8 – é7?**

Führt zu unüberwindbaren Schwierigkeiten. Es war besser, mit 4. ... Sg8 – f6 einem möglichen Angriff der feindlichen Dame von h5 aus vorzubeugen.

5. Sf3 – g5!	**5. 0 – 0**

Schwarz sollte versuchen, mit dem Bauernopfer 5. ... d7 – d5 die erzürnten Götter zu besänftigen.

6. Dd1 – h5!	**6. h7 – h6**

Offenbar die einzige Möglichkeit, das auf h7 drohende Matt abzuwenden.

7. Sg5 × f7	**7. Dd8 – é8?**

Schwarz musste die Qualität opfern. Die gewählte Fortsetzung verliert sofort. Weiß kündigt Matt in drei Zügen an:

8. Sf7 × h6++	**8. Kg8 – h8(h7)**
9. Sh6 – f7++	**9. Kh8 – g8**
10. Dh5 – h8#	

52. Partie

Weiß: Gioachino Greco Schwarz: N. N.

Gespielt in Italien um 1620

1. é2 – é4	1. é7 – é5
2. Sg1 – f3	2. d7 – d6
3. Lf1 – c4	3. Lc8 – g4?

Der denkbar schlechteste Zug. Gut war 3. ... Lc8 – é6 oder 3. ... Sb8 – c6; oder andere Züge, z. B. 3. c7 – c6 nebst d7 – d5.

4. h2 – h3	4. Lg4 × Sf3
5. Dd1 × Lf3	5. ...

Droht das Schäfermatt.

5. ...	5. Dd8 – f6?

Nimmt das beste Entwicklungsfeld des Königsspringers. Notwendig war 5. ... Dd8 – d7.

6. Df3 – b3!	6. b7 – b6

Erzwungen. Sonst verliert Schwarz mindestens diesen Bauern.

7. Sb1 – c3	7. Sg8 – é7?

Besser war es, die Dame nach é7 zurückzuziehen.

8. Sc3 – b5	8. Sb8 – a6?

Vorzuziehen war 8. ... Ké8 – d8, um den Bauer c7 zu decken.

9. Db3 – a4!	9. ...

Greift den Springer an und bereitet zugleich ein prächtiges Doppelschach vor:

9. ...	9. Sa6 – c5?

Verhängnisvoll. Aber die Aufopferung des Springers, etwa mit 9. ... Sé7 – c6, um das Doppelschach zu verhindern, ist auf die Dauer auch hoffnungslos.

Weiß kündigt Matt in zwei Zügen an:

10. Sb5×d6++!!	10. Ké8–d8
11. Da4–c8#	

53. Partie

Weiß: Richard Réti   Schwarz: Savielly Tartakower

Wien 1910

1. é2–é4	1. c7–c6
2. d2–d4	2. d7–d5
3. Sb1–c3	3. d5×é4
4. Sc3×é4	4. Sg8–f6
5. Dd1–d3!?	5. é7–é5?!

Verfrüht. Eine Linienöffnung kommt immer dem besser entwickelten Spieler zugute. Einfacher war 5. ... Sf6×Sé4!; 6. Dd3×Sé4, Sb8–d7 und 7. Sd7–f6 mit Vertreibung der Dame.

6. d4×é5	6. Dd8–a5+

Mit dieser Gabel gewinnt Schwarz den Bauern zurück, aber er verliert ein wichtiges Entwicklungstempo.

7. Lc1–d2	7. Da5×é5
8. 0–0–0!	8. ...

Anstatt mit 8. f2–f3 den Springer zu schützen, vergrößert Weiß seinen Entwicklungsvorsprung – gegen vier weiße Figuren sind nur zwei schwarze im Spiel.

8. ...	8. Sf6×Sé4??

Ahnungslos tappt Schwarz in eine Falle hinein. Er sah, dass 8. ... Dé5×Sé4?; 9. Td1–é1 die Dame gegen Turm und Springer verliert, und erwartete nach dem Textzug gleichfalls 9. Td1–é1 mit Rückgewinn der Figur.

Hätte Schwarz den leisesten Verdacht gehegt, dass sein Gegner mit der Einstellung des Sé4 einen teuflischen Plan schmiedete, so würde er gewiss 8. ... Lf8–é7! gezogen haben mit dem dreifachen Zweck: die Rochade zu beschleunigen, den é-Weg zu verstellen und das Feld d8 zu verstärken.

9. Dd3 – d8+!! 9. ...

Weiß opfert die Dame, um den schwarzen König in ein Doppelschach hineinzulenken (Diagr. 155).

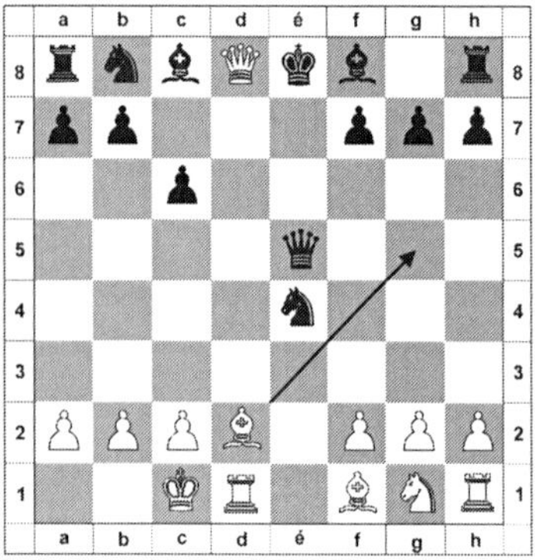

155
Die Hinlenkung des Königs in ein tödliches Doppelschach ist ein Damenopfer wert

9. ... **9. Ké8 × Dd8**
10. Ld2 – g5++ **10. Kd8 – c7**
11. Lg5 – d8#

Oder 10. ... Kd8 – é8; 11. Td1– d8#.

„Mehr als alle Wörter beweist diese Partie die Kraft des Doppelschachs“
(Dr. Savielly Tartakower).